精品课程立体化系列教材
国家级精品课程教材

网络经济学教程

（第二版）

主　编　张铭洪
副主编　杜　云　王　晔　夏侯建兵

科学出版社
北　京

内 容 简 介

本书在国内外现有网络经济研究的基础上，运用经济学和管理学的理论和工具，对网络经济运行的基本规律和现实问题进行阐述和分析。本书的重点放在介绍与网络经济相关的微观经济原理，同时适当兼顾网络经济的宏观经济分析，主要包括网络外部性基本理论、网络数字产品、网络市场中厂商之间的垄断与竞争关系、网络市场中的策略性行为、网络经济下的市场绩效、网络型企业组织、网络经济下的政府等内容。本书既包括传统经济学理论在网络经济中的应用，也包括挑战传统经济学的新观点，尽量反映国内外最新研究成果和现实案例，重视内容的理论性和实用性。

本书适合作为各类高等院校电子商务、网络经济学、物流管理、网络金融、通信工程等专业学生的教材以及教学科研人员的参考书，也可以作为企业相关从业人员的参考读物。

图书在版编目（CIP）数据

网络经济学教程 / 张铭洪主编. —2 版. —北京：科学出版社，2017.3
精品课程立体化系列教材　国家级精品课程教材
ISBN 978-7-03-052205-4
Ⅰ.①网…　Ⅱ.①张…　Ⅲ.①网络经济-高等学校-教材　Ⅳ.①F062.5
中国版本图书馆 CIP 数据核字（2017）第 054752 号

责任编辑：方小丽 / 责任校对：张凤琴
责任印制：赵　博 / 封面设计：蓝正设计

科学出版社 出版
北京东黄城根北街 16 号
邮政编码：100717
http://www.sciencep.com
北京华宇信诺印刷有限公司印刷
科学出版社发行　各地新华书店经销
*
2010 年 2 月第　一　版　开本：787 × 1092　1/16
2017 年 3 月第　二　版　印张：14 1/4
2025 年 1 月第二十二次印刷　字数：338 000

定价：39.00 元

（如有印装质量问题，我社负责调换）

前　　言

现代经济的发展动力依赖于技术创新和制度设计，网络经济作为单独的经济学模块提出，值得特别关注。一方面，许多学术界、政府机构和工商界的学者、官员都持有积极介入态度；另一方面，在 20 世纪 90 年代之后，现代经济的特点使以网络经济作为标题来研究实际的组织现象和经济事实成为流行。对于理论研究而言，网络经济学的意义更多在于：努力构建一个一般化的分析框架，对网络经济基本理论进行梳理和分析，使之与新古典式经济理论融合，成为一门完整的学科。

本书的视野集中在网络经济的动力及微、宏观基础。网络经济学不仅阐述那些备受关注的网络经济现象，如网络外部性、自增强、正反馈、临界容量等，这些决定了网络经济下的产品要素、市场特征和企业独特的竞争策略；网络经济学还特别研究网络经济下的政府宏观调控职能，如政府对新技术扩散、福利增进和市场效率变化的关注度，强调网络经济环境下政府实施若干公共政策的适时变化性。

由于第一版距今已经有较长的时间，所以本次再版，编者对于本书的内容和结构进行了较大的修订和更新。主要的内容有：对原书的章节进行了一定的调整，合并或者拆分了部分章节；删除了第一版中与微观经济学有过多重叠的内容，增加了新的内容；更新了大部分原书的引用数据，并对数据进行了重新论述。

本书的具体写作分工如下：杜云、陈蓉、张铭洪负责第一章，杜云、王晔负责第二章、第三章，张丽芳负责第四章，郭晓武、邹珊、韦米佳负责第五章，张海峰、卢雄标、王斌、刘珊珊负责第六章，郭晓武、尹新科、张铭洪负责第七章；此外，张铭洪、王晔、夏侯建兵负责制定教材写作大纲、写作规划，并对全书做了修改和总纂；张睿、张海峰、卢雄标对本书引用文献和数据进行了全面的整理和更新。

本书得到了厦门大学经济学院财政系的大力支持，在此深表谢意；同时，还要感谢科学出版社的热心帮助和支持；我们在本书的写作过程中也吸收了国内外许多同行专家学者的研究成果，在此一并致以诚挚的谢意。

为方便教学和节省教师的备课时间，也为了方便学生学习，我们制作了配套的讲义幻灯片和案例库、练习题库，同时，还开发了智能题库系统和课堂讨论辅助管理系统，以方便教师的教学管理。读者可与出版社联系索取相关资料：010-64012800，jingguanfa@mail.sciencep.com.

由于我们水平有限，书中一定有不少的欠缺之处，恳请读者予以批评指正。

目　录

第一章

导　　论

虽然网络经济（network economy）的存在与发展已是众所周知的事实，但经济学界仍存在对网络经济理论基本梳理和严谨剖析的双重要求，这表明在现代世界的发达经济中，作为新实体经济的代表，网络经济的意义更多的在于寻找一种新的发展模式，以实现经济的跨越性、可持续发展。

作为系统性学习的前提，这里首先对可能构成和涉及网络经济常识认识的一些名词和概念予以辨析，如新经济、知识经济（knowledge economy）、信息经济（information economy）、数字经济（digital economy）等。同时，本章特别对国内外有关网络经济学的研究状况进行基本介绍，然后确定本书所阐述的网络经济学的具体内涵和范畴，以使读者在阅读之初便对全书有一个大致的了解。

第一节　新经济辨析

【内容提要】

本节主要对新经济、后工业经济、知识经济、信息经济、数字经济、注意力经济等进行定义和区分，为后文阐述网络经济学奠定基础。

【学习要求】

1. 理解新经济、后工业经济、知识经济、信息经济、数字经济、注意力经济的前提、内涵和区别。

2. 理解网络经济的层次分类和发展过程。

3. 理解有关网络经济的争论。

20 世纪 90 年代以来，美国出现了第二次世界大战后罕有的持续性高速经济增长。

在十余年的时间内，高经济增长率、低通货膨胀率、低失业率现象在美国并存，美国经济高速增长并带动全球经济增长，特有的世界范围内的新经济现象使各国政府和众多学者对新经济发展模式予以战略性研究，对新经济的深入剖析，也成为21世纪初期理论界的研究重心。

面对因为信息技术革命和全球经济网络化带来的劳动生产率和经济增长潜力的提高，人们采用了许多种说法，如新经济、知识经济、信息经济、数字经济、后工业经济、注意力经济或者网络经济等来定义这种新的经济模式，并对此给出了相应的一些解释。

一、新经济

新经济一词，更大意义上是对20世纪90年代以后的经济形态的泛称或综述，或者说，新经济更多的是用于表明现代经济和传统经济的不同。或许确实是因为在现代经济中，出现了一些历史上未曾发掘的现象和规律，以至于人们在选择使用描述性词语的时候，用“新”来描述这种经济形态中独有的特点。

最早把这种经济形态作为一个特别模块单独提出并宣传其思想的是美国的《商业周刊》（1996年）及其若干前沿问题研究学者。他们认为，新经济内在地反映出两种经济新趋势：一是经济全球化，二是信息技术革命。

我国经济学家樊纲认为，新经济被人们在不同的场合赋予不同的含义。最初，新经济是用来描述美国经济在20世纪90年代以后表现出的一种经济状态：在科技进步和全球化的基础上长期高增长、低通货膨胀、低失业；后来，随着金融市场的发展，若干涉及信息技术产业的网络化企业，以信息、网络业为代表的新科技产业或科技板块也被称为新经济，而其他所谓的“传统产业”被称为“旧经济”。

新经济大致可以这样界定：它是以美国经济为代表的发达国家经济为基础而产生的概念，即一种持续高增长、低通货膨胀、科技进步快、经济效率高、全球配置资源的经济状态。

二、后工业经济

在美国经济发展和转型当中，最早对新经济进行描述的是后工业经济一词。20世纪70年代初，为应对日本经济的挑战，美国更加注重科技在经济增长模式中的因素效应。官方的代表行为是，美国国家安全事务助理布热津斯基（Z. K. Brzezinski）在《两个时代之间——美国电子技术时代的任务》中提出，美国乃至全球面临一个“电子技术时代”，其背景是美国和日本的电子技术创新竞争。1973年，美国社会学家丹尼尔·贝尔（Daniel Bell）又把这个时代称为后工业社会。1980年，美国著名社会学家托夫勒（A. Toffor）在他的《第三次浪潮》一书中，用较大的篇幅和力度着重介绍了后工业经济，并把它描绘成超工业社会，并提出，人类社会出现了一种不同于工业经济的经济。后工业经济一词一时之间成为时髦的说法，这反映了人们对未来经济走向的初步判断和向往，但由于现实发展的限制，在那个年代，人们无法对经济发展的具体形态做出更加准确的界定，因此，后工业经济着重强调的是人类社会从农业时代到工业时代再到后工业时代的一种发展趋势和演变过程，重点讨论的是这种转化的方向，而没有包含更加具体和精确的内容。

三、知识经济、信息经济和数字经济

1982 年，美国经济学家和未来学家奈斯比特（J. Naisbitt）在《大趋势》中提出信息经济一说，以新型经济的主要支柱产业命名新经济模式。1986 年英国的福莱斯特在《高技术社会》中则用高技术经济来命名新经济。但当时这些说法并未引起人们太多的重视。1990 年联合国研究机构提出知识经济的说法，定义了这种新型经济的性质。1996 年经济合作与发展组织（Organization for Economic Co-operation and Development，OECD）明确定义了“以知识为基础的经济”（knowledge based economy），第一次提出了这种新型经济的指标体系和测度。1996 年美国《商业周刊》发表文章提出新经济的概念，并指出一种新型经济已经形成。1997 年 2 月美国总统克林顿在演说中采纳了联合国研究机构确定的知识经济的说法。而世界银行《世界发展报告》（*World Development Report*）将 1998 年版定名为《发展的知识》（*Knowledge for Development*）。自此，知识经济成为一个脍炙人口的名词。

20 世纪 90 年代后期，互联网浪潮如旋风般席卷了世界，信息技术作为互联网发展的技术基础似乎也成了新经济的代名词（尽管这不甚确切），几乎在一夜之间，信息经济、网络经济、数字经济和注意力经济成为我们身边的常见用语，但实际上，对这些词的定义，仍然存在分歧和误解。

1. 知识经济和信息经济

1996 年，OECD 将“以知识为基础的经济”的内涵界定为建立在知识和信息的生产、分配与使用之上的经济，即知识经济。实际上，知识经济这个概念描述的是一种以知识为基础和增长驱动器的经济，这种经济的发展直接依赖于知识的创新、传播和应用。而与之相对应的传统农业经济和工业经济则是以土地、劳动力、资金和能源为基础的物质型经济。显然，知识经济的突出特点就是强调知识作为经济资源、经济商品在整个社会资源配置和经济发展中的决定性地位。

同时，关于信息经济，有一种常见的定义，即信息经济是信息产业的总和。这里的信息产业即收集、传播、储存信息的产业，包括邮电业、新兴的计算机网络、卫星通信、信息高速公路、图书馆、广播电视和报刊书籍出版等。对于信息经济，美国经济学家马克・波拉特进行了独到而深入的研究，他把信息经济分为第一信息部门和第二信息部门。第一信息部门是指以信息的处理、传输、使用为主的行业和生产信息设备的行业；第二信息部门是指非第一信息部门的农业、制造业、服务业中主要从事信息工作的部门。但笔者认为，这一定义并未抓住信息经济这一经济形态的本质。笔者认为，信息经济所描述的不仅仅是国民经济中某些经济部门的经济活动及其在整个经济中所占份额的提高，更重要的是信息本身在经济中地位的提高。与知识经济一样，信息经济强调的是信息作为一种资源和商品在经济资源配置和经济发展中所发挥的重要作用。

从知识经济和信息经济的定义上判断，这两种看似相同的解释很容易让人感到迷惑不解。实际上，关于这两者的关系，理论界也确实存在不同的观点。

第一种观点认为，知识经济与信息经济是一种相同的经济，二者只不过是对信息社会经济的不同称谓而已。

第二种观点认为，知识经济与信息经济是两种不同的经济。信息经济是信息产业的总和，知识经济是知识产业的总和。信息产业是指上文所述的收集、传播、储存信息的产业，知识产业是指制造和运用知识的产业，现代教育部门、研究开发部门，以及新技术产业、计算机制造业都是知识产业。这两者之间存在清晰的界限。

第三种观点认为，信息经济是知识经济的一个组成部分。信息产业是知识经济的基础和载体，以信息产业为内涵的信息经济是知识经济的基本内容之一，知识经济以信息经济为基础，又比信息经济内容更丰富，是对后工业社会经济形态概括更为准确的一种经济形态。从经济发展阶段看，知识经济比信息经济要求更高的国民素质和经济发展水平，因此，可以说知识经济是在信息经济发展到一定水平之后产生的新阶段。

在对知识经济和信息经济的讨论中，理论界逐渐达成了一致。一般认为，弄清信息和知识的区别及其相互关系，就可以明白信息经济和知识经济的区别和相互关系。1997年4月欧盟高级专家组完成的一篇题为《建设我们大家的欧洲信息社会》的报告，专门辟出一节讨论信息和知识的区别，报告指出，“首要的是在数据、信息和知识之间划分出清楚的界限，无序的数据并不会自动变成信息，信息也不等同于知识”。在1997年年底加拿大召开的信息技术与知识经济高级会议上，有的代表强调，“信息和内容不转化为知识就没有价值”。1997 年在由世界银行举办的知识评估互联网研讨会上，区分知识经济和信息经济也成了一个讨论的热点。这些报告和讨论最终的倾向性结论是：知识经济是一种信息经济，但信息经济不一定是知识经济。在这些讨论的基础上，理论界一般倾向于第三种观点，即知识经济是以信息经济为基础，但比信息经济内容更丰富，比信息经济要求更高的国民素质和经济发展水平，是在信息经济发展到一定水平之后产生的新阶段，现阶段世界经济发展尚处在初级阶段。基于此，现在的文献一般都运用信息经济，而非知识经济，来阐述目前的新经济特征。

2. 信息（知识）经济和数字经济

到 2000 年为止，美国政府已经连续发布了三期数字经济报告。在该报告中，美国政府对数字经济的内涵界定包括两个方面，即电子商务（通过互联网或其他非独占的、以网络为基础的系统进行业务往来的交易方式）及其赖以实施的信息技术产业。在2000年的数字经济报告中，美国商务部正式承认，数字经济是确实存在的，并且正在改变经济和商务运作的方式，对数字经济的讨论并不是一时的狂热。正是基于这一原因，2000年的数字经济报告去掉了在前两次的报告标题中使用的“正在出现的数字经济”，而更名为《数字经济 2000》。

简言之，美国政府报告中的数字经济是指由信息、研究、知识和技术驱动与引发的一系列经济转型及其对整个经济和社会所产生的影响。显然这一定义并未涉及“数字”一词的含义。可是我们不得不说，在这样的经济报告中，使用数字经济一词，是非常适宜的，比使用信息经济或是知识经济都好得多。

我们知道，信息（知识）经济这一术语强调信息（知识）的重要作用，反映了基于信息（知识）的经济资源和经济产品相对于传统经济中有形资源和有形产品的不断扩展，它所侧重表达的是作为经济运行基础和驱动力量的内容本身。尽管这个术语很好地抓住了新的经济形态的本质特征之一，但在逐渐过渡的经济中，如何度量其所占的经济份额和所做的经济贡献，并非易事。毕竟在传统的经济形态中，知识和信息也同样发挥着作用（只是程度不同）。这样，如何在信息经济的定义之下界定新经济的贡献度就成为一件难事。

但是，使用数字经济这一定义就能够大大减少这方面的问题。整个新经济的构架基本如下：计算机为商业化的互联网建立了一个平台，互联网又为万维网建立了一个平台，而万维网进一步为电子商务提供了一个运作基础。这些变化带来了新的经济形式、全新的商业关系和伙伴关系，也带来了市场的新领域和新效率。但无论如何变化，其中有一点是共同的：无论是资源、产品还是交易本身，都在以数字的形式运作。凭借这一点，就可以容易地将传统经济成分和新经济成分区分开来。美国政府每年推出的报告正是对经济中的这部分内容加以评估和调查，以确定它们对经济发展的作用和影响。因此，数字经济一词特别强调的就是基于计算机技术的信息数字化所带来的整个经济系统的转型。

四、网络经济

1. 网络经济的定义

与信息（知识）经济和数字经济相同，网络经济一词同样是对在世界范围内新兴的经济形态的一个描述。但与那些分别强调经济的信息（知识）内涵和数字形式的概念不同的是，网络经济突出的是经济运行的基本组织形式，即网络化特征（networks）。

或许最为基础的是，用网络经济一词来科学地诠释这种新的经济模式关键在于，它抓住了这种经济形态的特点，也就是现代发达经济，正在从“传统经济-工业经济”向另外一种“新型经济-知识经济”转变。如果说传统经济由规模经济来驱动，那么而新的经济模式则由网络经济来驱动。

“对网络经济可以从不同的层面去认识它。从经济形态这一最高层面看，网络经济就是有别于游牧经济、农业经济、工业经济的信息经济或知识经济，由于所说的网络是数字网络，所以它又是数字经济。……从产业发展的中观层面看，网络经济就是与电子商务紧密相连的网络产业，既包括网络贸易、网络银行、网络企业以及其他商务性网络活动，又包括网络基础设施、网络设备和产品以及各种网络服务的建设、生产和提供等经济活动。……从企业营销、居民消费或投资的微观层面看，网络经济则是一个网络大市场或大型的虚拟市场。……网络经济的上述三个层面是相互联系的。网络市场扩大了，网络产业发展了，表现为全新经济形态的网络经济也就必然水到渠成了。”[①]

“网络经济所研究的是，当社会的生产方式与交换方式以网络形式组织起来后，人与人的经济关系会发生什么变化……”[②]

2001 年 4 月，联合国在北京主办的“网络经济与经济治理”国际研讨会上，与会的专家学者们又分别对网络经济的定义提出了不同的看法。以下是一些代表性的说法。

中国社会科学院陈佳贵：从企业运行的角度看，网络经济是建立在国民经济信息化基础之上，各类企业利用信息和网络技术整合各式各样的信息资源，并依托企业内部和外部的信息网络进行动态的商务活动和管理活动所产生的经济。

中国信息协会乌家培：对网络经济的理解，有狭义与广义之分。广义的网络经济是指以信息网络为基础平台、以信息技术与信息资源的应用为特征、信息与知识起重大作用的经济活动。同时，其又分为宏观、中观、微观等多个层次。由于网络经济的扩散性和渗透性，其外延和内涵正在扩张和深化中。因此，我们要动态地认识和把握网络经济。狭义的网络经济是指基于互联网的经济活动，如网络企业、电子商务以及网络投资、网络消费等网上经济活动。

国家信息中心秦海：面对经济运行形态发生的新变化，人们混合用新经济或信息经济、知识经济、网络经济、数字经济、互联网经济（Internet economy）等来描述这种趋势。其实质是信息的生产、交换和消费将成为经济活动的主要形态，成为重要的生产要素和战略性资源。

对网络经济的解析和纷争如此之多，就像昔日扑面而来的网络经济大潮和铺天盖地的信息流一样，容易让人感到无所适从，难以领会。事实上，一些学者的解析和定义只是分别从不同的角度对我们所面临的网络经济做了描述，彰显网络经济的不同特征，这是人们试图逐步建立一个日益清晰的网络经济概念的体现。显然我们不能简单地去判定孰优孰劣，而只能从各自的研究角度和研究需要出发做出自己的选择。但是，在我们有所取舍和侧重的同时，由于这些解析和定义所描述的都是一个经济系统的不同特征，它们之间存在着千丝万缕的联系，是无法完全割裂开进行研究的，所以我们必须先对这些定义进行相应的了解和界定，才能为后来的研究奠定坚实的基础。

在这里，我们可以把网络经济概括为一种建立在计算机网络（特别是互联网）基础之上，以现代信息技术为核心的新的经济形态。或者说，这种新的经济形态是凭借高速度的网络运行的，而这些网络都建立在互联网协议［IP（internet protocol，即网络之间互联[③]的协议）］、互联网应用、新的市场和商业工具及电子媒介的基础上，从而提高了网络驱动的市场的运作效率。并且，可以看出，在上述众多对网络经济的解释或定义，仁者见仁，智者见智。而从更综合的角度来说，从对网络特征的描述来看，本书比较倾向于支持这样的定义：一方面，网络经济实质上和信息经济、知识经济、数字经济同为一体，反映同一经济形态；另一方面，网络经济狭义和广义的区分，使网络经济不仅包含了基于互联网的经济活动，还包括了为互联网经济活动提供基础平台的网络基础产业。

---

① 乌家培. 网络经济及其对经济理论的影响. 学术研究，2000，(1)：5-11.

② 平新乔. “新经济”的经济学. 国际经济评论，2000，(4)：19-24.

③ 有的文献中翻译为“互连”一词，意思相同。

2. 网络经济的层面

随着网络经济的不断发展，网络经济的内涵和外延实际上仍处在一个动态的发展过程中，并将随着经济实践的发展不断扩张和深化。1999年美国得克萨斯州大学的电子商务研究中心在一篇名为《测度互联网经济》的论文中，将当时在世界范围内（尤其是美国）运行的网络经济分为四个不同却相关的层面：互联网基础结构层（the Internet infrastructure layer）、互联网应用层（the Internet applications layer）、互联网中介层（the Internet intermediary）和互联网交易层（the Internet commerce layer）。这一分法被很多人接受，并多次被人们引用，成为划分网络经济的基本标准之一。其具体分层如下。

第一层：互联网基础结构层。这一层主要包括那些提供的产品和服务是用于网络基础结构建设的公司，目前的互联网基础结构主要建立在IP协议的基础上，为电子商务的运作提供前提条件。互联网基础结构层的公司主要包括互联网主干网营运商（如MCI WorldCom），ISP（internet service provider，即互联网服务提供商）（如AOL[①]），互联网硬件和软件公司（如思科、朗讯、3Com），个人计算机和服务器生产商（如Dell、Compaq、HP），光纤制造商（如Corning），线路加速硬件制造商（如Ciena、Tellabs）。

第二层：互联网应用层。这一层经济部门所提供的是建立在IP网络基础结构平台之上，并为在线的商业活动运行提供技术可行性的产品和服务。其中主要包括：互联网咨询商（如USWeb/CKS，Science等），互联网商业软件商［如网景、微软、Sun、IBM等］，多媒体软件商（如RealNetworks、Macromedia等），网络发展软件提供商（如Adobe），搜索引擎软件商（如Inktomi、Verity），在线培训（如Sylvan Promrtric），网络应用数据库（如Oracle、IBM DB2、Microsoft SQL Server；其中和Internet/Intranet有关的收入计入这一部分）。

第三层：互联网中介层。其主要功能是便利买卖双方在互联网上的接触和交易，提高电子市场的运作效率。该层在整个经济过程中起催化剂的作用，通过这一层经济部门，对基础结构和应用部门的投资就能转化为商业的运作。该层主要包括：垂直产业中的做市商（如PCOrder、VerticalNet），在线旅行代理（如TravelWeb.com），在线经纪（如嘉信理财、E*Trade），门户网站/目录提供商（如Yahoo），互联网广告经纪商（如Doubleclick），在线广告（如Yahoo）。

第四层：互联网交易层。互联网商业运作不仅包括通过互联网向消费者提供的产品、服务销售，还包括在互联网上进行的其他商业活动。具体有网上零售商（如Amazon.com），在线产品销售（如Dell、IBM、思科），订购公司（如WSJ.com），在线机票销售服务，在线娱乐和专业服务。

需要强调的一点是：在实际的经济活动中，大多数公司的经营活动并不只是局限于某一领域，而是根据需要在多个领域展开经营活动。例如，微软和IBM，无论在基础结构层、应用层还是交易层它们都是占据重要地位的大公司；而在被网景收购之前的AOL则同时在基础结构层、中介层和交易层中运作。类似的，思科和Dell在基础结构层和交易层中也占有重要的地位。

---

① AOL：America Online，即美国在线。

一般认为，虽然这种分为四层的网络经济结构使一家同时在多层次中运作的公司收入不易划分，但与一个笼统的对各种经济活动不加区分的概念定义相比，这种结构划分的优点在于更加符合现实，也能使人更加深入地洞察网络经济的根本内涵。

另一种对网络经济的概念阐述是从其自身发展的角度进行的，该观点认为网络经济发展的阶梯大致可以分为五层。

第一层是从民众转变为网民，包括的因素有网络接入的廉价化、网络接入设备（主要是个人计算机）的廉价化、上网软件的易用性、网络服务的吸引力、消费习惯的改变。

第二层是网民增长速度快，但网民数量依然较少。网络服务主要集中在网络门户、内容和电子邮件（electronic mail，E-mail）的交互式交往方面，虽然广告商和融资商也开始加入，但网络服务的免费程度很高。

第三层是随着数字化革命的加快，网络通路的高速和宽带化，接入设备的廉价化和易用性（特别指信息家电的兴起），网民数量的激增，专项电子商务的发展，网络股票交易、网络直销、网络书店等的发展，促进了信息产业化。这时传统产业快速信息化，与传统产业相关的信息服务业也在加快进行，包括企业宣传、企业销售模式改变、企业管理信息化、企业内部联网等。网民和企业愿意支付网络上网服务费用，从而使其形成网民基础。网络专项性服务在提供低价、消费者选择多样性、便捷等方面取代传统的一些专项服务。

第四层是网民已经成为社会的主人，电子服务普遍化，传统产业的价值迅速向网络服务集中，网络服务从专项服务走向全面性的服务，开始取代传统的管理、销售和制造等模式，网络经济高速成长。

第五层是网络逐步实现了统一网络，并迅速进行全球化服务拓展，有实力的网络公司将全球资源通过全球化的网络吸收到自己的手里，同时网络通路也基本上实现了按需分配。

3. 网络经济的新特点

作为一种新经济的网络经济，与以往的传统经济相比，有着受信息网络种种特点的影响而形成的诸多特点。

1）网络经济是全天候运作的经济

由于信息网络每天 24 小时都在运转中，所以基于网络的经济活动很少受时间因素的制约，可以全天候地连续进行。

2）网络经济是全球化经济

信息网络把整个世界变成了“地球村”，使地理距离变得无关紧要，基于网络的经济活动把空间因素的制约降到最小限度，使整个经济的全球化进程大大加快，世界各国经济的相互依存性空前加强。

3）网络经济是中间层次作用减弱的“直接”经济

由于网络的发展，经济组织结构趋向薄平化，处于网络端点的生产者与消费者可直接联系，产销见面使中间层次失去了存在的必要性。当然，这并不排除因网络市场交易的复杂性而需要有各种专业经纪人与信息服务中介企业。

4）网络经济是虚拟经济

这里所说的虚拟经济不是由证券、期货、期权等虚拟资本的交易活动所形成的虚拟经济，而是指在信息网络构筑的虚拟空间中进行的经济活动。经济的虚拟性源于网络的虚拟性。转移到网上去经营的经济都是虚拟经济，它是与网外物理空间中的现实经济相并存、相促进的。培育和促进虚拟经济的成长，已成为现代经济发展的新动向。

5）网络经济是竞争与合作并存的经济

信息网络不仅使企业之间的竞争与合作的范围扩大了，也使竞争与合作之间的转化速度加快了。世界已进入大竞争时代，竞争中有合作，合作也是为了竞争。在竞争合作或合作竞争中，企业的活力要增强，应变能力应提高，否则就会被迅速淘汰出局。企业可持续的竞争优势，主要不再依靠天赋的自然资源或可供利用的资金，而更多地仰仗信息与知识。

6）网络经济是速度型经济

现代信息网络可用光速传输信息。反映技术变化的网络年概念流行起来，而网络年只相当于正常的日历年的1/4。网络经济对于信息的收集、处理和应用接近实时，因此，经济节奏大大加快，一步落后就会步步落后。产品老化在加快，创新周期在缩短，竞争越来越成为一种时间的竞争。21世纪第一个10年的经济是在注重质量的基础上注重速度的经济。

7）网络经济是创新型经济

它源于高技术和互联网，但又超越高技术和互联网。网络技术的发展日新月异，以此为基础的网络经济需强调研究开发和教育培训，若非不断创新，新经济的“新”也就难以为继了。在技术创新的同时还需有制度创新、组织创新、管理创新、观念创新的配合。创新来自创造性，创造性的存在，要有从无序中寻求有序的环境，而创造性的发挥，则要求从有序中冲刺出来，产生适度的无序。

五、注意力经济

与上述的知识经济、信息经济、数字经济和网络经济等相比，注意力经济一词所揭示的并不是新经济中的本质特征，而只是表达了这样的一个现实：随着信息的发展，有价值的不是信息，而是注意力。“人们的注意力，而不是用来消费注意力的内容，将成为商业模式价值的源泉。”①与其说注意力经济反映了一种新的经济形态，不如说它反映了新经济生存和获取利益的一个基本要求，它所代表的是一种新的商业模式的到来。

在网络经济中，注意力之所以成为竞争目标，主要是由于以下几个原因：

首先，工业文明形成生产过剩，导致竞争目标转移。发达国家的一个大汽车厂一年的产量，够现在世界各国一年的需要，类似过剩的生产力很多。我国等发展中国家的生产力也已出现相对过剩，彩电、冰箱、布匹、自行车等已超过年需求的四五倍。面对有限需求，生产力从不足到过剩导致竞争目标从直接经营商品转变为经营注意力，想要卖

① 引自埃瑟·戴森的《数字时代的生活设计》一书。

掉商品就要先竞争大量的注意力。

其次，更重要的是，在网络经济时代，信息量的爆炸式发展导致注意力的相对短缺。相对而言，世界上的信息量是无限的，而注意力却是有限的，有限的注意力在无限的信息量中就会产生巨大的商业价值。信息量的爆炸式发展和过剩打破了与原来注意力的比例，造成注意力相对缺少，缺者为贵，注意力就会带来更大的价值，甚至其本身成为价值的代表。

最后，互联网络的迅速发展为竞争注意力提供了条件和手段。美国绝大部分家庭有计算机，已有数千万人进入互联网。在美国等发达国家，已有许多人在家中上网工作，有的人在网上的时间已占全部工作和生活时间的 1/2。网络经济的发展拓展了消费者和企业经济活动的空间，使区域经济为全球经济所取代，从而使对注意力的竞争成为一种切实有利可图的经济活动。

在对注意力经济的讨论中，曾经有人认为注意力仅仅是一个桥梁，它带来了财富，但却并不是财富本身。其实这仍然是运用工业时代的资源观念去看待注意力。在网络经济时代，注意力在成为一种可以带来经济利益的资源之后，其本身已经转化成了财富。举一个典型的例子：《财富》杂志在上海举办《财富》全球五百强论坛，其广告发布权之所以 3 天赚了 1 000 万元，关键就在于上海会议吸引了世界上众多的注意力，这就是注意力的价值。注意力经济的出现，预示着工业文明财富向新的文明财富转移的出现。

与此同时，注意力经济的出现也向人们展示了网络经济不同于传统经济的又一创新之处。埃瑟·戴森在《2.0 版　数字化时代的设计》中断言，传统的知识产权保护形式在网络社会中行将消解，传统意义上的知识产权将在两个方面受到侵害：一方面是复制的便利和监督成本的提高；另一方面是人的注意力价值提高，知识相对贬值。注意力经济实际上正是这个大胆而前卫的观点的最好诠释。注意力也成为资源和商品，成为价值的源泉和财富，这意味着生产和消费的融合，意味着生产者和消费者的相互渗透。在网络经济时代，产权不再是单方面的保护，知识产权维护的是生产者主权，与生产者主权相对的一面是消费者主权，或者称为注意力主权。从这一点拓展开去，消费者的各种信息也像注意力一样，受到前所未有的关注。在电子商务中广泛运用的数据挖掘技术、成为争论焦点的消费者隐私权保护等，实际上都是围绕消费者主权进行的。因此，可以说，伴随着注意力经济而来的是全新的市场结构和市场关系的变革，这为经济带来了新的视角和运作方式。

但我们也可以看到，近些年来，注意力经济一词越来越少被提起，甚至不少人将 2000 年全球性的网络泡沫归咎于注意力经济。原因在于不少互联网企业一味的关注注意力经济而忽略产品本身的质量和特性，或者忽略了产品的营利性，而走向另一个极端。

的确，信息资源的极大丰富，使注意力越来越成为一个稀缺的资源，商家为了获得注意力，在广告宣传上花费了大量的人力、物力，甚至到了“烧钱”的地步。所谓“烧钱”，并不仅仅指商家在广告宣传上投入巨大，因为在传统产业中，不少商家的广告宣传也是天文数字。但是和传统产业不同，“烧钱”的网络产业往往并未考虑收入和利润本身，有的甚至连盈利模式都不清晰，而传统产业的广告投入和宣传与销售利润挂钩，商家在投入的时候，充分考虑了成本收益。如果说传统产业吸引注意力的目的在于让更多的消费者购买商品并获取利润，那么网络产业的目的仅仅是让更多的消费者使用自己的产品，提高用户注册数或者在线人数。

"烧钱"最终往往会出现以下几种情况：一是竞争对手大量的宣传竞争不仅提高了成本，还使收益下降，效果并不显著。二是商家获得了大量的消费者，但是并不具备提供服务的能力。例如，网购网站出现之初，其社会配送能力较低，在线交易技术也不完善，这就导致消费者即使使用网站，消费体验也极差。三是商家面对巨大的消费者规模，却缺乏从消费者中获利的方式。例如，很多门户网站，即使有很多消费者会在门户网站上看新闻或者聊天，门户网站也无法从消费者身上获利。

可以说，一味强调注意力经济，是商家对于网络产品市场一知半解的结果，他们注意到了网络经济的一些特殊属性，但又并非完全了解，市场的不成熟及认识上的偏差是2000年网络泡沫发生的主要原因。因而必须指出，注意力经济的确存在，并且是网络经济市场一个新的形式。注意力可以以单独的资本存在，但又不可能长期脱离其他的经济模式单独存在，注意力经济必须依托其他的经济模式存在，才会具有足够的生命力，体现其真正的价值。

小结

1. 新经济一词，更大意义上是对20世纪90年代以后的经济形态的泛称或综述。

2. 知识经济是建立在知识和信息的生产、分配和使用之上的经济。

3. 信息经济的说法不仅描述了国民经济中某些经济部门的经济活动及其在整个经济中所占份额的提高，而且体现了信息本身在经济中地位的提高，强调信息作为一种资源和商品在经济资源配置和经济发展中所发挥的重要作用。

4. 知识经济是在信息经济发展到一定水平之后产生的新阶段。

5. 数字经济一词强调的是基于计算机技术的信息数字化所带来的整个经济系统的转型。

6. 网络经济、信息经济、知识经济、数字经济实际上是对新的经济系统的不同角度的描述，网络经济的含义中不仅包含了基于互联网的经济活动，还包括了为互联网经济活动提供基础平台的网络基础产业，其内涵和外延实际上仍处在一个动态的发展过程中。

7. 网络经济分为四个不同却相关的层面：互联网基础结构层、互联网应用层、互联网中介层和互联网的交易层。

8. 注意力经济表达了这样的一个现实：随着信息的发展，有价值的不是信息，而是注意力。注意力经济实现的前提是商家具备从注意力中获利的能力。

✲ 概念与术语

新经济　网络经济　后工业经济　知识经济　信息经济　数字经济　注意力经济

复习与练习

试解释新经济、后工业经济、知识经济、信息经济、数字经济、网络经济和注意力经济之间的关系，以及注意力经济实现的前提条件。

第二节 网络经济学之争

【内容提要】

网络经济的发展对经济学提出了新的要求和挑战，技术上的进步和现实的变革迫切需要经济学原理的解释和指导。本节主要对目前在经济学界进行的有关网络经济学的研究进行了区别和界定，为进一步的网络经济学探讨奠定了基础。

【学习要求】

掌握网络产业经济学、网络经济学、互联网经济学、信息基础结构经济学、电子商务经济学的主要内容和区别。

一、网络经济学的区别和界定

网络经济学的特色在于注重经济形态的网络化特征研究，特别是对经济学家而言，网络的概念是核心的，它既包括经济行为主体的相互作用的结构，也包括正外部性的经济属性。由此，网络既能被视为建立在经济行为主体之间的相互作用的一个集，也能被看做经济行为主体对不同经济目的采用的相似行为的一个集。

理解这两点是很重要的。经济网络中若干经济行为主体之间特殊的经济联系，在网络经济学中得到了反映和研究。时至今日，以互联网为基础结构的网络经济的发展，已经引出了许多技术上和经济学上的问题。许多关于互联网发展和网络经济的研究工作都是围绕技术进步展开的，其焦点集中在网络工具和机制的设计上。但随着网络经济的深入发展，无论是互联网本身的进一步成长，还是网上经济活动的开展，都需要经济学原理的解释和指导。如今与网络经济相关的经济学正在成为一个热门的研究领域，尽管如此，目前网络经济学尚未形成一个有机的系统。在国外，经济学家们对涉及互联网和网络经济发展的不同领域进行了相当深入的研究，但名称常常重复，实际的研究范围有所交叉，又各有侧重。由于网络经济本身仍然处在发展过程当中，至今没有人对这些术语做出权威的规范，在使用中，人们常常不加区别地使用这些术语，无疑给理论研究和实际应用都造成很大的困难。因此，在进行网络经济学的基本分析之前，我们的重要工作之一就是澄清不同内容的网络经济学之间的关系，并对它们加以界定。

1. 网络产业经济学

早在今天的网络经济出现之前，经济学中就已经出现了网络经济学这一学科，有时也被人称做网络产业经济学（economics of network industries），它实际上一直被划归在通信经济学（telecommunication economics）的范畴中，包括对电信、电力、交通（公路、铁路和航空）等基础设施行业的经济学研究。它之所以被称为网络经济学，是因为这些行业共同具有网络式而非垂直式（也称纵向相关）的经济结构特征。这类的网络经济学主要研究与有限资源的最优配置相关的经济学问题及相关政策的制定，其中的关键问题就是对接入政策的讨论。

接入又被称为互联（interconnection），是网络问题中的一个经典概念：当某一家公司在网络中掌握着瓶颈环节（bottleneck link）[通常也可以叫做基础设施（essential facility）]的时候，别的公司要向消费者提供服务，必须要通过这个瓶颈环节连接到这个基础设施上的时候，就出现了互联。在不同的网络行业中，由于接入问题的技术特征是不同的，具体的术语也有所不同，如在电信业中接入问题被称为接入（单向）或者互联互通（双向），而在电力工业中则被称为传输问题，但问题的实质都是相同的。在接入问题中，最核心的内容就是接入定价，即如何根据某种瓶颈资产的使用来确定成本的分配和费用进行计算，以期在建立一个有效的定价机制的同时最大限度地减少摩擦成本，实现资源的最优配置。

除了接入定价以外，在这类网络产业经济学中的另一个重要问题就是对规制与竞争的激烈讨论。由于网络行业固有的技术经济特征和网络外部性[①]的存在，长期以来，人们都认为网络行业存在规模经济和自然垄断的倾向，所以经济学家们一直致力于制定各种规制制度和反垄断制度，并对这些法规的效力进行分析，如美国 AT&T 公司的分拆一直是网络产业经济学分析中的经典案例。近年来，由于经济现实和现代经济理论的发展，网络产业经济学的研究重点开始将其讨论的焦点从制定各种经济法规转移到引入激励规制和市场竞争，以建立一个存在多种互相竞争的基础市场结构的主题上来。

从上述网络产业经济学的研究出发，西方经济学界对与之相关但又侧重不同的一些经济学问题进行了研究，同样将其称为网络经济学。美国麻省理工学院媒体实验室创始人之一的 Economides 教授于 1996 年 10 月在 *International Journal of Industrial Organization* 上发表了一篇 *The economics of networks* 的文章，对网络产业中广泛存在的网络外部性问题进行了深入的探讨和分析。Economides 教授从不同类型的网络所具有的共同的基本特征[②]开始，将讨论的焦点集中在由互补性引发的网络外部性问题上，分析了网络外部性的来源、网络外部性对网络服务定价和市场结构的影响，并将其他经济学家对网络外部性的研究进行分类，分为从宏观视角进行的和从微观视角进行的分析。之后 Economides 教授从对网络外部性的研究扩展到对兼容、技术标准合作、互联和互操作性问题的研究，进

---

① 当一种产品对用户的价值随着采用相同产品或可兼容产品的用户增加而增大时，就出现了网络外部性。具体内容参见第二章网络外部性。

② 由联结不同节点的链路组成，在其结构中具有一个固有的特征，即网络的各个组成成分之间是互补的，换句话说，一个网络所提供的服务是由许多互补的成分组成的。

一步探讨了它们对定价、网络服务质量以及在不同的所有权结构下的网络链接价值的影响。同时 Economides 教授还指出，由于这些问题都是互补性作用的结果，所以实际上对于那些呈现出很强的互补关系的垂直产业，这些经济规律也是同样适用的。

与前一种网络产业经济学相比，尽管 Economides 教授所研究的内容是网络产业经济学的基础（网络产业的许多分析都是从网络外部性的基本特征衍生而来），但他的研究显然超越了网络产业本身的运作，从网络产业的具体分析中抽象出来，而将研究重点集中在网络本身，仅从网络所具有的物理性质出发，讨论具有网络形态和特征（这种网络可以是真实的物理网络，也可以是虚拟的网络）的一切经济系统的经济学问题。从具体内容上看，这部分名为网络经济学的讨论在很大程度上又属于产业组织理论的讨论范畴，也就是说，其讨论的主要目的是分析网络产业中的厂商结构和行为（经营策略和内部组织）、市场结构和运作，而非整个具有网络特征的基础设施行业的资源配置、政府规制和行业竞争（这正是我们前述的那类网络产业经济学的研究重点）。可以说，这两者应当同时属于网络经济学的研究领域，国外也将这两类同时统称为网络经济学。但这两者之间显然是存在区别的。

2. 互联网经济学及信息基础结构经济学

进入 20 世纪 90 年代之后，计算机网络（后来演化为互联网）的发展使有关计算机网络的经济学问题成为网络产业经济学的一部分，最初是关于电子计算机的局域网、广域网的成本核算、收费标准的一些经济学讨论，后来逐渐增加到对互联网服务价格、税收和服务提供者竞争等的分析。这些在决定互联网资源的有效配置、提高互联网网络投资的获利能力、制定适当的政府政策方面的研究主题都被经济学家纳入了网络经济学（更具体地说，是网络产业经济学）的讨论范畴。1999 年 3 月在荷兰鹿特丹大学召开的网络经济学国际研讨会上，列入的议题就包括网络理论、电信、互联网与航空运输线。

在互联网以惊人的速度向前发展，拓展到世界的各个角落的同时，经济学家们逐渐认为继续将关于互联网的讨论放在网络经济学的总学科中进行，继续将互联网及其相关产业与电力、航空、电信技术、广播电视、铁路等稍显传统的生产部门放在一起研究已经不合时宜了，为了适应互联网和网络经济的前进脚步，一门新的互联网经济学发展起来。

1995 年 3 月，美国麻省理工学院在美国国家科学基金（National Science Foundation）的支持下，举办了互联网经济学研讨会（A Workshop on Internet Economics）。会后，由美国学者 Lee W. McKnight 和 Joseph P. Bailey 将会上的发言稿编纂成 *Internet Economics* 一书。书中首次比较明确地阐述了互联网经济学的定义：互联网经济学是一门研究互联网服务市场的经济学，其研究的主要目的是实现对互联网中“云”[①]的部分的经济解释，弄明白在网络之“云”中究竟发生了什么，为什么它会存在，以及它的关键经济特征是什么。

经济学界认为，互联网经济学实际上是网络经济学的一个分支，甚至有人把它作为

① 这里的“云”意指通过 TCP/IP 协议（transmission control protocol/Internet protocol，即传输控制协议/互联网协议）提供数据传输的网中之网，“云”代表了互联网的一部分。互联网经济学的一个重要内容就是研究在“云”的数据传输过程中的经济学问题，以实现资源的最优配置，提高市场运作效率。

通信经济学的分支加以考虑。从互联网经济学的主要研究范围来看，确实如此。但由于互联网既和其他的通信网络具有共同之处，也存在其自身的特点，所以它在某些方面的研究超出了原来的通信经济学的范畴，从而使网络经济学向前发展了一大步。

由于互联网本身的存在和发展只是近几年的事，关于它的经济学研究也就具有相当的局限性，其研究主题主要包括对拥塞定价的讨论、ISP 如何就互联问题和多址传输分配成本等。同时，*Internet Economics* 一书，将电子商务的经济学讨论也涵盖在互联网经济学之中，但所涉不广，总的来说，互联网经济学仍然主要是从互联网服务价格和服务提供者的竞争方面出发，研究与有限资源的配置、互联网投资获利和适当的政府政策有关的问题。

也许网络时代的经济学和传统经济学的一个不同之处就在于它必须随时跟上技术和经济发展的变化。网络经济时代，技术和经济本身就处在不断的变迁之中，作为其经济解释的经济学必然也如是。当技术界中互联网通信的真正本质在发生变化的时候，经济学家们开始认为即使是互联网经济学也无法完全反映网络时代的经济现实，目前在经济学中出现了用信息基础结构经济学（economics of information infrastructure）取代互联网经济学的新趋势。出现这一趋势的原因当然在于技术的迅速发展。从技术上看，下一代的网络通信可能会绕过传统的电话网络或有线网络，而通过卫星直接将数据传送到个人计算机中。这样的无线通信已经开始广泛应用于许多商业部门中，如寻呼服务、移动电话服务及卫星电视之中。通过低空地球卫星和计算机中的红外线传感器，未来的网络结构可能并不需要以有线网络为基础。尽管目前互联网在很大程度上仍然是信息基础结构的同义词，但是，当所有这些有线网络和无线网络都转变为数字网络并且成为可相互操作的网络系统之后，今天的有线连接的互联网将仅仅是信息网络结构的一小部分了。以此为基础，用信息基础结构经济学来取代互联网经济学似乎是很自然的事。

当信息基础结构从有线通信网络发展为各种不同结构的（包括卫星电视和无线通信网络在内的）综合形式时，信息基础结构经济学就不仅仅包括有关定价、资源配置和政府规制等问题了，经济学家预测其分析重点将有可能集中在如何建立一个包含不同类型的网络的多种相互竞争的基础结构市场上。总的来说，尽管着眼点和侧重点有待于进一步的研究，但信息基础结构经济学将比互联网经济学更加超越通信经济学简单扩展的外延，这一点是毋庸置疑的。

3. 电子商务经济学

随着对互联网作为信息基础结构地位的质疑，越来越多的经济学家认为，像 *Internet Economics* 中那样，把电子商务经济学（economics of electronic commerce）内容置于互联网经济学之内的做法是不可取的，相应地出现了电子商务经济学。这类观点代表作品是美国得克萨斯州大学的经济学家 Soon-Yong Choi、Dale O.Stahl 和 Andrew B.Whinston 所著的 *The Economics of Electronic Commerce*。在电子商务经济学的概念中，互联网经济学和电子商务经济学是不能混淆的两个定义。电子商务的根本在于它通过通信网络和传输系统使交易更为便捷，在于它组织市场和开展交易的方式，即通过可视化的市场代理商、数字产品和电子过程进行交易。这样一种经济过程和承载它运作的技术平台没有必然和永远的联系。互联网的开放性和用途的广泛性使它成为目前电子商务选择的使用媒介，这令人们常常将通过互联网进行的商务活动等同于电子商务，但是随着技术的发展，任何一种数字通信媒体都将有可能支持电子化市场的运作。互联网从本质上说仅仅是一种电子商务最初运作时暂时依赖的基础结构，电子商务这样一个具有革新意义的市场形式无论是建立在何种基础结构上都能存在并且起作用。基于这一观点，电子商务经济学所研究的就是在这样的一种市场上，市场过程和产品发生了怎样的基本变化，市场参与者在生产、营销、消费过程中应当就产品选择、市场战略、价格制定等考虑哪些新的影响因素。这显然和互联网经济学，甚至是信息基础结构经济学所研究的网络产业的资源配置、市场竞争等大不相同，是不能相互混淆的。

从电子商务经济学的基本内容来看，它讨论了在网络经济时代数字产品和实物产品的经济学含义；它应用了基础微观经济学理论，论述电子交易市场上的质量不确定性、市场信息、市场中介和新的市场效率问题；分析了在网络时代十分敏感的版权问题；同时，电子商务经济学还系统地进行了网上营销、网络广告、信息查询、产品差别定价、金融电子商务的经济学分析。总的来说，电子商务经济学是对一个买卖双方、产品和交易过程都发生了本质性改变的市场进行的微观经济分析，目的是为一个全新商业模式的发展奠定良好的经济学基础，并对电子商务发展的战略前景做出预测。

二、网络经济学的含义分析

首先，本书中网络经济学的含义和上述的各种网络经济学定义的范畴均有所不同，确切地说，网络经济学是对网络经济系统中的所有有关经济现象的经济学分析。也就是说，由于网络经济基本上可以分为电子商务及其赖以实施的信息技术基础结构产业，本书中的网络经济学实际上是对前述的各种有关的网络经济学及电子商务经济学内容的一次整理和归纳，试图在它们之间建立有机的联系并将它们纳入一个较为完整的经济学分析框架中去。当然，由于网络经济学本身的不成熟，在本书的具体内容中，我们无法对所有有关的经济学问题进行讨论，而只是对较受关注或是结论比较确定的有关问题进行介绍和探讨。

其次，本书中网络经济学的主要研究对象是新的经济系统中的网络经济而非信息经济，也非数字经济，因此，在讨论中尽管必然会涉及网络经济中的信息特征和数字特征，但从总体上说，本书中关于网络外部性、网络产业的经济学研究所占据的比重较大。

正如 Shapiro 和 Varian 在《信息规则——网络经济的策略指导》一书中所说的那样，“如果你观察得当，网络经济中的许多方面都可以在旧的经济中找到”。在本书中我们同样可以发现，适用于今天的网络经济分析的经济学规律实际上在很大程度上都是来自传统经济学中的基本原理，而不是像一些文章中所说的那样，网络经济时代需要重建一个全新的经济学系统，旧有的经济学要受到时代的抛弃。在对网络经济学的讨论中，我们运用了边际分析、产业组织理论、博弈论以及其他许多经济理论和工具。同时，网络经济也带来了新的经济学问题和经济学解释（很多的网络经济学内容尚未形成新的理论，而仅仅能称之为解释），因此，本书既包括传统理论在网络经济中的运用，也包括挑战传统经济学的新说法，这些在下文中都可以看到。

经济学界目前关于网络经济学的分析，实际上还停留在初级讨论的阶段，必然有许多现象，经济学还无力给予严谨的解释，或者在一些分析中存在谬误之处，这些都有待于进一步的深化和发展。例如，在后文的阅读材料中，我们给出的关于网络经济带来的经济周期的分歧至今未有定论。但是，无论网络经济是否具有如一些文章所说的威力，至少我们有理由相信，它的出现对于原来的经济形态是一种进步，将会带来新的增长动力和增长方式，只是也许没有人们想象的那么美好。鉴于这些未知因素的存在，我们关于网络经济学的分析，主要停留在对一些经济现象的讨论和解释上，停留在我们比较有把握的分析层次上，主要目的是帮助人们更深入地了解网络经济运行的一些基本规律，而回避了一些简单的判断和预测。

阅读材料 1-1

传统经济周期理论和菲利普斯曲线已经不适用于解释网络新经济

传统经济周期理论认为，一般工商业经济活动总是出现上升和下降的周而复始的运动。从 19 世纪 70 年代开始，尤格拉、基钦、康德拉捷夫和熊彼特等经济学家对经济周期理论做了不同的解释，并界定了经济周期的长短和类型。其中熊彼特将经济周期划分为长、中、短三种周期，认为经济短周期（即尤格拉周期）由 3 个基钦周期组成，大约 10 年；经济长周期（即康氏周期）大约 60 年。从 20 世纪 90 年代初开始，美国经济已经连续 9 年保持 2%~4%的年增长率，是美国历史上历时最长的一次。我们无法预测这一周期要持续到什么时候，但至少短周期理论已经不适用于今天的美国经济。

新经济的主要特征是经济持续增长、低通货膨胀率与低失业率并存，这表明传统理论中的菲利普斯曲线已经消失。长期以来，西方经济学家将菲利普斯曲线与凯恩斯理论结合起来交替运用，以此作为解释通货膨胀与失业率关系问题的理论基础，作为政府设计宏观经济政策的逻辑起点。简单说来，菲利普斯曲线是一条从左上方向右下方倾斜的关系曲线，它说明失业率和通货膨胀呈此消彼长的动态性交替关系，即较高的失业率对应较低的通货膨胀，较低的失业率对应较高的通货膨胀。菲利普斯曲线的变化是单一方向的，即只能向右上方移动，在说明 19 世纪 50 年代到 20 世纪 80 年代世界经济现象、解释失业与通货膨胀并存的滞胀现象的时候，该曲线具有丰富的解释力。如今这条曲线受到了实践的质疑。在美国新经济中，网络技术的发展在为社会创造财富、刺激经济增长的同时，也创造了大量的就业机会，使美国失业率大幅降低，经济运行态势处在通货膨胀率与失业率关系图中的左下方，并且不呈现任何对应或替代关系，表明菲利普斯曲线这一解释西方国家一个半世纪经济运行状态的金科玉律，首次被自由市场经济自身打破。

阅读材料 1-2

美国的许多商业和政治领导人认为，美国已经进入一个新经济纪元：束缚经济发展的传统因素已不复存在，并且，由于美国拥有新经济，而其他国家没有，因此，美国无可争议地成为全球老大，而其他国家必须采用美国的价值观念。如果要与美国平起平坐，则必须效仿美国的制度。

凡是有历史感的人都会深深地为此感到忧虑：骄傲是衰退的先兆，目前的美国危机四伏。实际上，美国的经济实力还不足以成为其自负的资本。因此，首先要消除虚幻的感觉，正视现实。

无论以哪种标准衡量，1997 年的美国经济都是成功的。1997 年美国 GDP（国内生产总值）增长率为 3.99%，而其前 20 年平均增长率为 2.4%；失业率下降到 4.6%，是 25 年以来的最低纪录；通货膨胀率不到 2%。那么，我们应如何看待这些成功呢？经济快速增长加上低通货膨胀率的确不寻常。1983 年的经济增长达到 7%，也没有引起通货膨胀，但事实证明那并不代表美国经济的长期增长趋势，在其后 10 年中，美国经济年均增长率仅为 2.4%；鉴于此，我们又怎能断定 1997 年的繁荣是昙花一现，还是新趋势的开端呢？为了解答这个问题，我们还是先来考虑一些被忽略的经济因素：生产力增长与生产力利用波动之间的区别，或经济运行趋势与经济周期之间的区别。

如果把经济看做一台可以不同速度运转的机器，机器运转快，产量可以增加，但如果运转太快，机器就会过热。在短期内，尤其是在生产力的利用远远低于正常水平时，可以通过提高生产力的利用而增加产量；但是，从长远来说，保证生产持续增长的唯一途径，就是提高机器的生产力，也就是增加机器以一定速度运转时的产量。这听起来比较抽象，但我们可以比较美国经济周期利用现有生产能力而带动的增长和提高劳动生产率而带动的增长。为此，我们要引用失业率作为一个指数，因为失业率不仅包含劳动力因素，还包含经济总体生产力因素。

同时，我们还要运用著名的奥肯法则（Okun’s law），它表明生产力利用率的变化对经济增长率的影响。例如，某一年的失业率没有变化，经济增长达到 2.4%；此后，失业率每下降 1 百分点，则在经济增长百分比中增加 2 百分点（失业率每增加 1 百分点，则从后者中减去 2 百分点）。当失业率不变时，2.4%代表生产力的增长；用失业减少时经济的增长，或失业增加时经济增长速度的回落，代表生产力利用率的变化。

在考察 1983 年美国的经济激增时，奥肯法则表现非常准确。当美国经济从衰退（1982 年第四季度，失业率一度达到 10.7%，这是第二次世界大战后的最高纪录）中恢复时，失业率下降 2.2%。根据奥肯法则，经济增长应该为 2.4%+（2×2.2%）=6.8%，这个增长率非常接近实际增长率。同样，当失业率从 1996 年的 5.3%下降到 1997 年底的 4.7%时，经济增长应该为 2.4%+（2×0.6%）=3.6%，非常接近 3.9%的实际增长率。

引用这个数学方法来分析经济考虑的是，既然这个法则在过去 15 年中基本上准确地衡量了经济的增长波动，那么没有理由证明目前的生产力增长率及长期增长速度加快了，因此，实际发生变化的可能是美国经济现在能够合理利用生产力并使之不会过热。几年前，人们还认为低于 6%的失业率会导致通胀增长的加快，但目前的失业率低于 5%，价格却平稳。现在的形势是否代表了我们的经济能够实现充分就业呢？

答案是模棱两可的。人们对低通货膨胀的解释是，因多种缘故，成本的增长比预期缓慢。抑制通货膨胀的最重要的因素是，由于公司健康保险制度的改革，雇员的津贴没有任何增长；同时，在过去两年中，美元实力的增强和亚洲经济危机也拉低了进口价格，这有助于保持低通货膨胀。

保持低通货膨胀的必要性迟早会迫使联邦储备委员会允许失业率的增长，但不管怎样，可承受的失业率可能已经降低了。在公司纷纷裁员的时代，工人并不情愿要求增加工资，同样，在竞争日趋激烈的时代，雇主也不愿为工人增加工资。而工作岗位的增加使目前的劳动力市场更富弹性，这一切都表明 5%的失业率与以前相比有本质的区别。考虑到最近的形势，估计失业率在 5%~5.5%，并保持稳定的通货膨胀率，虽然政府采用 5.4%编制预算，但最终有可能实现 5%。

总之，尽管经济增长达到了 3.99%的高速度，但美国最近的形势并未表明能实现 2.5%的平均增长率，只是持续失业率可能会降低 1 百分点。根据奥肯法则，这意味着美国经济年均增长会比我们预期的高出 2%。GDP 的 2%约为 1 500 亿美元，这是一个可喜的数字，然而从能力角度看，近年来的变化实际上很小，至少数字说明了这个问题。

资料来源：克鲁格曼 P R. 自负的美国. 改革，1998，(4)：9-13.

从我们对相关的网络经济学的简介和分析中可以看出，目前，关于我们正在经历的网络经济尚未形成一个系统而完整的经济学理论体系，人们只是针对网络经济中出现的一些经济现象和问题进行了分散的、不完整的研究。这主要是因为网络经济本身尚处在发展的初期，有许多经济规律尚未被人们发掘出来；同时，随着网络经济和电子商务的发展，新的事物将不断出现，网络经济学本身也处在一个动态发展的过程中。

但是，无论怎样，当技术和经济本身发展到一定的阶段，就迫切需要相应的经济学理论来指引和带动技术和经济的下一步增长和扩张。当网络带来的最初的狂热过去以后，当人们又开始怀疑那些曾经让人们激动万分的网络利益新规律的时候，清晰而严谨地分析网络经济中的经济学问题，向人们提供一个尽量完整的解释框架，就成了当务之急。而这正是笔者写本书的初衷。

小结

1. 一类网络经济学主要研究与有限资源的最优配置相关的经济学问题及相关政策的制定。另一类网络经济学则对网络产业中广泛存在的网络外部性问题进行深入的探讨和分析。

2. 互联网经济学主要从互联网服务价格和服务提供者的竞争方面出发，研究与有限资源的配置、互联网投资获利和适当的政府政策有关的问题。

3. 目前在经济学中出现了用信息基础结构经济学取代互联网经济学的新趋势。

4. 电子商务经济学的主要内容是对一个买卖双方、产品和交易过程都发生了本质性改变的市场进行微观经济分析。

5. 网络经济学是对网络经济系统中的所有有关经济现象的经济学进行分析，随着网络经济和电子商务的发展，新的事物将不断出现，网络经济学本身也处在一个动态发展的过程中。

✲ 概念与术语

网络产业经济学　网络经济学　互联网经济学　信息基础结构经济学　电子商务经济学

复习与练习

解释有关的网络经济学研究的主要内容和发展过程。

第三节　网络经济学研究动态

【内容提要】

本节主要考察以往学者们对网络经济及其市场做出的一些研究，尤其是他们如何尝试处理网络市场现象的复杂性的以及这些研究成果是如何有机构成网络经济学组成部分的。需要指出的是，经济学家对市场的关注度可能比对理论自身的关注度要高，他们的研究或许抛弃某些规则，但却总是独辟蹊径，所得出的网络经济学理论的真正见地值得尊重。

【学习要求】

1. 理解网络经济现象和网络经济理论的区别和联系。
2. 了解 Carl Shapiro、Hal R. Varian、W.Brian Arthur、Nicholas Economides 等及他们关于网络经济学的若干思想。
3. 理解网络经济学研究动态及其发展方向。

一、对网络经济现象的研究

多数学者认为网络经济起源于美国。或许美国军方主持的、被严格保密的导弹数字计划就是网络经济中一个典型的现象实例。这是一个极端依赖于现代技术的硬科学综合项目，它的软科学象征是超越硅谷经济之上的全美连续 10 年高达 4%的经济增长率。《美国数字经济报告 2003》指出，以数字经济为代表的互联网经济对美国经济的贡献率为 17%，许多学者迷恋这个“崛起”。实际上，早些时期，托夫勒就对市场做出敏感性思考，他在“第三次浪潮”中提到，人类社会将出现一种不同于工业经济的经济形态，他预言人类社会从工业时代向后工业时代演变。至于这种发展趋势和过程，哈佛大学教授贝尔（1997）认为，“应该交给国家去寻求解决办法”。但是这一答案由美国经济学家和未来学家奈斯比特（1984）在《大趋势》中较为完全地给出，他同时解释了网络经济与信息经济的区别。继而，英国福莱斯特（1991）在《高技术社会——信息技术革命史话》中提出高技术经济，准确地以新型经济的产业支柱群体命名这种经济。1990 年联合国研究机构提出知识经济的说法，到 1996 年，OECD 明确定义了“以知识为基础的经济”，第一次提出了这种新型经济的指标体系和测度。继而，1996 年美国《商业周刊》发表文章提出新经济的概念，并指出一种新型经济已形成。1997 年 2 月，美国总统克林顿在演说中采纳了联合国研究机构确定的知识经济的说法，认为一种新的经济形态已经形成，并将“以知识为基础的经济”称为“知识经济”。虽然克林顿并未专门提出网络经济的概念，但是由于在其执政期间，美国发展知识经济的最重要的工作就是信息高速公路（即通信网络、计算机、数据库和消费电子组成的网络）的建设，因而也被视为网络经济的形成。

OECD 对网络经济也是倍加关注。由于 OECD 机构的特殊性，它在网络经济的推动中，尤为强调新型网络产业与传统产业的协同发展，并积极以政府名义推动网络经济发展。OECD 的网络经济研究多表现为机构研究成果。当然，它在网络基础设施改良、传统产业链再造以及政府监管等方面取得的成果不逊于美国①。此外，作为网络经济的积极推动者之一，澳大利亚在网络产业新兴领域也做了不少成就，一系列的对网络经济产业研究所获得的若干阶段性研究报告一度成为理论界研究网络经济现象的重要参考②。

作为发展中国家的代表，我国网络经济的实践水平对理论研究有决定性影响。我国对网络经济研究多数是基于现象的研究，且专业从事相关研究的学者不多，所得出的成果一般为国内外比较或政策建议，这与我国网络经济产业的发展不甚相称。在这些研究成果中，以卢泰宏③、马费城④、盛晓白⑤、乌家培⑥的较为领先。前两位从综观层面介绍了网络经济产业的定义和产业分类；后两位则对国内外网络经济及其产业的建设与发展状况进行了对比和分析，从三个层面定义网络经济，并以此为基础探讨了国内该产业发展过程中遇到的问题。

二、对网络经济理论的基础性研究

由于对网络经济现象的研究并不具有重大价值，所以，大多数经济学者开始以较为深入和科学的手段来进行网络经济理论基础性研究，以期得出若干实质性成果。

在从理论角度研究网络经济的经济学家中，Rohlfs 是对市场最感兴趣的一位，他甚

① 例如，电子商务税收政策，OECD 的观点有别于美国政府。可参看 OECD. OECD 税收协定范本注释. 国家税务总局国际税务司译. 北京：中国税务出版社，2000.

② 澳大利亚关于网络经济研究的主要组织机构是莫纳什大学政策研究中心。

③ 卢泰宏在 1993 年出版的专著《国家信息政策》中，纲要性地论述了信息资源管理理论。

④ 马费城更多地是研究集中在网络数字资源的经济学利用，较好地解析了网络信息资源的经济分布框架。

⑤ 盛晓白. 网络经济通论. 南京：东南大学出版社，2003.

⑥ 乌家培. 信息社会与网络经济. 长春：长春出版社，2002.

至在互联网没有诞生之前，就展开了对电话网络的研究。他撰文提出，消费者具有外部性效用[①]。这个理论的探讨，对通信产业的经济学分析起到了基础性作用。与此同时，这也是关于网络外部性理论的第一次系统性成功探索。而在他之前，其他一些学者也曾涉及这一领域，特别是约翰·弗劳尔和威廉·达维多。弗劳尔着迷于网络用户数量的价值研究；达维多则强调产品更新速度的研究，甚至提出了达维多法则[②]。但由于两人对网络外部性理解的差异，所取得的成果多数应该归属于信息管理科学一类，难以纳入网络经济理论成果。

虽然网络经济的研究历史较短，但研究者发现这个领域很有意思，且取得了一些进展。应该说，前期研究中，大多数学者的研究对象还是着眼于网络效用或者网络外部性上，而这部分研究恰恰是网络经济理论研究中最为关键和基础的。在若干成果中，比较有代表意义的要数 Shapiro 和 Varian 等的研究。

Shapiro 是一个经济学奇才，在他的职业生涯中，运用了大量的观点对网络经济进行分析。他在获得博士学位之前，就被美国电信互联互通的游戏所吸引，并指出界面、兼容性、标准、瓶颈非常重要。对此，他根据调查结果撰写了一系列论文。1981 年他获得博士学位，之后辗转成为加利福尼亚大学伯克利分校的教授，这时他的研究中开始出现一些崭新的东西。他指出，网络外部性不是单一的。继而他解释网络外部性应区分为直接网络外部性和间接网络外部性。与此同时，他把网络外部性定义为消费者多消费某种产品中的得到的福利随着消费同样产品的消费者的数量变化而变化。

大约十年之后，Shapiro 成为后芝加哥学派的代表人物，并兼任美国反托拉斯局的经济顾问，他重新审视网络外部性理论，这也是他第二个重要研究时期。不负众望，Katz 和 Shapiro 在 1994 年一起发表了一篇论文，题名 *Systems competition and network effects*。这篇论文则较为完全的体现出 Shapiro 在网络经济研究中一贯坚持的“规模优于技术”的观点[③]。

尽管和 Shapiro 是密切合作者[④]，Varian 教授的研究成果仍表现得独树一帜。由于具备较为深厚的微观经济研究能力，Varian 的建模成果突出。在他的论文 *Copy and copyright*（1997 年）、*Economics of information technology*（1999 年）以及 *High-technology industries and market*（2001 年）中，Varian 的建模水平和运用能力尽数显露。也正是如此，1997 年，Shapiro 和 Varian 再度合作，写出 *Information Rules*：*A Strategic Guide to the Network Economy*，在这本对网络经济理论研究富有开先河意义的著作中，两位经济学大家充分表达了“技术会改变，经济规律不会”的思想。他们指出，所谓传统经济学无法解释新经济，其实是指传统的供给需求分析不能适用于信息这种特殊商品。而近几十年来无数经济学家的研究成果早已将信息纳入了传统经济学领域，扩展后的传统经济学理论完全

---

① Rohlfs J. A theory of interdependent demand for a communications service. Bell Journal of Economics, 1974, 5(1): 16-37.

② 达维多法则在某种意义上和技术标准争夺有点相像，重视先动优势，但它偏向管理策略研究，而经济学分析基础较为薄弱。

③ Katz M L, Shapiro C. Systems competition and network effects. Journal of Economic Perspectives, 1994, 8(2): 93-115.

④ 其合作内容包括：1978 年的 *R&D rivalry with licensing or imitation*，1985 年的 *Network externalities, competition, and compatibility* 以及 1999 年的 *Information Rules: A Strategic Guide to the Network Economy*。

可以解释和指导当前的网络经济。

Shapiro 和 Varian 的结论似乎可以结束论争，或至少让研究网络外部性的学者有一个统一认识，但实际上，包括他们两人在内，争论和研究仍在并行继续。传统经济学家也加入这些研究中来。

三、对网络经济理论的运用性研究

Economides 是美国麻省理工学院媒体实验室创始人之一，他最初的研究成果就始于外部性研究。他对网络外部性下的需求曲线进行分析，考虑消费者网络预期需求要素在内对需求曲线进行演绎、推导。这一研究后期成为经典成果①，并被学者广泛接受，至今都是各类学术文章用以分析的理论依据。

Economides 的研究特点是直接和高效。他运用数理分析方法，对消费者群进行研究。他认为，当消费者身份由网络的组件标定时，就构成直接网络效应（network effects）。与此同时，他还强调直接网络效应来自于发生在市场之外消费者直接的相互作用①。但敢于质疑大师的学者也大有人在。Liebowitz 和 Margolis 于 1990 年就发表文章不认同这个观点，他们煞费苦心区分网络外部性和网络效应，并认为当一种行为的网络价值受采取同种行为的代理人的人数影响时，网络效应就会存在。

争论仍在继续，但此时经济学家已经开始探讨更为深刻的话题了，包括互联互通、路径依赖（path dependence）、临界容量（critical mass）、正反馈、知识产权与许可证发放、产品标准与兼容性、反垄断和政府规制等。这些课题研究陆续涉及产业组织、竞争战略、创新经济学及公共政策等，研究者的队伍也急剧扩大。

在这些思想演绎的进程中，Arthur 是不得不提的关键人物，他也是路径依赖思想的较早提出者和研究者②。关于路径依赖的思想，最早源于经济史学家、美国斯坦福大学教授 David③，不过当时这种思想并未引起重视。1980 年以后，经由 Arthur 处理，将路径依赖思想系统化之后，这一思想很快成为现代经济学中发展最快、应用价值最高的学说之一。

当然，Arthur 的思想不是那么容易就被别人接受的。又是 Liebowitz 和 Margolis（1994）批评了 Arthur 关于路径依赖的观点。他们认为，关于转移成本的发生条件是牵强的，而路径依赖一说也是荒谬的，是欠缺和值得怀疑的。但 20 世纪 90 年代后期，当知名学者［如 Douglass C.North④、David（1994）等］逐渐把路径依赖研究由技术变迁转向制度变迁，提出制度上的路径依赖理论时，Arthur 的思想得到确立。Campell 等（1997）、Hausner（1995）、Federowicz（2000）、Vincensini（2000）等进一步从生物进化的角度对制度性路径依赖不同机制做出解释。Krugman（1994）用路径依赖来解释产业的区位锁定

---

① 引自 Economides N 的 *The economics of networks*。

② Arthur W B. Competing technologies，increasing returns and lock-in by historical events. Economic Journal，1989，99：116-131.

③ David P A. Clio and the Economics of QWERTY. American Economic Review，1985，75（2）：332-337.

④ Douglass C. North 是 1993 年诺贝尔经济学奖得主，其主要贡献就是在路径依赖对制度影响的研究方面，代表作品为《制度、制度变迁与经济绩效》（上海三联书店 1994 年出版，杭行译）。

（lock-in）。这些都对网络经济理论和传统经济理论研究及其融合起到极大的推动作用。

1990 年，普拉哈拉德（Prahalad）和哈默尔（Hamel）在《哈佛商业评论》上发表论文《企业核心能力》，认为现代企业必须注重以客户规模为中心的战略管理研究。同年，詹姆斯·莫尔（James Moore）也提出一种新的预期管理形式的竞争企业生态系统观，提倡企业和谐共生于一个丰富而利益相互促进的均衡环境中。由于预期具有自我实现，并且引发正反馈的特点，所以对预期的管理实际上就是正反馈思想的运用。可以看见的是，网络经济理论研究成果已经开始实质性进入企业的竞争策略组成。理论研究必须渗透企业竞争、市场效率、政府政策，这种科学理念一直为后续研究者所坚持。

又要再次提到 Economides。因为介入微软垄断案并发表多次评论，Economides 的身份俨然是一位集经济学和法学于一体的大家[①]。实际上他关于经济学的研究仍然集中在网络经济和产业组织理论领域。微软产品的独占性和兼容性理论问题，由他较早提出。1989 年，他发表第一篇关于企业兼容性产品竞争性市场分析的论文，简单而又直接地提出竞争效用和兼容效用的比较理论。在他看来，竞争性市场中多数企业更为注重产品的兼容，这是因为兼容会给他们带来极大的网络效应，即企业可以共享这些市场消费者，需求会上升。从消费者角度上来看，他们一定更喜欢规模更大的网络和产品。因此，兼容问题取决于竞争效应和兼容效应之间的比较。如果网络效应强大到足以抵消竞争效应的影响，那么厂商必然会采纳兼容的决策。

在这之后，Economides 的研究更加众多而集中。1995 年，他和 C. Himmelberg 一起，以电信企业的互联互通设定为基础，对企业兼容效用进行纯数理分析。1996 年，与 Fredrick Flyer 共同挖掘兼容决策中的福利变化。在进行了那些“难以让人理解”的数理分析基础上，Economides 得出了若干令人钦佩并不得不接受的结论[②]。仅隔一年，Economides 就爆发性地连续在 *International Journal of Industrial Organizations* 和 *European Journal of Political Economy* 等知名杂志上发表数篇论文[③]，以清楚地表达他对兼容效用、垄断下福利变化，以及网络经济下进入壁垒理论的创新思路。他的理论被美国经济学家 Shy（1998）接受，后者对其进行补充性实验研究，将其适用范围扩大到电信行业之外的若干行业，包括 E-mail、互联网、计算机软硬件、音乐唱机、银行服务、航空服务等很多产业。由此，网络经济学的研究重点从基础设施的供给方研究逐渐转向网络本身随着可连接节点数增加而价值提高的需求方分析。而其间，瑞典学者也一度提出经济网络的研究思想，分析处于网络中的各个节点在网间的竞争与协同。两种学说在实证上出现融合，引起了研究者的关注。

四、网络经济研究：名家与新人的轮动

与 Economides 和 Shapiro 同时代出现的网络经济知名研究者中，J. Farrell 和 G. Saloner

① Shapiro 限于身份，由此偏向支持网络经济下的政府反垄断管制，而 Economides 和担任美国反托拉斯局顾问的 Shapiro 不一样，更加注重放松管制，后者的研究成果更多用于或体现在里根—布什政府的政策实施中。

② 美国司法部反垄断部门提供的有关微软垄断的案例，http://www.usdoj.gov/atr/cases/ms_index.htm。

③ 包括著名的论文 *The economics of networks*（发表于 *International Journal of Industrial Organization*，1996 年第 2 期）。

两人也总是以合作者身份出现，两人关于网络经济理论观点的首次具体尝试是在 1985 年一篇名不经传的文章中，该文题名 *Standardization，compatibility and innovation*[①]。在这篇文章中，作者似乎早已预见标准的战略意义，通过建立若干模型，以分析由于网络外部性的存在，成为标准的产品有着强大的兼容效用，并将有利于实现产品的正反馈效应，从而达到临界容量并迅速占领市场。

这个观点一经提出，就引起无数学者的争议。假设标准竞争和临界容量理论观点成立，那么，次优技术是不是可以永远占领市场？诸如此类的问题便引发出来。J. Farrell 和 G. Saloner 对此的解答思路很清晰，他们的分析从两个角度进行[②]：其一，标准制定中，先发制人可以获得先发优势，抢得市场。其二，安装基础的扩张可以使标准竞争出现与时间相关的增值或失效。

几乎同时，Cottrell 和 Koput（1998）以数字产品为例，研究了传统产业和网络产业中的标准竞争关系；Mitchell 和 Skrzypacz 以实证的方法也证实标准竞争是网络经济下最显著的一项竞争内容。

到此为止，上述对网络经济的研究在不同程度上改变和创新了传统的产业和经济理论，从而在网络经济学理论研究的战略问题上也强化了这样一种思路：网络经济学理论研究必须和传统经济理论研究结合起来，以较好促进网络经济下的内容积累、产业优化、市场效率、福利变动、公共政策等相关思想和观点的形成。

或者这样说，这期间尚有大量研究者的工作是比较盲目的，或许是由于缺乏先进的研究工具，或许是由于研究者的视野局限于单一学科，所得的研究成果在系统性、科学性方面表现较弱。例如，尼葛洛庞蒂在 1996 年提出网络经济学关于数字化生存论，试图从信息组成角度分析网络经济，但收效甚微；中国知名学者杨小凯（2001）提出网络经济超边际分析，强调网络决策和网络效果的相关性研究。这些研究有一定的意义，但于政策无补。

在最新较为流行的网络经济理论研究中，我们惊喜地发现 Pindyck 的身影。对于大多数中国经济学人来说，Pindyck 的经济学教材是再熟悉不过了。1997 年，在 *Review of Network Economics* 杂志上，一篇题为 *Mandatory unbundling and irreversible investment in telecom networks* 的论文[③]引起经济学者们的注意。这篇文章以较深厚的经济学理论基础分析和研究了电信行业中，管制体系下相关企业的定价策略和投资自增强效用问题。Pindyck 利用 1996 年美国电信业的数据，来分析共享资源的网络企业的投资动机和绩效，文章对强制性（或称掠夺性）定价和政府管制进行了分析。这篇文章与 Economides（1999）的题为 *The telecommunications act of 1996 and its impact* 的文章一起在网络经济学研究中引起长久激烈讨论。由于两篇文章的研究对象和数据来源都是美国 1996 年的电信行业，且分析背景都是政府管制，因而具有重要的比照性意义。至今为止，这

---

① Farrell J，Saloner G. Standardization，compatibility and innovation. Rand Journal of Economics，1985，16：70-83.

② Farrell J，Saloner G. Installed base and compatibility：innovation，product preannouncement and predation. American Economic Review，1986，76：940-955.

③ 资料显示，文献完成有两个阶段，详见 Pindyck R S. Mandatory unbundling and irreversible investment in telecom networks. NBER Working Paper w10287，2004。

两篇文章都被视为网络经济下关于自由市场思想和政府管制思想冲突问题研究的经典参考文献。

显然，网络经济理论研究越来越多地涉及市场效率分析、行业垄断，以及政府管制等问题，学者的研究思路似乎也就越来越倾向于接受 Pindyck 和 Economides 以及 George J. Stigler 等的思想，这反映在 2000 年以后网络经济研究者在学术领域上所发布的观点。

Bernstein 和 Mamuneas（2007）的思想就是 Pindyck 思想的直接延续，他们在题为 *Irreversible investment，capital costs and productivity growth：implications for telecommunications* 文章中，继续 Pindyck 没有完成的关于电信投资的沉没成本（sunk cost）结构及自增强机制的研究，其做法得到很多学者的认同，因为这可以和主流经济学家的研究方向保持一致。例如，Mamuneas、Bernstein 及 Mamuneas 不约而同地建立数理模型，以考察网络通信行业投资的特殊成本结构，并认同和发展了贝恩（Bain，1957）关于壁垒的理论观点，支持技术、资本的进入壁垒。当然，比这三个学者的研究更深一步的是 Gayle 和 Weisman[①]，他们以丰富翔实的实证研究结果表明，资本一旦进入网络行业，就必然产生锁定效应，并且在网络行业中固定成本一经投入，不易收回，显然，该行业转移成本高昂，以至于行业出现投资壁垒，反过来可以用以保证行业利润。

虽然施蒂格勒（1989）也曾出版《产业组织和政府管制》，但他并没有对网络经济下价格竞争或者标准政策等一类的事物进行详细论述。Nordhaus（1976）也仅仅强调规模经济可能在网络经济中得到充分体现，没有详细描述这种递增规律的表现。克鲁格曼倒是对供给曲线表示存在上的怀疑，但他认为供给曲线也可能是存在的。“在网络经济中，供给曲线是下滑而不是上扬的。”[②]

和名家相比，新人的研究极具新意，虽然不易引起学术界的关注，但在大量现代研究工具出现之后，若干“出其不意”的新人研究成果不断涌出。看得出，新人的研究有时候并不是按照既“典雅”又“古板”的传统研究思路进行的。也正是因为如此，作为理论“异端”，新人独特的观点也被突显得尤其鲜明。例如，Ulrich Blum，Christian Growitsch 和 Niels Krap 就组成一个网络经济理论创新团体，2006 年，三人联合署名发表了论文 *Broadband investment and the threat of regulation：preventing monopoly exploitation or infrastructure construction*? 在这篇文章中，作者在建立相关数学模型、进行博弈分析的同时，引入科学实验方法，力图创新网络行业内关于投资决策行为的效率分析。在这个复杂的模型中，他们不仅引入政府管制要素，还计算了福利最大化条件（即临界容量），试图分析网络行业投资决策可能的博弈结果。显然，其得出的结论应该十分具有实证意义。

可以发现，在网络经济理论研究中，新人的研究手法似乎更加高明，更加数理化和系统化，这正如柏拉尼认为的那样，“他们在完成今天经济学研究领域中主要的知识任务”。

---

① Gayle P，Weisman D. Efficiency trade-offs in the design of competition policy for the telecommunications industry. Review of Networks Economics，2007，6（3）：321-341.

② 保罗·萨缪尔森在评判他的对手加尔布雷思的时候，就运用了这句话。

小结

1. 经济学家对市场的关注度可能比对理论自身的关注度要高，他们的研究或许抛弃某些规则，但总是独辟蹊径，所得出的网络经济学理论的真正见地值得尊重。

2. 由于对网络经济现象的研究并不具有重大价值，所以大多数经济学者开始以较为深入和科学的手段来进行网络经济理论基础性研究，以期得出若干实质性成果。

3. Carl Shapiro、Hal R. Varian、W. Brian Arthur、Nicholas Economides 及其关于网络经济学的若干思想非常独特。

✲ 概念与术语

网络经济现象　网络经济理论

复习与练习

尝试理解和认识网络经济学研究的最新方向。

第二章

网络外部性

Arthur（1989）、阿瑟（1996）、David（1985，1992）及其他经济学家提出了一个被广为接受的路径依赖概念，以用于描述以其为核心的网络经济的有关现象。显然这与“技术锁定”“历史决定一切”有相似之处。Liebowitz 和 Margolis（1994）虽然对这些理论做了严格的评判性论述，但他们并非否认网络外部性的存在，只是他们认为经济学家所提出的网络外部性其实应该视为网络效应，而网络外部性一词应该具备其他含义。

网络经济中，不仅存在有形的物理连接（最直接的例子就是互联网本身），更重要的是，这一有形网络进一步带来了虚拟网络的产生和扩大（如互联网用户所形成的网络、Windows 操作系统用户的网络等）。但是，不管是有形的还是虚拟的，只要是网络，就都具有一个基本的经济特征：连接到一个网络的价值取决于已经连接到该网络的其他人的数量。这个基本的价值定理有许多不同的名字，如网络效应、网络外部性和需求方规模经济等，这也是网络经济系统的根本特征之一。与这个根本特征相联系的概念还有路径依赖、锁定、转移成本、正反馈、兼容与标准等。

第一节　外　部　性

【内容提要】

外部性是经济学中的重要概念。本节主要介绍外部性的定义，分析正外部性和负外部性对市场效率的影响。

【学习要求】

1. 了解外部性的经济学含义及其与网络外部性的关系。
2. 掌握正外部性和负外部性的内涵。

3. 掌握外部性对市场效率影响的经济学分析。

说到网络外部性，我们有必要回顾一下传统经济学中的外部性概念。马歇尔将外部性定义为企业与产业间经济的差异。庇古改变了这一定义，强调私人净产品和社会净产品之间的差异。外部性的含义是，经济当事人有时会将成本或收益施加给无关的旁人。也就是说，当一个市场参与者的行为影响到其他人或者公共的利益，而行为人却没有因该行为做出赔偿或得到补偿的时候，就产生了外部性。外部性是市场失灵的一个方面，它导致了价格系统对资源的错误配置，即当外部性存在时，一种商品的价格不一定反映它的社会价值，因此，厂商生产可能过多或过少，从而导致市场无效率。传统经济学将外部性分为正外部性与负外部性两种类型。

如果一种行为给他人带来附带的收益，却并未获得相应的支付，则为正外部性；而如果一种行为给他人带来附带的损害，却未给受害者相应的赔偿，则为负外部性。

一个行动的边际社会成本（marginal social cost，MSC）是边际私人成本（marginal private cost，MPC）与他人负担的边际外部成本（marginal external cost，MEC）的总和。

在经济学中造成市场失灵的外部性案例多数是负外部性的，其中最经典的就是污染问题。当存在负外部性时，边际社会成本（MSC）大于边际私人成本（MPC），差额就是边际外部成本（MEC）。利润最大化的厂商在价格等于 MPC 曲线上的 B 点处生产，有效产出则是价格等于 MSC 曲线上的 A 点。图 2-1 中的 MPC 曲线给出了一个典型的制造业厂商的边际生产成本，该厂商在生产的产出为 q_1 时利润最大，这时边际私人成本等于价格。通常 MEC 曲线是向上倾斜的，因为随着厂商产出的增加，污染危害也随之增大。

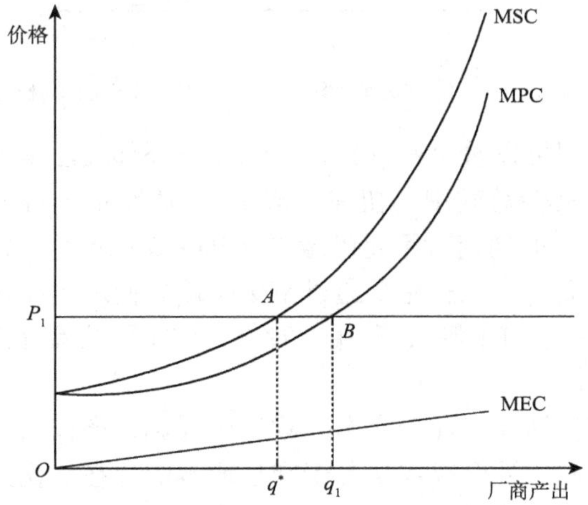

图 2-1　负外部性的外部成本：厂商向河中倾倒废物

从社会的角度来看，有效产出水平应该是价格等于生产的边际社会成本（MSC）。在图 2-1 中，MSC 曲线是用每一产出水平上的 MPC 加上 MEC 得到的（即 MSC=MPC+MEC）。MSC 曲线与价格线在产出为 A 点处相交。可见，厂商的产出过多（q_1 而不是 q^*），并因此导致了过多的污染。

正外部性的典型例子是厂商在研发上所花费的钱，研究带来的创新常常难以受到保护而使别的厂商得到。当存在正的外部性时（图 2-2），边际社会收益（marginal social benefit，MSB）大于边际收益（marginal revenue，MR），两者的差额就是边际外在收益（marginal external benefit，MEB）。厂商研发的边际成本（marginal cost，MC）曲线为一水平直线，它显示了研发成本随着研发工作的增加而均匀增加。厂商将选择在其边际收益（MR）与边际成本（MC）相交处 *A* 来确定用于投资的研发。同时，由于研发成果难以得到完全的保护，其他的厂商可以通过模仿该项创新从而分享一部分开发厂商的利润，这就是边际外部收益（MEB）曲线所代表的含义。如图 2-2 所示，有效率的研发水平由 MSB 曲线和 MC 曲线的交点 *B* 决定，这时，增加研发投入的边际社会收益（MSB）等于其边际成本（MC）。厂商没有得到研发所产出的所有收益，导致其降低研发投入，因此破坏了应有的效率。

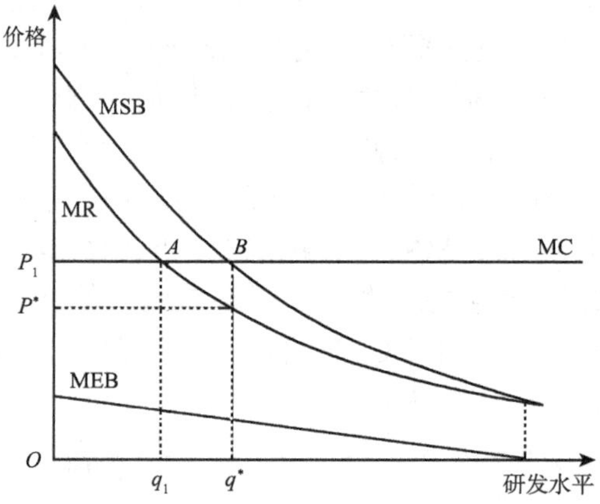

图 2-2　正外部性的外部收益：厂商的研发创新花费

通过这两个例子我们可以看出：首先，无论是正外部性还是负外部性，都破坏了市场应有的效率，降低了社会总效用，扭曲了成本–效益原则，对市场经济的正常运行都是不利的，市场自发达到的均衡就不是帕累托（Pareto）最优；其次，因为外部性是市场自身的产物，即市场失灵，无法完全通过市场手段来使之内在化，往往需要借助市场之外的力量（政府、法律、道德等），利用"看得见的手"消除外部性的存在基础，进而解决外部性问题。

针对外部性问题，科斯在《社会成本问题》中强调，产权清晰配置是作为私人间有关外部性效果谈判的基础，社会成本来源于交易成本的存在。显然，这一依据法律制度而调整私人间谈判并达成有效结果的思路，已成为法律之经济分析基础。

为了更好地直观理解外部性问题，这里介绍一种全面的分类，其基础是依据发生外部性行为的主体与受外部性影响的客体之间的关系，将外部性分为生产者之间发生的外部性，生产者与消费者之间发生的外部性，消费者之间发生的外部性（表 2-1）。

表 2-1 外部性示例（主客体的不同属性分类）

分类	生产方对于其他生产方和消费者的影响	消费对于生产方和其他消费者的影响
正外部性	生产：某游戏机硬件厂商与其软件开发商彼此带来好处 消费：一家企业在某地设厂给周围居民带来地价上升的好处	生产：消费者偏好改变，增加了某种产品的购买，给相关企业带来好处 消费：某开源软件的使用者将自己改良的软件放在互联网上供人免费下载
负外部性	生产：河流上游的工厂排放污水影响下游养鱼 消费：淮河流域大量工厂污染一度导致安徽蚌埠地区居民购买矿泉水做饭[1)]	生产：消费者偏好改变，减少了某种产品的购买，给相关企业带来损失 消费：某居民小区新进入的网络使用者分占了小区带宽，使他人网速变慢

1）该事例转引自杨志勇，张馨.公共经济学. 北京：清华大学出版社，2000

小结

1. 当一个市场参与者的行为影响到其他人或者公共的利益，而行为人却没有因该行为做出赔偿或得到补偿的时候，就产生了外部性。外部性包括正外部性和负外部性两种。

2. 无论是正外部性还是负外部性，都可能破坏市场应有的效率，降低社会总效用，扭曲成本–效益原则，使之不能达到帕累托最优。

3. 外部性是市场失灵的一个方面，无法完全通过市场手段来使之内在化，往往需要借助市场之外的力量来加以解决。科斯认为，一定条件下，经济的外部性或者非效率可以通过当事人的谈判而得到纠正。

4. 外部性可以依据外部性主客体的不同属性进行分类。

✲ 概念与术语

外部性　正外部性　负外部性　科斯定理

复习与练习

1. 分析正外部性对市场效率的影响。
2. 分析负外部性对市场效率的影响。

第二节　网络外部性的定义和分类

【内容提要】

在对外部性进行分析之后，本节主要介绍网络外部性的定义和内涵，对网络外部性和外部性之间的关系进行讨论，区别不同形式的网络外部性，阐明网络效应与网络外部性之间的联系，并进一步分析网络外部性的产生原因和及其影响因素。

【学习要求】

1. 理解网络外部性的定义。

2. 掌握直接网络外部性和间接网络外部性、正网络外部性和负网络外部性、网络效应和网络外部性的概念及联系。

3. 了解网络外部性的产生原因和影响因素。

一、引言

网络外部性（及由此产生的正反馈现象），是网络基本属性的体现，它对经济行为主体的价值函数产生影响。由于网络外部性的存在，经济行为主体的效应可能无效，给传统经济学带来冲击。在网络经济系统中，显然很难用所学过的传统经济学理论去解释网络外部性和由此产生的若干正反馈现象，因为这些问题改变了传统理论的理论假设和必要条件，它们否定了竞争性市场中实现的单一均衡和市场效率观点，却带来了多态均衡和市场无效率的可能，在最极端的形式中可能导致“赢家通吃”的局面，因而使传统经济学的理论结果无法在现实中得到印证，出现市场失灵。因此，网络外部性和正反馈理论被作为经济学的一个新的分析视角而提出，其中的一些新理论甚至被认为是新古典经济学范式的一个革命性的再造。

然而需要注意的是，在我们阐述网络外部性和正反馈原理的时候，必须先对两种可能造成混淆的情况加以说明。

首先，我们所讨论的网络外部性是传统经济学中常说的外部性在网络系统中的一个特殊例子。它们所表达的都是一种行为：给其他人带来了附带的收益或损害，但没有人因此对产生外部性的人相应地进行补偿和处罚。为了清晰区别网络外部性和外部性之间的关系，我们将在第一部分先对外部性加以介绍。

其次，必须认识到网络外部性并不是网络经济所独有的特征。一般情况下，网络系统都存在网络外部性。在网络经济之外的诸多经济领域都或多或少地存在网络外部性，如有形的网络中相互兼容的传真机网络和电话网络；虚拟的网络，如一种产品的销售网络。以此为基础，对网络外部性和正反馈的讨论早在20世纪70年代就已经开始了。但在网络经济下，经济以网络的形式组织和运作，经济网络内的信息流动达到了前所未有的速度，生产、交换、分配和消费都与智能化的数字网络息息相关，使网络外部性表现得愈发强烈，与网络外部性相关的路径依赖、锁定、转移成本问题也日益突出，兼容与标准问题难以回避，导源于网络外部性的正反馈效应也被迅速放大。实际上，网络外部性表现得最为强烈的产业正是信息技术产业，为网络经济的发展提供技术支持平台的产业。在这样的经济现实之下，网络外部性和正反馈日益成为影响经济运行的重要现象，因而成为本书讨论的重要内容。

二、网络外部性的定义

谢林（Schelling，1978）发现，在现代经济和社会行为中，越来越表现出一种现象，如自增强的预期，社会习俗的自我执行，以及语言的自我实现，这些会影响到特定单位内的经济发达或者衰落。在市场上，基于协同行动导致即便是劣质产品也会有人购买（Katz and Shapiro，1985），这是一种什么市场效果？按照市场机制解决经济问题的思路，要解决这种现象导致的潜在低效率如何被认识的问题，或许就需要网络外部性理论的支持和介入。在给网络外部性下定义之前，让我们先一起看看网络外部性在经济中的具体表现。

在选择办公软件产品时，大多数人倾向购买微软提供的 Office 软件。为什么不选择其他商家的产品呢？当然微软的产品质量上乘是一个主要原因，但顾客考虑更多的往往是兼容性问题。如果自己的办公系统与多数人的不一致，就会导致信息交流上的障碍，为了避免这种困境，顾客往往会选择最流行的、使用最广泛的产品。这种情况就是网络外部性（或者说是网络效应）所引致的一种现实结果。网络外部性的客观存在使顾客在做出购买决定之前不自觉地受到它的约束。那么究竟什么是网络外部性呢？

网络外部性可以从不同的角度来理解，主流的观点倾向从市场主体中的消费者层面来认识。这种观点给出了一个明确的定义：当一种产品对用户的价值随着采用相同产品或可兼容产品的用户增加而增大时，就出现了网络外部性。

假设一个经济行为主体的效应函数是简单的，那么可以用公式来表达网络外部性：$U=U(\cdots,n)$，且$U'>U'',n'>n''$。

函数U中的点（…）表示影响行为主体效应的其他变量的集，显然这是一个对网络外部性非常严格的解释。也就是说，由于用户数量的增加，在网络外部性的作用下，原有的用户免费得到了产品中所蕴含的新增价值而无须为这一部分的价值提供相应的补偿（它属于外部性的一个特例）。

仍以购买办公软件为例，随着使用 Office 软件用户的增多，该产品对原有用户的价值也随之增大，因为消费者可以与更多的使用 Office 产品的用户实现信息兼容与共享，从而加快办事效率。其他许多数字产品也有网络外部性。例如，如果很多人玩某个电脑游戏，它就会被更多的人了解，在选择游戏软件的时候，顾客往往偏向选择有名气的游戏。使用 Java 语言（一种互联网的下载语言）的人越多，我们在电脑上使用 Java 语言从网上下载的可能性就越大。更普通的例子是通信网络，如 E-mail 或新闻组。如果没有人用 E-mail 或新闻组，它的价值就比较低；但如果大家都用它，它的价值就大得多，而且较早采用这种通信方式的人所获得的利益将随着使用者人数的增多而增加，因为他可以通过这种方式和更多的人进行联系了。

诸如此类的现象在我们现实的经济生活中并不少见，只是在不同的领域中体现的规模和重要性有所不同。我们可以发现在它们之间存在某些共同之处：无论是客户形成的销售网络还是通信网络，网络的价值都随着网络用户数的增加而增大，规模大的网络价值相对较大。同时，网络用户所能得到的价值分为两个不同的部分：一部分叫做自有价值，是在没有别的使用者的情况下，产品本身所具有的那部分价值，有时这部分自有价值为零（设想一下世界上只有一个人使用 E-mail 的情况，这时 E-mail 不具有任何价值）；另一部分叫做协同价值，就是当新的用户加入网络时，老用户从中获得的额外价值（因为他们通过网络可以到达的节点增多了）。在没有实现外部性的内在化之前，用户是无须对这部分价值进行相应支付的。这部分协同价值就是我们所讨论的网络外部性的经济本质。

梅特卡夫法则（Metcalfe law）所描述的经济现象即我们所说的网络外部性：网络的价值以网络节点数平方的速度增长。也就是说，网络的效益随着网络用户的增加而呈指数增长，网络对每个人的价值与网络中其他人的数量成正比。假设网络中有 n 个人，则网络对所有人的总价值与 $n(n-1)=n^2-n$ 成正比。如果一个网络对网络中每个人的价值为 1 美元，那么规模为 10 倍的网络的总价值约为 100 美元，规模为 100 倍的网络总价值约为 10 000 美元，网络规模增长 10 倍，其价值就增长 100 倍。这一法则用经济学的术语来描述就是网络外部性。从更加广义的角度来说，网络外部性意味着在网络中一种行为的价值的增加，这种价值增加的情况伴随着采取相同行为的市场主体的数量增多而发生。

三、网络外部性的分类

1. 直接网络外部性和间接网络外部性

经济学家 Katz 和 Shapiro（《信息规则——网络经济的策略指导》作者之一）早在 1985 年就对网络外部性进行了分类。他们将网络外部性分为两种：一种是直接网络外部性——通过消费相同产品的市场主体的数量所导致的直接物理效果而产生的外部性。具体地说，由于消费某一产品的用户数量增加而直接导致的网络价值的增大就属于直接的网络外部性通信网络，如电话、传真机、在线服务、E-mail 等，这些产品都是体现直接网络外部性的典型例子。另一种是间接网络外部性，是随着某一产品使用者数量的增加，该产品的互补品数量增多、价格降低而产生的价值。间接网络外部性的例子包括作为互补商品的计算机软、硬件。当某种特定类型的计算机用户数量提高时，就会有更多的厂家生产该种计算机所使用的软件，这将导致这种计算机的用户可得到的相关软件数量增加、质量提高、价格下降，因而获得额外的利益。更容易理解的例子是互联网用户和网站的建设，连接到互联网的用户越多，互联网的价值越大，老用户得到的额外价值也越高，这是直接网络外部性。同时，连接到互联网的用户增加时，由于互联网价值的增大，会有更多的人到网上建设新的网站，提高网站的质量，降低使用的价格，这样，互联网用户在这个过程中实际上也得到了新的价值，这就是间接网络外部性，在这里，互联网和网站就是互补商品。

后来，经济学家 Farrell 和 Saloner 遵循同样的思路对这两种网络外部性做了更加清晰而准确的界定：直接网络外部性是指一个消费者所拥有的产品价值随着另一个消费者对一个与之兼容的产品的购买而增加的特性；而当一种产品的互补品（如零件、售后服务、软件、网络服务……）变得更加便宜和容易得到时，这个产品的兼容市场范畴得以扩展，这时就出现了市场中介效应，因为该产品的消费者可得到的价值增多了，实际上，我们可以看到，他们所说的市场中介效应就是 Katz 和 Shapiro 所说的间接网络外部性。

Economides 认为间接网络外部性来源于单向网络，如图 2-3 中，*m* 种产品 A 和 *n* 种产品 B（所有的产品 A 和产品 B 都相互兼容）构成了 *mn* 种潜在的复合产品，由于互补产品的特点，一个消费者对于组件 A 或 B 的需求的增加都会导致市场中每种组件数量的增加，同时导致复合产品的增加[①]。

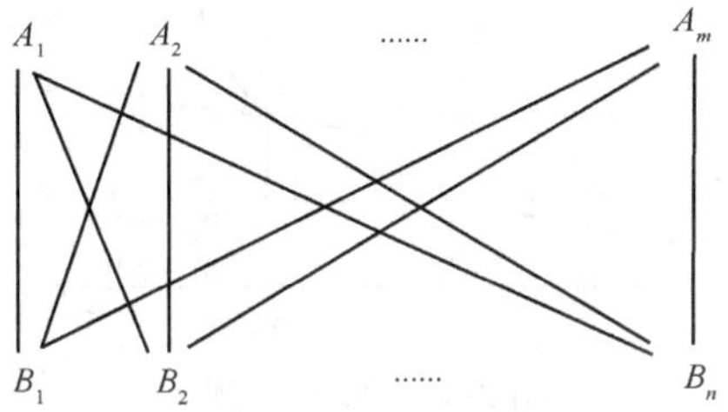

图 2-3　垂直相关产业

2. 正网络外部性和负网络外部性

迄今为止，在我们的讨论中一直只提及正网络外部性，这很容易给人造成一种错觉：网络外部性只有正的，而且它的存在很显然是有益的。事实上，这两个判断都是错误的。

必须承认，在网络外部性中，积极（正）网络外部性引起了人们极大的关注，而且它也是网络外部性的主要体现形式，但是，这并不意味着负网络外部性就不存在。消极（负）网络外部性也同样可能作为网络效应而出现。例如，拥塞就是一种能够抵消积极网络外部性的消极网络外部性。以通信网络 E-mail 或新闻组为例，如果使用它的人增多，它的价值就提高，老用户就可以得到额外的收益，这时 E-mail 就体现出正网络外部性。但如果大家都在大量地使用这种通信方式，又有可能出现拥塞，E-mail 或新闻组的使用者有可能会因为速度太慢而苦恼，这时就出现了负网络外部性。可见，网络外部性本身是包括积极和消极两个方面的。我们之所以一直主要讨论正网络外部性，是因为在网络经济中，这种网络外部性所带来的经济影响相对更大一些。在后文中，如非特别指出，我们所说的网络外部性就都指正网络外部性。

3. 网络外部性对市场效率的影响

网络外部性将导致实际产出与社会有效产出的偏离。我们可以通过图 2-4 描述这一偏离（我们仍以正网络外部性为例）。图 2-4 中的例子是一种计算机操作系统的使用情况，当更多的用户使用它的时候，该种操作系统的价值会提高，这可以通过一条上升的消费者收益曲线（WTR）表现出来，它表明使用者越多，用户愿意支付的平均价格（包括对外部性的支付）越高。假定的边际成本（MC）曲线上，该操作系统开发公司能够向消费者要求支付他们所得到的网络外部性利益，这时该公司的最佳产量是 Q_1，相应的价格为 P_1。但是，如果这个公司无法向消费者索取这部分外部性所带来的利益，这时公司只

① 引自 Economides N 的 *The economics of networks*。

能向消费者索要 P_2 的价格[也就是用户不支付外部性利益时所愿意接受的价格与公司边际成本（MC）曲线的交点]，相应的产量为 Q_2。在这点上，由于公司的边际成本（MC）低于用户所真正愿意接受的价格，这就暗示该产品生产不足。

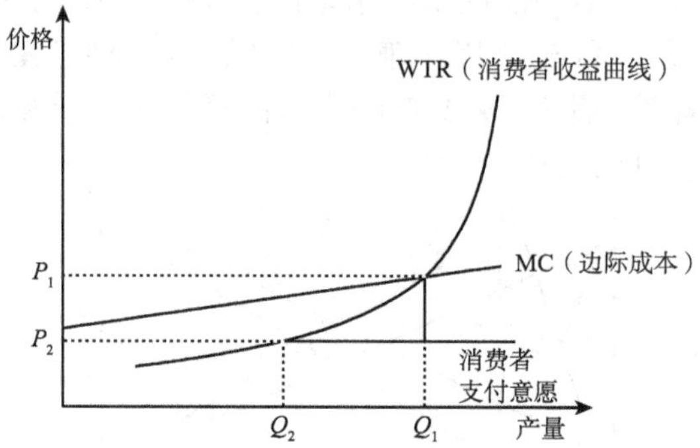

图 2-4　网络外部性

事实上，网络外部性所导致的这种市场失效与传统经济学中的外部性所导致的市场失效是相同的，因此，在本书中它不是我们重点探讨的对象，我们所要重点研究的是另一种市场失灵。简单地说，这种市场失灵体现为：对消费者而言，如果某种产品在市场中占统治地位并产生了网络外部性，那么消费者可能失去自由选择产品的权利而被迫选择该产品，即使该产品的质量不是最好的，因为放弃选择该产品将会带来更多的不便，如兼容问题、产品相关服务问题等。对竞争的厂商而言，他们则可以充分利用网络外部性的特点，努力扩大使用其产品的用户规模（而非只着眼于产品的质量），一旦行业内某家厂商的产品出现了网络外部性，就可能导致竞争机制的扭曲，其他厂商的产品质量再好、价格再合理也可能无人问津。这样，网络外部性最主要的问题就是可能导致次优技术占领市场。

以 QWERTY 键盘为例，该键盘是以键盘上的首行六个字母命名的。QWERTY 键盘之所以成为标准是因为它比其他可能的设计更为有效。实际上，这种配置的设计是为了减慢打字者的速度，因为早期的打字机总是卡住，而降低打字速度一直是避免打字机堵塞的方法。克里斯托弗·L.肖尔斯，发明了 QWERTY 键盘，并在 1873 年年初将专利卖给了雷明顿公司，雷明顿公司设定用 QWERTY 配置来制造打字机。该公司生产了许许多多的打字机，最终这种配置被“锁定”了。雷明顿牌打字机被放在人们的书桌上越多，习惯于使用这种设计的人就越多，而愿意使用其他设计的打字机的人就越少。使用 QWERTY 配置的打字员越多，想当打字员的人学会使用这种配置的打字机就越重要。我们从那时开始就一直沿用至今，即使在现在已经不存在降低速度来避免打字机堵塞的情况，电脑上依然沿用了 QWERTY 键盘，这种次优技术获胜对传统经济学的一般均衡和效率理论提出了挑战。后文会详细讨论这个问题。

4. 网络效应和网络外部性

对网络外部性和外部性的分析，可能会给读者带来一种迷惑，因为外部性无论正负，都是对市场的一种扭曲，但是，正网络外部性和正外部性有很大的不同。

由于正外部性的提供者提供的产品具有正外部性，如果其无法将正外部性内在化的话，那么提供者就缺乏提供产品或服务的动力，这也是具有正外部性的产品往往由政府来提供的原因，如路灯、国防等。

但正网络外部性却并非如此，提供者提供的产品如果具有正网络外部性的话，提供者不仅不会因为有正网络外部性存在而减少产品的提供或者取消产品的提供，反而更愿意加大产品的正网络外部性。那么从消费者的角度来看，是否存在因为具备正外部性而受损的情况呢？例如，一位消费者进入网络，增加了该网络的正网络外部性，其他消费者因此而受益，表面上来看，其他受益的消费者并未对该消费者提供支付，但该消费者也不会因为这样而减少在网络中的活动，因为他进入网络那一刻，就已经得到了早期消费者形成的网络外部性。

从某种意义上而言，正外部性不是没有，而是主要体现在第一批消费者的进入，因为他们之前并没有网络外部性，但是他们一旦进入网络，就给未来的消费者提供了网络外部性。也正是因为如此，吸引第一批消费者进入成为网络产品营销最重要的一步。这在后文会深入探讨。

正因为如此，有的学者就指出，我们一般所说的网络外部性并不能够称为外部性，而应该用另外一个词，即网络效应。

从严格意义上说，关于网络效应和网络外部性的界定不属于网络外部性分类的讨论范畴，但由于关于这两者关系的讨论至今未有定论，所以我们将它放到对网络外部性基本概念讨论的最后，为的是不造成概念理解上的混淆。

在大多数关于网络外部性的文献中，网络外部性和网络效应是同一个概念，人们并没有对它们进行区分，但这当中也有不同的声音。美国得克萨斯州大学的经济学家 Liebowitz 和北卡罗来纳大学的经济学家 Margolis 认为，网络效应和网络外部性是不同的。他们认为，网络所具有的随着用户数量增多而价值提高的特性只能叫做网络效应，因为当产品的市场价格已经充分反映了与外部性相关的成本和利润时，就不存在能称为外部性的经济问题了，因为此时外部性已经完全内在化了。因此，只有当这些网络效应没有被内在化的时候，才能把它们叫做网络外部性。

应当说，Liebowitz 和 Margolis 关于网络效应和网络外部性的界定是基于严格经济学意义上的定义，是比较严谨的。相应地，他们也提出了与大多数人迥然不同的观点，认为关于网络外部性所导致的市场失灵实际上大部分是不存在的，因此，网络效应就更不能和带有市场失灵含义的网络外部性一词混用。但是，至今大多数经济学家仍然认为与网络外部性相关的市场失灵是存在的，在谈及网络外部性时，他们仍然不加区分地使用这两个定义。我们在本书中持与后一种观点相同的意见，因此，对这两个词语也同样不加以具体的区别，而将它们视为同一概念进行研究。

四、网络外部性的产生原因和影响因素分析

网络外部性产生的根本原因在于网络自身的系统性和网络内部组成成分之间的互

补性（或者叫做网络内部信息交流的交互性）。首先，无论网络如何向外延伸，也不论新增多少个网络节点，它们都将成为网络的一部分，同原网络结成一体，因此，整个网络都将因为网络的扩大而受益。其次，在网络系统中，信息流或是其他物质的流动都不是单向的，网络内的任何两个节点之间都具有互补性（在整个网络中没有“中心”或“首脑”区域的存在，也就是说，即使网络的一部分节点消失了，也不影响网络的其他节点之间的正常联系），这就保证了网络外部性的普遍意义。为了更好地理解这一点，我们以一个简单的典型交互式网络为例（图 2-5）：在这个由 n 个部分组成的网络中，存在 n（n–1）个潜在的商品（我们将任何两个节点之间的任何一次交流都视作一个单位商品）。这时，第 n+1 个节点（设为 H）的加入，就向现有的网络中加入了一条交互性质的链路，从而使网络中潜在可提供的新产品增加了 2n 个单位，网络中的其他所有用户就因此获得了相应的网络外部性。

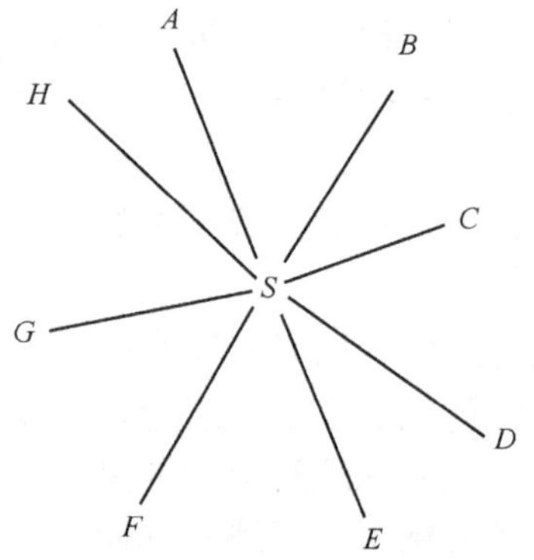

图 2-5　简单的交互式网络示意图

从网络系统本身的物理性质来看，影响网络外部性大小的因素主要包括网络的规模和网络内部物质的流动速度。这一现象可用公式 $U=\varphi(v)\times n(n+1)$ 表示，当网络规模 n（n+1）越大时，外部经济性 U 就越明显，并且在网络规模超过一定数值［控制论中称为阈值（critical mass）］时，外部性就会急速增大。我们前文所提及的梅特卡夫法则主要描述的就是这一支配作用。同时，网络外部性与网络内物质流的速度 $\varphi(v)$ 同样存在正相关关系，流速越大，外部越经济。相比较而言，在对网络外部性大小的影响中，网络的规模所起的作用更重要，更占有主要地位。而从经济的角度来看，影响网络外部性大小的因素并不止这些，我们将在后文对正反馈的讨论中分析这些因素。

小结

1. 当一种产品对用户的价值随着采用相同产品或可兼容产品的用户增加而增大时，就出现了网络外部性。它属于外部性的一个特例。可以用公式来表达网络外部性：$U=U(\cdots,n)$，且 $U'>U'',n'>n''$。

2. 网络用户所能得到的价值分为两个不同的部分，即自有价值和协同价值。协同价值就是我们所讨论的网络外部性的经济本质。著名的梅特卡夫法则所描述的经济现象即我们所说的网络外部性。

3. 直接网络外部性是指消费相同产品的市场主体的数量所导致的直接物理效果而产生的外部性。间接网络外部性是指随着某一产品使用者数量的增加，该产品的互补品数量增多、价格降低而产生的价值。

4. 网络外部性包括积极和消极两个方面的影响。但在网络经济中，正网络外部性所带来的经济影响相对更大、更引人注目一些。

5. 无论是正外部性还是负外部性，都可能破坏市场应有的效率，

6. 网络外部性对市场效率的破坏包括两个方面：可能导致实际产出与社会有效产出的偏离；可能导致次优技术占领市场。

7. 有的经济学家认为，只有当网络效应没有被内在化的时候，才能把它叫做网络外部性。

8. 网络外部性产生的根本原因在于网络自身的系统性和网络内部组成成分之间的互补性。

9. 从网络系统本身的物理性质来看，影响网络外部性大小的因素主要包括网络的规模和网络内部物质的流动速度，这一现象可用公式 $U = \varphi(v) \times n(n+1)$ 表示。

✲ 概念与术语

外部性　网络外部性　直接网络外部性　间接网络外部性　正网络外部性　网络效应

复习与练习

1. 简述负的网络外部性和网络效应的概念。
2. 说出外部性和网络外部性的关系。
3. 网络外部性对市场效率的破坏包括哪些方面？
4. 分析网络效应与网络外部性的区别与联系。
5. 网络外部性的产生原因和影响因素是什么？

第三节　网络外部性的影响

【内容提要】

在了解网络外部性内涵的基础上，本节对网络外部性进行经济学分析，分析它对需求曲线、收益变化和规模经济的影响。

【学习要求】

1. 掌握网络外部性对需求曲线的影响。
2. 掌握网络外部性对收益变化的影响。
3. 掌握网络外部性对规模经济的影响。

一、需求曲线的新变化

如前所述，网络外部性的定义表明：一个具有网络外部性的商品的价值随其销售的数量的增加而增长。对于经济学家而言，这一定律似乎是违反直觉的，因为传统经济学告诉我们，需求曲线是向下倾斜的，消费者对某一商品的需求是随着价格的降低而增加的。然而网络外部性的定义却强调价格和数量的正相关性。

事实上，这两者并不矛盾。需求曲线描述一个静态的单期行为，反映价格对需求数量的影响；而网络外部性则强调预期的作用，反映预期数量对价格的作用。换句话说，我们关于网络外部性的描述——一个商品的价值随其所售数量的增加而增加，应当被解释为一个商品的价值随其预期将售数量的增加而增加，这样，需求曲线依然向下倾斜。但在存在网络外部性的情况下，需求曲线又将随着其预期将售数量的增加而上升。

（一）个人需求

假设单个消费者是市场价格 $\overline{p}$ 的被动接受者，且对市场上采用该产品或可兼容产品的用户数量 n^{e}（即产品的网络规模，下同）有准确的认识。在这种假设之下，消费者的效用函数为

$$U=\begin{cases} k+\varphi(n^{\mathrm{e}})-\overline{p}, & \overline{p}<k+\varphi(n^{\mathrm{e}}) \\ 0 & \overline{p}\geqslant k+\varphi(n^{\mathrm{e}}) \end{cases}$$

其中，$k>0$ 表示消费者从产品中获得的基本效用，即产品的自有价值，$\varphi(n^{\mathrm{e}})$ 测定消费者对产品网络规模的效用评价，表示关于 n^{e} 的增函数，即对产品协同价值的评价。在既定的价格水平 $\overline{p}$ 和网络规模 n^{e} 下，消费者比较效用与支付价格的大小，选择购买或不购买。网络规模效应 $\varphi(n^{\mathrm{e}})$ 在个人需求函数中是外生决定的，因此，用个人需求横向加总的方法推导由网络规模内生决定的市场需求曲线在技术上是不可行的。

（二）市场需求

1. 影响市场需求的两种力量

假设网络规模既定，由网络经济下的边际消费者效用递减规律可知，在价格不断调低的过程中，后进入市场的消费者总比已购买此产品的消费者具有更低的保留价格，对该产品的效用评价更低，即在任意确定的网络规模下，市场需求曲线随着 n 的增加而降低，这与传统产品的需求曲线是一致的。

由于网络外部性的作用，即产品对用户的价值随着采用相同产品或可兼容产品的用

户增加而增大，产品网络规模成为市场需求曲线的内生变量。假设消费者偏好一致，即每个人都有相同的产品自有价值评价，且能够准确地预期他打算购买的产品的用户规模（$n=n^e$），那么，这时边际消费者的支付意愿将会呈现随着 n 的增加而增加的特征，即随着购买该产品的用户数量越来越多，产品的协同价值越来越大，新进入市场的那个边际消费者必然愿意比老用户支付更高的价格。直到 n 值大到使这一产品在消费中出现诸如拥塞、管理成本过高等情况，消费者的支付意愿才会向下倾斜至零。

如何综合考虑这两种力量对需求曲线形状的影响，并得出适合均衡分析的数字产品市场需求模型，必须注意在分析时我们运用的不同假设：在分析第一种力量时，网络规模是既定的，而第二种相反的力量则源于网络规模的扩大。

2. 预期实现的需求曲线

我们用一个需求曲线图（图 2-6）来帮助理解这一新变化。在存在网络外部性的前提条件下，消费者在购买第 n 个单位的某一商品 A 时，消费意愿将受到其对商品 A 预期销售数量的影响，也就是说，他预期商品 A 销售得越多，他越愿意为商品 A 支付更高的价格；但是，在预期的销售数量已确定的情况下，他的消费意愿又会随着价格的下降而上升。这样，我们设该消费者在预期销售 n^e 单位的情况下，他为第 n 个商品 A 愿意支付的价格为 $p(n, n^e)$。很显然，$p(n, n^e)$ 是第一个变量 n 的减函数，因为需求曲线是向下倾斜的；然而 $p(n, n^e)$ 是第二个变量 n^e 的增函数，这一点抓住了网络外部性的经济特征：消费意愿随预期销售数量的增加而增加。在一个简单的单期市场均衡模型当中，预期已经实现，这时 $n=n^e$，进而可以定义已实现预期的需求为 $p(n, n)$。

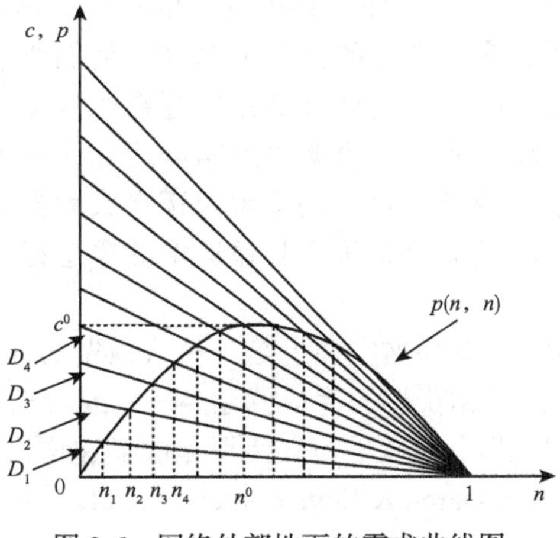

图 2-6 网络外部性下的需求曲线图

经济学家 Economides 和 Himmelberg 于 1995 年对网络外部性下的需求曲线的研究表明：为了避免爆炸式的增长和无限的销售情形的出现，在这里，假设 $\lim n \to \infty, p(n,n)=0$ 是合理的，因此，$p(n, n)$ 最终将向下弯曲

显然，图 2-6 描述了一个典型的实现预期的需求曲线结构，每条曲线 D_i（$i=1, 2, \cdots, n$）表明在给定的预期销售数量 $n^e=n_i$ 的情况下，消费者为一个变动的数量 n 所愿意支付的价格（即传统的需求曲线）。当 $n=n_i$，预期实现，消费意愿函数 $p(n, n)$ 上的点

为 $p(n_i, n_i)$。这样，函数 $p(n, n)$ 就是一条由点 $p(n_i, n_i)$ 组成的曲线。

二、从收益递减到收益递增

任何一个学习经济学的人都碰到过边际收益递减规律，它是传统经济学的重要原理之一。根据这一规律，如果我们增加对某一生产要素的使用（如劳动），而假设其他所有的要素（如机器设备、技术、原材料）保持恒定，那么，每一个增加的劳动力的产出都会比前一个劳动力少。即使总产出增加了，每一个劳动力增加的产出（即边际产出）也会下降。

与此同时，我们在传统经济学中还接触了另外一些概念——规模收益的不同形式。收益递增就是在规模收益背景下的一个经济学概念。传统经济学认为，当所有的投入都按比例提高时，全部产品的规模收益就会显现出来，以大于投入增加率的速度增长。这是因为当生产规模已经确定时，按照实际要求的比例分割全部生产要素是困难的，当产出增加时，固定成本被分摊到每一单位产出的成本上，这就意味着每单位产出的平均成本在生产的初期阶段是下降的。当生产规模过大时，管理大企业组织的困难（传统经济学认为除了前面所述的边际收益递减规律以外，主要是因为大企业倾向于官僚化、非人格化并且管理成本很高），导致管理成本最终达到使平均成本上升的程度，进而导致规模经济的消失，规模收益递减开始起作用。

因此，从总的来看，传统经济学认为收益递减规律是经济中的基本规律。从 1798 年马尔萨斯牧师最早提出边际收益递减规律以来，200 多年的时间已经过去了，我们在经济学中依然面对这个“规律”。然而网络外部性的存在，却往往意味着收益递增：某些厂商制造或卖出的东西越多，产品的价值就越高，他们所获得的优势就越大，获得收益也更加容易。在网络经济中，网络外部性的存在明显增多，同时随着高科技产业部门的聚合越来越显著，随着兼并、收购、战略联盟和伙伴关系的升温，随着高科技产业成本优势和锁定效应的增加，收益递增规律正在成为当今经济学中最热门和最重要的观点之一，越来越多的经济学家认为收益递增的概念将是当代经济学中占主导地位的原理之一。

经济学家 Arthur 认为，收益递增实质上是一种从领先到进一步领先的趋势[①]。“使用你的商品的人越多，”他说，“你获得的优势就越多——或者换句话说，你打下的根基越大，你的经济状况就越充裕。”电脑软件行业无疑是收益递增作用方式最激进的例子。高科技产品需要研究和开发（research & development，R&D）方面的巨额投资，而一旦产品投入生产，生产成本就相当低。这就是微软公司在其所参与的几乎所有的市场份额竞争中获胜的原因，甚至其生产的产品并非最好时也是如此。

很显然，我们在网络外部性中所讨论的收益递增和传统经济学中的规模收益递增是有所不同的。但是，我们也必须说明一点：我们所讨论的收益递增与传统的收益递减规

① Arthur W B. Competing technologies，increasing returns，and lock-in by historical events. Economic Journal，1989，99：116-131.

律并非像在一些文章中所描述的那样水火不容，我们认为与网络外部性有关的收益递增是对传统的收益递减规律的一个修正。事实上，我们所描述的收益递增的存在并不意味着边际收益递减规律的错误或失效，它甚至和传统经济学中的规模收益递增有异曲同工之处。

首先，传统经济学中所讨论的收益递减和递增的规律都是建立在供给分析的基础上的，而网络外部性所带来的收益递增规律则是对需求方的讨论。传统经济学中，无论是对边际收益递减规律还是对规模收益的有关讨论，都是从供给者的角度出发，围绕生产要素的增加导致的收益变化情况进行分析的。用今天的观点来看，我们应当把这些传统的规模经济称为供应方规模经济，因为这是由供给方生产要素的增加投入而引起的收益递增。而基于网络外部性的收益递增规律所讨论的则完全是消费者的需求对收益的影响，因此它被人们叫做需求方规模经济，因为这是由需求量的增加而引起的收益递增。在网络外部性不甚突出的传统经济中，供给方对收益的影响确实是经济中的主要因素，但在网络外部性日益显著的情况下，需求方对收益的影响也开始成为商业和经济活动的一个焦点。因此，网络外部性所带来的收益递增规律并非是对传统经济学收益规律的否定，这两者实际上是在经济中共同发挥作用的，结果如何取决于这两种规律孰强孰弱。在传统经济中，源于供给方的收益规律占据主要地位；而在网络经济中，源于需求方的收益递增则将发挥更大的作用。

其次，基于网络外部性的收益递增规律与传统经济学中的规模收益递增规律具有共同之处：它们都是由于达到一定的规模（不论是生产规模还是销售规模、网络规模）而引起了收益递增。但是，供应方规模经济收益递增的自然限制（这些限制就是我们前文提及的管理大组织的困难），将导致收益的递减。而需求方规模经济在生产足够大的时候却不会分散，因此，收益递增以一种新的、更强烈的形式出现。

在经济生活中，无论是供给方规模经济还是需求方规模经济都已经存在了相当长的一段时间，只是基于需求方规模经济的收益递增在网络经济中比过去更加重要，而且可以和供给方规模经济相结合产生双重作用：需求方的增长既减少了供应方的成本，又使产品对其他用户更具吸引力——进一步加速了需求的增长。极强的收益递增效应，导致了人们对网络外部性的极大关注。

小结

1. 在存在网络外部性的情况下，需求曲线依然向下倾斜，但又会随着其预期将售数量的增加而上升。

2. 网络外部性的存在带来了收益递增。

3. 在基于需求方规模经济的收益递增在网络经济中比过去更加重要，而且可以和供给方规模经济相结合，结果将产生叠加效果。

✲ 概念与术语

收益递增　预期实现　边际收益递减

复习与练习

传统经济学中的收益递减规律和网络外部性中的收益递增规律关系如何？

第三章

网络产品和数字产品

在网络经济市场下，往往存在一些概念的混淆，网络经济市场下的产品究竟是传统产品还是已经衍生了新的网络产品？我们经常听闻的数字产品到底是什么？数字产品和网络产品到底有什么异同点？从经济学角度来看，网络产品和数字产品为传统的经济学理论到底带来了什么样的冲击？本章就网络产品和数字产品的定义、特征及相关的经济学理论进行讨论。

第一节　网 络 产 品

【内容提要】

本节主要介绍网络产品的定义和网络产品新的需求曲线，以及网络产品的特征对生产厂商和消费者行为的影响。

【学习要求】

1. 理解网络产品的定义。
2. 理解网络产品的新的需求曲线。
3. 理解网络产品需求曲线在实际市场运营中的影响。

一、网络产品的定义

在对网络经济市场进行讨论之前，不可回避的是对网络经济下产品的分析。这里存在一个问题，在网络经济下，其产品的特性是否产生变化？因为如果产品属性发生变化，我们才能称其为网络产品。而进一步的问题是，这些属性到底是网络产品所特有的，还是传统产品在网络市场环境下产生的属性的变化？

对网络经济市场和传统市场做一个简单的区分，传统市场中消费者与消费者之间无直接联系，彼此独立，消费者对产品的需求仅取决于产品自身的属性和价格。但是，市场上也存在一类产品，如电话、传真和聊天软件等，该产品存在的意义就是促使消费者之间的交流，此类产品如果失去了消费者之间的联系，那么该产品是没有存在意义的。因而我们讨论的就是这些和传统产品不同的网络产品。

必须区分清楚的是，日常生活中我们称谓的网络产品和经济学中的网络产品分属不同的概念。网络产品的概念在日常生活中常常被狭义化，我们往往将支持各种信息网络运行的网络基础设施称为网络产品，如各种终端设备、传输链路和转接交换设备，以及支持网络硬件之间通信的各种协议。

究其原因，这是因为在日常生活中，网络本身的含义被狭义化了，网络基本上被局限于通信网络，甚至在很多时候，进一步被狭义为计算机网络。而在网络经济学中，网络的概念已经泛化，因此，网络产品的概念也需要进行重新的定义。

概括网络经济下产品的特点，并以此为基础建立市场模型是一件困难的工作。国内外从事网络经济研究的学者在这个方面做了很大的努力，总结相关的研究成果，大致以下几种观点：

张小蒂和倪云虎从广义网络出发，将网络产品定义为一切满足人与人之间交往的产品。网络由节点和连线组成，节点的中心即单个的人，节点间的连线即为连接单个人之间的媒体，人与人之间通过网络交往的物质产品和信息产品都属于网络产品[①]。

盛晓白基于狭义网络市场对网络产品和市场进行考察，认为纯粹的虚拟市场是网络经济的未来，虚拟性成就了生产成本和交易成本的大幅下降以及交易效率和生产力水平的飞跃，而网络产品则应该主要包括数字产品和智能产品。还有学者从物流、资金流和信息流的数字化程度来划分网络市场和传统市场，将能够在网络上完成所有的交割事项的产品定义为核心的网络产品[②]。

仔细分析上述的不同观点可以看出，他们论述的网络产品涵盖的范围是不一样的。第一种观点强调的是广义的网络概念，对产品本身的特性并无详细的分析，导致网络产品的过于广义化。因为任何产品都存在消费者网络，并可以在该网络中流通，所以该定义几乎将所有的产品都归于网络产品的范畴，忽略产品本身特性无助于厂商对产品市场以及产品生产的策略分析。而第二种观点将网络狭义化为信息网络，只将数字产品和智能产品作为网络产品来研究。从某种意义上来说，将数字产品作为网络产品的特例，并以此进行经济分析是一种较为普遍的趋势。Varian 与 Shapiro 在其 1998 年的 *Markets of information goods* 工作论文中，更是用 ICE（information，communication，entertainment）经济取代网络经济一词，通过定义信息产品（即可以被数字化的一切物品）作为其经济分析的起点。但必须指出的是，数字产品只是网络产品的一种，而不能和网络产品画上等号。这种分类又将具有网络特性的电话、传真等有形产品排除在外。

---

① 具体内容参见张小蒂，倪云虎．网络经济概论．杭州：浙江大学出版社，2002.

② 具体内容参见盛晓白．网络经济通论．南京：东南大学出版社，2003.

显然前面的两个观点，强调的都是产品的网络环境，基于的逻辑思路是先确定网络的类型，再将基于某个网络的产品视为网络产品。这样存在的问题是，无论我们将网络视为广义的消费者网络，还是狭义的互联网网络，或是将网络分为有形网络和无形网络，都无法很好地概括网络产品。

其原因是网络的分类往往是根据网络链接的属性或者是网络的结构特征进行的，但网络产品更加强调网络节点之间的相互关系。

网络产品的特性并不局限于网络产品本身的连接，有些产品从表面上看其产品与产品之间并不存在连接，但是也具备网络产品的属性。典型的例子就是 DVD（digital versatile disc，即数字多功能光盘）碟机，DVD 碟机之间并未产生联系，即消费者对于 DVD 碟机的使用是独立行为，而不取决于别人是否使用 DVD 碟机，但是消费者购买 DVD 碟机仍然要考虑 DVD 碟机的市场规模，特别是 DVD 碟机刚刚进入市场时，这一特性更加显著。为什么消费者会关注 DVD 碟机的市场规模？这是因为 DVD 碟机需要配合 DVD 碟片才能具有使用价值，因而 DVD 碟片内容的丰富程度直接影响 DVD 碟机的效用，再好的 DVD 碟机如果没有足够的碟片以供播放，那也是没有多大作用的。反过来看，碟片生产厂商选择是否增加碟片的生产，又取决于 DVD 碟机的销售市场，如果在 DVD 碟机市场中又存在标准竞争，如蓝光和 HD DVD（high definition DVD，即高清光盘）的标准竞争，那么 DVD 碟机的销售规模直接影响厂商的选择。

从 DVD 碟机的例子可以发现，消费者在选择网络产品的时候，不仅要考虑的是该产品现在的市场，也要考虑将来的市场大小。但是从上面的分析来看，产品对消费者行为的影响并不受销售渠道制约，可见，网络产品应理解为具有网络外部性的产品。网络外部性可被描述为一个商品的价值随着其所售数量的增加而增加的特性。显然，办公软件和聊天软件这类产品更多的是具有直接网络外部性，而 DVD 碟机这类产品更多的是具有间接网络外部性。

以网络视频和网络论坛为例，两者都是具有相同的星形网络结构，而且都是在互联网上使用，具有相同的链路。网络视频的用户之间属于替代关系，所有用户都链接到一个节点，即视频播放的网站上，而用户观看某个视频完全取决于自身的偏好，与有多少人看过这个视频无关。或许有人会提出反证，认为很多人看在线视频往往会选择观看人数多的视频，但是这个和网络产品并无关联。观众选择观看人数多的视频，是因为信息不完备，当观众无法确定一个电影是否值得观看的时候，他们选择观看人数作为一个信号，他们认为看的人多的视频应该更好看。如果视频网站同时具有观众打分系统，一个观看人数多但是打分很低的视频，同样很难吸引观众。但是网络论坛则不同，虽然用户都需要登录论坛的网站，可他们可以在论坛的网站进行互动，论坛人数越多，互动价值（互动频率、深度和广度）也相应增加，这样会吸引更多的用户加入，用户之间属于互补关系，网络论坛显然是一个网络产品。

严格来讲，通过简单的定义将网络产品和传统产品区分开来是非常困难的，不能仅将是否具有协同价值作为区分网络产品的标准，这是因为大多数非网络产品也多少具备协同价值。这主要体现在间接网络外部性上，产品的售后服务也属于产品的互补品，如很多消费者在购买产品的时候，会考虑该产品的售后服务是否完善，售后网络是否健全。

而售后网络的规模往往是和产品销售的网络规模成正比的，因而消费者总是倾向于选择用户网络较大的产品。用户网络较大时，用户获得该产品的知识和维修服务就更容易，而且成本更低。当某一产品在某市场的销售量达到一定程度时，厂商倾向于在该地增设维修服务站就是例证。

商品房的销售也是一个特例，消费者购买商品房的时候，不仅是要考虑商品房自身的质量，也要考虑整片商品房甚至在临近区域商品房的销售情况，因为居住的人越多，相应的配套措施就越健全，自然生活质量就会越高。

我们可以看到，不少以前并不属于网络产品范畴的产品因为技术的更新，从而具备了网络产品的特性。例如，电脑游戏，单机电脑游戏并非网络产品，但是如果商家在单机游戏上增加网络对战的功能，那么该游戏就具有网络产品的特性了。也存在一些比较特殊的例子，有些产品原来属于网络产品，随着标准的统一，其表现的特性更像非网络产品。例如，电视，在早期电视制式不统一时，电视机无疑属于网络产品，消费者要根据不同制式的网络大小选择相应的电视，但随着电视制式的标准化，消费者对于电视的选择又倾向于电视的自有价值而忽略该品牌电视的网络大小。但必须强调的是，正如前面对于网络外部性需求曲线的分析指出，处于成熟阶段的网络产品，其需求曲线已经和传统非网络产品相似了，但这类产品仍然还是网络产品。

可见，网络产品的区别并不在于是否具有协同价值，而在于协同价值在产品价值中所占的比重。比重越大，产品的网络产品特性就越明显，当产品的价值等于协同价值时（即自有价值为零），如 E-mail 这类产品，我们称之为完全的网络产品。

显然，如果考虑间接网络外部性的话，很多我们认为并非属于网络产品的事物，如家电、汽车、商品楼等就都具备了网络产品的特性。如果将网络产品的定义仅仅局限于具有直接网络外部性的产品，那么类似于键盘、碟机这类产品都会被划出网络产品的范畴。而有趣的是，在早期的网络经济的著作中，类似于键盘及 VHS（video home system，即家用录像系统）是被引用最多的案例。

之所以要树立网络产品的概念，是因为网络产品的出现对消费者及企业的决策都产生了重要的影响，并表现出不同的市场特征和结果。因此，从另外一个角度来理解，我们认为，当一种产品的协同价值大的足以改变传统的消费者需求曲线，以及厂商的生产和市场决策方式时，这类产品就是网络产品。因而本书仍将具有网络外部性的产品定义为网络产品。

二、网络产品的需求曲线

在对网络产品的讨论中，我们可以看到，消费者选择网络产品，考虑的不仅仅是产品的自身质量和价格。在传统的经济学中，任何产品的需求曲线都反映为以价格为变量函数，需求曲线向下倾斜，因为商品的价格越低，消费者通常购买商品就越多，也就是说较低的价格可能促使那些一直购买该种商品的消费者消费更多的数量。

如前所述，网络外部性的定义表明：一个具有网络外部性的商品的价值随其所销售的数量的增加而增长。对于经济学家而言，这一定律似乎是违反直觉的，因为传统经济学告诉我们，需求曲线是向下倾斜的，消费者对某一商品的需求是随着价格的降低而增加的。然而网络外部性的定义却强调价格和数量的正相关性。

同时，如何体现出网络产品的用户规模对消费者的影响也是对传统需求曲线的一个挑战，正如前文分析，消费者在购买网络产品的时候，在考虑产品自身质量的同时，还要考虑另外两个方面，即产品现阶段的网络大小和产品未来的网络大小。第二章网络外部性的需求曲线已经解释了这个问题，本章则通过案例进一步分析和阐述现实市场网络产品的需求特性。

从图 3-1 可以看出，网络产品的需求曲线是先上升再下降的一条倒 U 型曲线，先考察 c_0 点左侧的曲线，这是一条和传统需求曲线相反的曲线，体现了随着网络产品的价格上升，网络规模 n 相应增加。之所以有这种现象，是因为网络产品随着网络的增大，网络产品的价值也相应增加，这就体现了网络产品和传统产品的区别所在，网络产品是具备网络外部性特征的。

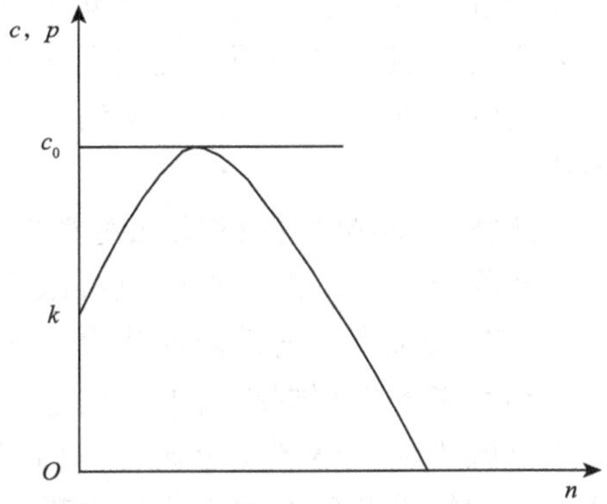

图 3-1　网络产品的需求曲线

这里似乎存在一个悖论，既然网络产品的价值随着网络的增大而增大，那么就不会有消费者愿意首先使用这个产品，而倾向于在网络规模足够大的情况下才使用该网络产品。这种特征在许多网络产品的升级换代中表现非常明显。以录像机向 VCD（video compact disc，即视频压缩光盘）碟机换代的过程中，虽然 VCD 碟机相对于录像机来说，具备了很多优点，但因为 VCD 碟机刚推出市场，其可选择的片源远远少于录像带，因而消费者往往会选择等到 VCD 碟机具备较大的市场，同时其最主要的互补品——VCD 碟片，有了较大的资源的时候，才会购买 VCD 碟机。同样，这种是先有鸡后有蛋，还是先有蛋后有鸡的悖论还存在于 VCD 碟机向 DVD 碟机过渡，DVD 碟机向 HD DVD 过渡的情况中。

前面所提的升级换代之所以没有因为网络外部性而胎死腹中，是因为消费者对网络产品的偏好是不同的。首先是有消费者对网络产品有很强的偏好，因而即使网络非常小，也会购买该产品。随着这些消费者购买产品，网络产品的网络规模进一步增大，那么就有对网络产品较强偏好的消费者选择购买产品，这样网络产品的规模会不断增加。当然，如果前期对网络产品有较强偏好的消费者的数量并不多，就不会出现新的消费者加入网络，从而导致该网络产品最终被替代，无法形成规模。因此，商家在销售网络产品的时候，增加网络产品的初始用户规模是首要条件，这样看来，很多商家在推出网络产品的初期，往往采用免费甚至补贴的方式也就不足为奇了。

我们现在购买 DVD 碟机是否会考虑网络的大小呢？答案可能是否定的。我们现在购买 DVD 碟机似乎和传统产品的购买没有什么区别，消费者考虑的只是产品的质量和价格，而并不关心使用碟机的用户有多少。这是因为当网络足够大的时候，虽然网络产品的价值仍然增加，但增加幅度已经开始减少了。对于单个消费者来说，其选择的网络是有限的，碟片再增加，或者电话网络再增加，对消费者的影响都已经不大了，我们称之为内化网络效应。网络所有者可以有效率地内化网络效应，对于那些不能划分所有权的网络，如果交易成本可以容忍，网络成员间的谈判和交易也可以在一定程度上内化网络效应。

以电话网络为例，虽然加入电话网络中的每一个用户都会增加网络中其他使用者的价值，但实际上，电话网络的用户并不会打电话给网络中的所有用户，其更多的是和自己的亲戚朋友联络，那么，用户和亲戚朋友协商，选择同一电话网络是可行的。再以中国移动和中国联通为例，早期不同手机网络的用户之间无法互发短消息，那么，彼此之间需要短消息沟通的消费者就会约定使用同一个手机网络。很多网络效应都可以通过参与者之间直接的相互作用内化。

网络效应的内化，使一定规模下网络规模的增加对消费者产生的影响可以忽略不计，从而消费者更加注意网络产品自身。从图 3-1 中也可以看出，当需求曲线过了顶点以后，网络产品的需求曲线已经和传统产品的需求曲线没有太大的区别了。

正如对需求曲线的分析，消费者既然根据现有的网络进行判断，那么为什么还要对将来的网络大小做出预期？这是因为在网络产品市场上，相似功能的网络产品之间存在竞争，我们称之为标准竞争。这种标准竞争在我们生活中现在已经原来越普遍，而且基本上存在于网络产品市场，如 3G（3rd-generation，即第三代移动通信技术）标准竞争、蓝光与 HD DVD 标准竞争等。假设这种情况，消费者必须在两种网络产品中选择其中一种，如果这两种网络产品的规模都差不多的时候，消费者就必须对这类网络产品未来的发展做一个预期，因为在这两种网络产品的标准竞争中，一旦某一标准胜利，那么另外一个标准可能会迅速萎缩，甚至退出市场。那么购买失败标准的消费者将蒙受很大的损失，虽然这些消费者当初在选择的时候，完全是理性的。

典型的例子出现在光存储中蓝光和 HD DVD 的标准竞争，DVD 标准之争此前一直在索尼领衔的蓝光阵营和东芝领衔的 HD DVD 阵营之间展开，最终获胜者有望垄断总产值达数百亿美元的 DVD 市场。蓝光和 HD DVD 格式都支持超大容量，可以为用户提供高清影像和优质声音。但是，它们互相并不兼容，这意味着正常情况下消费者必须选择其中一种。2008 年 2 月 19 日，在下一代 DVD 标准之争中经历多次重大失利之后，东芝正式宣布停止推广 HD DVD 标准。标准的失败不仅意味着东芝几百亿日元的损失，对于选择 HD DVD 的消费者来说，也是极大的损失。因为未来的高清碟片将以蓝光的形式发布而再没有 HD DVD 的版本，消费者所购买的碟机从此可能形同虚设。

可见，随着社会的发展，消费者之间联系越来越网络化，无论是实体网络还是虚拟网络的发展都空前迅猛，这样不但使新的网络产品不断诞生，旧的产品也因为市场的变化越来越具备网络产品的特征。而网络产品的新特性使无论是网络产品的生产厂家还是网络产品的消费者的行为都较传统产品有了很大的改变，因为深入了解网络产品的新的特性有助于消费者和厂商增加自身效用，获得更大的利益。

小结

1. 网络产品是具有网络外部性的产品，这里的网络外部性即包含直接网络外部性，也包含间接网络外部性。

2. 网络产品的效用分为协同效用和自有效用。

3. 随着网络的普及，消费者的联系日益紧密，许多传统产品也开始呈现网络产品特征。

4. 网络产品的需求曲线是一条先上升后下降的倒U型曲线。

5. 消费者对网络产品的选择，在考虑产品的质量和价格同时，更要考虑网络产品现有的网络规模及对未来网络规模的预测。

6. 网络产品的生产商在销售网络产品的时候，首先要考虑的是如何增加网络产品的网络规模。

复习与练习

1. 分别列举身边具有直接网络外部性和间接网络外部性的网络产品，并指出其协同效用和自有效用体现在什么地方。

2. 列举网络产品的生产厂商是通过哪些手段来增加网络产品网络规模的。

第二节　数字产品的定义和分类

【内容提要】

本节主要介绍数字产品和信息产品的联系，从数字化的定义和介绍引出数字产品的定义，并介绍数字产品的分类。

【学习要求】

1. 理解数字产品和信息产品的联系和异同点。

2. 了解数字化的含义。

3. 掌握数字产品的定义。

4. 了解数字产品的分类。

人类产品发展的历史进程可以简单描述为：手工产品（如陶器、布匹），机械产品（如木牛流马、自行车等），动力产品（如火车、汽车、轮船等），自控产品（如空调、飞机等），信息产品（如电话、电视等），数字产品（WEB 资源、聊天软件、IP 电话等）[①]。从产品这一进化的历史过程可以看出，产品的技术（知识）含量越来越浓厚和密集。现代产品发展的重要趋向就是数字化。从普通机床到数控机床，从机械表到电子表，照相机从机械式、电机式发展到数字式，电话从模拟转向数字进而发展到 IP 电话，其他诸如数字电视、电子辞典、水下挖掘机、3D 重建超声诊断仪等，各领域的数字化产品层出不穷。

在盛晓白对网络产品的定义中，提到了数字产品，虽然本书认为网络产品本身的含义要大过数字产品的含义，但数字产品作为网络产品的一个特例，不仅具备了网络产品的特点，而且自身还有很多区别于传统产品的特性。数字产品是网络经济下的典型产品，具有最严格的特殊性，我们将其作为理解网络经济下产品特性与生产特点的一个切入点。

一、信息产品的概念

与数字产品息息相关的是信息产品，一般而言，信息就是事前概率与事后概率之差，或者说，信息就是传递中的知识差。而信息产品就是基于信息的交换物。网络时代，信息爆炸带给人们的直接联想就是纷繁复杂的互联网信息，但是这些信息不一定就是信息产品，它们当中很多都只是没有价值的数据而已，而能够成为信息产品的是那些经由有目的的信息组织之后进入信息市场中的信息，它们是信息产品的组成内容。

信息产品的一般定义包括软件、教育和娱乐产品以及其他的知识产品。信息产品在网络出现或网络环境形成之前就大量存在，如电影电视、出版物、广告等，这些都是以实物形式存在的信息产品。网络时代出现之后，这些信息产品明显出现了两大发展趋势。

其一，网络技术使大量信息产品得以实现数字化，并被组织和放置到互联网上，如此这些信息产品更易于传播和利用，这方面突出的例子就是软件业的发展。通过网络，信息产品开始更多地进入人们的视野，成为人们关注的焦点。

其二，网络经济的发展使信息产品的范畴不断扩大，即使是非信息产品，也可以通过网络技术，将其中所包含的信息内容编码成一段字节，在实现数字化之后，经由网络组织和传播，这一典型的运用实例就是传统商品在网络上的电子商务交易。在这一发展趋势中的焦点就是信息化、数字化。

二、数字化含义

从技术角度上诠释，数字化是用 0 和 1 两个数字编码来表达和传输一切信息的一

① 引自潘云鹤. 2000 年登载于《计算机世界》上的《数字化产品的发展趋势与策略》一文。

种综合性技术，即电话、电报、数据、传真、图像等各种信息全都变成数字信号，在同一种综合业务网中进行传输。这里所讲的信息，实质上是指计算机能够处理的，如数值、文字、符号、语音、图形等数据，这些信息被数字化之后即成为数字化产品的内涵。一般认为，对于数字化的定性，普遍流行和存在两种观点：一种观点认为，信息的数字化进程属于严格复制的范畴，这里不妨称为信息的数字形式的复制化。另一种观点认为，信息的数字化属于对原信息的加工、演绎甚至翻译，我们不妨称为信息内容的翻译化。翻译化的数字化理论实质上更接近或等同于传统的翻译，并强调传统的翻译化和数字化的唯一区别在于前者由人完成，而后者由机器完成，二者没有本质的区别①。本书更倾向于复制化观点，因为如果翻译化理论是正确的，则数字化前后的作品将失去同一性，违背数字产品的不可破坏性特点，从而人为地在现实世界与数字世界之间划分了一条本不存在的鸿沟。复制化与翻译化的不同认识，会对数字产品的产权性质做出不同的判断。显然，数字化是21世纪的特征，是以信息技术为核心的电子技术发展的必然。基于技术的决定性意义和原因，本书将数字化这一过程归纳出“两化两性”特征。

在“两化”中，首先是标准化。标准化的潜在含义是规范，即标准的制定和选择是数字化产品得以形成和传播的根本保证。数字化产品在设计与生产中，必然与计算机网络技术密切相关，数字化进程理应是标准规范的，产品是通用的和易用的。同时，由于网络、通信等高新技术和设备的覆盖面加大和更新速度加快，并考虑到数字产品的更新、扩充和升级的要求，以及互联网是无障碍的全球性网络等因素，在数字化过程中，整个系统和相关技术的选用上都应体现出标准化和规范化。

其次是个性化。数字化过程的标准化并不排除数字产品的个性化，针对不同的市场、不同的消费者，应该而且可以单独设计或量身定制个性化的产品。例如，企业根据产品消费者的年龄、受教育程度、职业、收入、兴趣等特征，提供他们所需要的数字化产品，这一过程其实就是数字化进程的个性化体现。此外，网上数据供应商几乎对每个顾客的要价都不同，价格通常取决于顾客（公司、小企业、政府、学术组织）的规模大小；取决于使用数据库的时间（白天、晚上）；取决于使用数据库的数量（随量打折），使用什么数据库，采用什么样的使用形式，是打印出来还是在屏幕上看；等等。而这些看似简单的定价策略得以灵活应用的技术前提是数字化进程的个性化特性。

在“两性”中，首先是安全性。安全性是数字化进程区别于普通产品生产过程的主要特征之一。数字化进程充分利用计算机网络技术，采用普遍适用的、标准化的数字化信息编码技术而进行，在内涵上极为忠实原数据。可以说，被数字化的产品在功能和属性上不具任何变异，反而在形式和应用上更具科学性，这点和传统产品的生产是不同的。数字化过程是信息技术显现和起决定性作用的过程，数字化产品作为计算机信息和网络技术的产物，安全性是必然组成，也是数字化产品设计、开发和生产的基础。

其次是增值性。这里所说的增值性是指数字产品在网上服务中体现出来的增值性，

---

① 金榆林. 数字化技术对版权保护的影响. 中国专利与商标，1996，（2）：87-94.

即数字化进程中，可以充分利用计算机网络技术实现人类跨越时空的信息交流与传递，于是，工具、内容和服务类等数字化产品得以产生，并立即传播和投入使用，如网上聊天、E-mail、数字图书馆、网上购物、网上教育、远程医疗等，在整个数字化进程中，充分表现出增值性。这是传统产品在生产完成之后因无法立即实现流通而无法与数字产品比拟的原因所在。由此，数字产品在功能上较普通商品更能满足消费者需求，并且数字产品还可以给消费者的工作和生活带来极大的方便，并且提高效率、节约成本，给数字产品的生产开发商带来更多的经济效益。

值得一提的是，现实中各种产业都呈现数字化的发展趋势。就第一产业——农业而言，农业走向信息农业的速度比我们设想的要快得多。精确农业实际上就综合了 GPS（global positioning system，即全球定位系统）、GIS（geographic information system，即地理信息系统）、ES（expert system，即专家系统）自动控制和互联网技术，从而做到精确栽培和灌溉，并且网络农业使销售、期货等农业贸易在网上得以进行。数字农业概念内涵丰富。制造业的数字化表现在产品数字化，即数字化创新上，如包括虚拟制造的过程数字化等。而服务业的数字化，如网络服务与远程服务，包括电子商务和网站服务；娱乐业数字化则包括计算机模拟和动画等。而报刊、图书馆情报业、科技文化业也在经历数字化，如远程教育、数字博物馆、设计自动化、远程医疗等。

三、数字产品的定义

基于对信息时代的认同和理解，人们往往将信息产品看做网络经济的主要产品；同时，在现实生活中，几乎任一普通产品都可以得以轻松地全部或部分实现信息化和数字化，并在互联网上出售。但是，作为网络经济核心的数字产品概念实质上和以上两者（普通产品和信息产品）都是不同的。此处，数字产品被严格界定，特指在网络经济中交易的可以被数字化，即编码成一段字节，并且可以通过网络来传播的事物。

在对数字产品的理解中，我们必须先了解信息产品和数字产品的不同之处。从本质上说，数字产品本身就是经数字化并通过网络传播的信息；而信息则包括任何可以被数字化的事物。由此看来，数字产品和信息产品看起来似乎是同一个事物，其实不然。信息产品侧重于讨论产品的信息内容及其特点，而数字产品则强调其数字化的存在形式，以及因此而引致的一些特性，很显然，这两种定义的讨论角度是不同的。同时，我们可以看出，数字产品必然要求具有信息内容，因为具有信息内容是一个产品成为数字产品的前提条件，而信息产品则未必是数字产品，它也可以以实物的形式存在。因此，在定义网络经济的核心产品概念时，我们必须使用数字产品这一术语，因为仅仅具有信息内容而不具有数字化形式的产品是无法在网络市场上流通的。

随着网络经济的发展和渗透，信息产品的范畴不断扩大。在这个阶段，不仅原来人们常见的信息产品，如书本报纸、音像制品等转化成了数字产品，数量迅速增加，原来的一些传统的非信息产品也开始进入信息产品的范畴，并进一步转化为数字产品。例如，人们普遍认可和接受的网上购物和电子支付，这使任何产品都可以在互联网上出售。当然这并不是说任何原先以实物形式存在的产品现在都变成了数字产品。回忆一下网上购物的过程，销售者将产品信息放到网上的商品列示栏中，消费者在网上接受信息并进行相应的反馈，在买卖双方的数字交流之后，交易或者成功或者失败。在这个过程中，我们看到，网络经济的框架之所以可以扩展到传统交易，产品包含的信息内容是理解的关键。也就是说，产品特征中的信息内容是将数字产品概念扩展到传统产品的一座桥梁。由于产品中包含信息内容，而信息内容又是产品可以数字化的体现，传统产品包括的信息内容就可以被解释为产品的数字特征，所以，这些原来和信息产品看似毫不相干的传统产品也可以部分地在信息产品、数字产品和网络经济的框架中得到解释。

四、数字产品的分类

信息是数字产品的首选实例。例如，可数字化并通过网络来传输的知识产品，它包括范围广泛的纸上产品（如书籍，报纸、期刊、照片、地图和其他图形），这些产品中的大多数都是先制成数字形式，再被印在纸上的。而某些信息产品，如数据库、计算机软件就是以数字形式传播和使用的。音像产品可以数字化，那么多媒体产品，如电影、电视节目和声音制品就可以与信息产品混合出售，或作为娱乐产品单独出售。很明显，这些都是以实物形式存在但很容易在电子市场上被数字化的产品的好例子。

进一步，通过互联网组织、存储、传输的任何东西都可以成为数字产品。并且即使是各种纸上产品，仍然可以通过扫描或通过改变我们使用这些产品的方式而变成数字产品。而一些产品或服务即使没有相应的实物形式，以知识或过程的形式存在，这也不代表它们不能成为数字产品。例如，一所医院的某个中医医生，有着通过多年行医和临床实践而得来的良好经验和专业技术，熟知病症、药理，这种有价值的知识就可以数字化，做成一个文件或程序，形式可以是药方，然后卖给生产商或者直接消费者。

类似的，人类的相互作用和相互交流的过程也可以归整成一个数字过程或一个电子化的市场。网上拍卖、网上花市、网上论坛、数字咖啡馆等都是极为经典的例子。在信息时代，数字化信息产品的实例多得无法想象，几乎可以包容所有能够数字化的传统产品。人类的创造力是无穷的，人们正在将我们可以想象到和想象不到的许多东西变为数字产品，包括一些象征、符号和概念，甚至基于互联网商业化的一些过程和服务也成为数字产品。然而无论如何，数字产品本身都具有共性，如它们都是以比特流（bit torrent，BT）形式存在于网络上，它们的生产和使用都没有物理界限，并且它们还具有以下特别属性。

数字产品必然具有信息内容，同时具有信息内容的事物就可以数字化，但信息产品并不意味着就是数字产品，因为它有可能以实物的形式存在。

数字产品就是指在网络经济中交易的可以被数字化，即编码成一段字节，并且可以通过网络来传播的信息。

数字产品的分类是以数字的产品的形式和内容作为主流划分依据的[①]，并且可分为三大类；此外还有以用户与产品交互为基础来划分数字化产品的方法，这是另外一种较为新颖的分类方法。以下分别对这两种划分作介绍。

（一）以数字产品的形式和内容作为主流划分依据

1. 内容性产品

数字产品中，内容性产品是极为主要的组成部分，且通常这一类产品在网络传播中极易涉及敏感的版权问题。内容性产品的内容差异构成其价值差异的基础。所谓内容性产品是指确切表达一定内容的数字产品。它又细分为三种，即新闻、书籍、音像的数字版本，具体包括数字版本的纸上信息产品——报纸、期刊、书籍，数字版本的产品信息——产品说明书、用户手册、销售培训手册，数字化的图形图像——照片、幻灯片、卡片、日历、地图，数字化的音频视频——音乐唱片、语音录音、电影、电视等。

2. 交换性工具产品

最早产生和较为广泛运用的交换性工具产品就是电子数据交换（electronic data interchange，EDI）了，只不过在后来的发展中，作为网络信息交换的形式出现多样化，由此交换工具的种类出现衍生。但这一类产品的含义被继续保留，即特指代表某种契约的数字产品，如象征、符号和概念等，它具体包括网上订票服务——航班、宾馆、演出、体育赛事，以及财务金融工具——电子支票、电子货币、信用卡、有价证券等，这些都是可以被数字化成为数字产品的金融工具。

3. 数字过程和服务性产品

任何可以被数字化的交互行为都是一个数字过程或服务。这里所说的交互行为，实质上是通过相应的软件来驱动和激发的。例如，网络用户通过 QQ 来相互即时传递信息和文件，通过 CAJ 浏览器来阅读中国期刊网论文，这两个过程都是数字过程和服务性产品的典型例子。但数字过程和服务性产品是区别于内容性产品的，它们更为侧重服务本身的实现过程，也就是说，数字过程和服务性产品与内容性产品一个最大的区别就在于，软件在数字化过程中是否发挥了作用。

数字过程和服务性产品具体包括电子政务——各类表格、在线登记、福利支付，电子商务——网络购物、网上支付、网上拍卖、网上会计、网络银行，电子通信——邮件、传真、电话，网络教育、远程医疗和其他远程交互式服务，网上论坛、数字咖啡馆，虚拟图书馆、数字博物馆等。

（二）以用户与产品交互为基础来划分数字化产品的方法

如上所述，Whinston 等将数字化产品划分为信息和娱乐产品，符号、象征和概念，处理和服务三类，但这样的分类对于产品的定价和市场效率分析的指导意义很有限。

---

① Choi S Y，Stahl D O，Whinston A B. 电子商务经济学. 张大力，刘维斌，等译. 北京：电子工业出版社，2000.

而以用户与产品交互为基础来划分数字化产品则是一种较为新颖的分类方法。试想，数字化进程之后，一旦转成标准规范的数字化的格式，所有产品在本质上应该是相同的，而确定产品类型与定价策略所需要的正是消费者获得并使用数字化产品的方式，以用户与数字化产品的交互关系来进行划分很有意义，以此可以将数字化产品分为以下几种类别[①]。

1. 产品的传输模式

数字产品在传输中的形式和状态是多样化的，理论上可以被分为被动传输式和交互式两类。被动传输式数字产品实质上是仅为传输和直接使用的，它们或是被用户一次性下载，或是断点续传以片段方式下载，但都表现为下载后直接使用。而交互式数字产品则使用了实时应用程序，在通信期间包含了一连串的请求与回应，需要在连续的请求与回应之间交谈和应用，因而更具有互动性，这一类的产品包括即时通信工具、远程教育、交互式游戏等。目前，互联网上的数字化产品大多是可以传送的，但却不是交互式的。

2. 产品的时效性

时效性的着眼点就是产品的形成时间，而与时间相关的产品会快速失去价值，这可能成为转售或散布这些未授权产品的一个障碍。通过互联网来进行传播的各数字产品的时效性可以这样来理解：消费者具有对数字产品的需求如果能够得到及时的响应，即能获取最新版本的数字产品，数字产品的时效性就得到了最大体现。基于互联网之上的数字产品的时效性价值是十分明显的，如各类网上行情、广告、资讯乃至新闻等服务产品从本质上就是动态的数字产品，其内容中包括若干商品价格、相关日期、电话号码、联系地址等，这些链接信息都需要实现及时、快速更新。与此同时，各 ISP 网站对于网页的页面内容，对各大小 Web 服务器内容都非常重视，为招徕更多网民和商业机会，他们总是主动倡导和实现信息内容刷新，如此就使互联网上对于数字产品和服务的刷新，早已成为企业数字产品生产和管理过程中为保证数字产品时效性价值的一个非常重要的途径和环节。

既然时间相关的产品会快速失去它的价值，那么，数字产品的销售就增加了一个时间约束。另外，时间相关性抑制了复制与转售，并且避免耐久产品的问题，即与自己过去的销售进行竞争。

不过，值得一提的是，网络数字产品具有时效性并不意味着开发出来的数字产品越早投入使用越好，在网络上，存在部分数字产品，它们在价值和时间方面并不存在必然的联系。对于在本质上与时间无关的产品，制造商通过生产更新版本产品来增加其时间相关性。某些信息服务仅对已付款的订阅者保证即时更新，免费提供过时信息。另外，在内容更新的及时性方面，制造商可根据消费者对即时存取的偏好对消费者进行差异化定价，如免费散布头条新闻，但对其他服务收取费用。

---

① 参见 http://www.faculty.econ.northwestern.edu/faculty/whinston/。

3. 同一产品需求的数量和使用的频繁程度

一般地，传统产品的消费存在边际效应递减，数字产品更是如此。消费者拥有一件产品就足矣，任何人都不会安装两个同样的杀毒软件，并且所有数字产品可以被反复使用。从某个角度上讲，第二份同一产品的需求为零。此外，按使用的频繁程度来分类的话，数字产品可以分为两类：一类是一次性使用，另一类是反复使用。例如，在互联网上进行搜寻，一旦满足用户预期的目的后，搜索就不再进行，数字产品被某一用户一次性消费而不再需要，这个过程在形式上非常类似于传统的易耗商品（非耐久商品）；而需要反复使用的数字产品则与耐久产品类似，如软件程序和游戏能够被用户下载后反复使用。这其中，能够被反复使用的产品的全部价值必定随着使用增加，但其递增率可正可负。例如，一个网络游戏在开始时，每一次使用后乐趣增加，但反复多次使用后就逐渐变得无趣，直至用户最后删除它。

4. 运行性使用

运行性使用表示一个产品是可执行的程序或被程序存取的文件。这个区别的意义在于，不仅由于电脑软件的普及，也因为制造商借转换任意产品成可执行程序，能够增加对消费者使用的控制。例如，交互式 CD 在一个由程序设计人员设定的可控制的环境下显示文件类素材，这些素材很难在其他环境中显示。可执行程序倾向于反复使用产品。

小结

1. 信息产品的一般定义包括软件、教育和娱乐产品及其他的知识产品。

2. 数字化是用 0 和 1 两个数字编码来表达和传输一切信息的一种综合性技术，即电话、电报、数据、传真、图像等各种信息全都变成数字信号，在同一种综合业务网中进行传输。

3. 数字产品特指在网络经济中交易的可以被数字化，即编码成一段字节，并且可以通过网络来传播的事物。

4. 数字产品必然要求具有信息内容，而信息产品则未必是数字产品。

5. 数字产品的分类以数字产品的形式和内容作为主流划分依据；此外还有以用户与产品交互为基础来划分数字化产品。

复习与练习

1. 分别从不同的领域列举信息产品（非数字产品），并指出这些信息产品在现实生活中如何转化成数字产品。

2. 针对数字产品的不同分类方式，分别举出实例。

第三节　数字产品的特点

【内容提要】

本节主要结合实例分析数字产品的七个主要特征。

【学习要求】

了解数字产品的主要特征。

之所以在网络产品中专门阐述数字产品，是因为数字产品的物理特性已经和实体产品产生了很大的区别，其中实体产品既包括网络产品也包括非网络产品。而物理特性的改变,使传统经济学现有的和已归纳的经济理论在对产品的经济解释上出现了很多问题，而且有些问题至今都无法解决。只有深入了解数字产品的特点，才有助于我们从经济学的角度对其更好地理解。

1. 不可磨损性

在对实体产品的分类中，我们往往根据产品的使用寿命将产品分为耐用消费品（durable consumer goods，DCG）和快速消费品（fast moving consumer goods，FMCG）。通常使用周期较长，一次性投资较大的产品，包括（但不限于）家用电器、家具、汽车等，我们称之为耐用消费品。快速消费品是指消费者消耗较快、需要不断重复购买的产品，典型的快速消费品包括日化用品、食品饮料、烟草等，药品中的非处方药（over the counter，OTC）通常也可以归为此类。在有些时候，快速消费品也被称为包装消费品（packaged consumer goods，PCG），即产品经过包装，成为一个个独立的小单元来进行销售。

显然，无论是快速消费品还是耐用消费品，都会随着时间的推移而不断磨损。而数字产品因为没有物理实体，所以就不存在磨损用坏的情况。需要澄清的概念是，我们不能将像软件碟片一样的磨损当做数字产品的磨损，因为碟片等都是数字产品的载体而非数字产品本身。

同样需要区分的概念是数字产品的使用寿命和生命周期，数字产品虽然不会磨损，但因为数字产品是对信息产品的数字化，而信息是可能过时，所以数字产品的使用寿命是无限的，但其生命周期却是有限的。

2. 可修改性

生活经验告诉我们，如果一种产品是无封装的，如桌椅等，当有人对其进行改动时，是很容易被察觉的。而有封装的产品，如家电这类产品，如果有人对里面的元器件进行变动，消费者是很难发现的，如新闻中报道的，一些不法商贩通过替换产品的原装配件进行非法牟利就是典型的例子。

数字产品都是有封装的产品，因为其核心就是 0 和 1 的编码。单纯看一段编码，我们无法判断这段编码究竟是图片、文字还是电影或者音乐，这样如果有人对数字产品进行修改，消费者是很难察觉的。

一般来说，一旦消费者购买了一种传统产品，其他人要对其进行修改是件很难的事情，但数字产品作为可以在网络上传递的特殊产品，他人要远程对数字产品进行修改就要容易得多了。这种修改可能是善意、恶意或者无意的，也就意味着数字产品这种特性是一把双刃剑：一方面，生产厂商可以通过远程的修改替换对产品进行升级换代，这样既节省了厂商的服务成本，也提高了消费者的效用，软件的在线升级是一个很好的例子；但另一个方面，如果有人想进行恶意的修改，那么给消费者带来的就是负面的效用了，病毒程序、黑客程序就是利用了数字产品的这一特性。

3. 可复制性

对于实体产品，消费者是无法进行复制的，因为实体产品的生产是需要条件和成本的，中国古代神话中的“聚宝盆”就是古代人对产品复制的一种最原始的渴望。严格来说，复制可以看做一种生产，但对于数字产品来说，这种生产已经简单到成本可以忽略不计的程度。从经济学的角度来说，复制可以视为一种边际生产成本为零的生产行为。

数字产品的可复制性，对消费者来说，无疑有很多好处，因为只要购买一套数字产品，消费者就可以轻松地复制，不仅没有额外的成本，而且不影响自身的使用。但显然，这对生产厂商来说无疑是一种灾难。

数字产品的生产，对生产厂商来说，也无非是一种复制，但必须指出的是，数字产品是对信息的数字化，而信息的生产却是需要大量的人力物力才能完成的。编一个程序也罢，拍一部电影也罢，厂商的投入往往是一个天文数字。以电影拍摄来说，拍摄于 1994 年的《泰坦尼克号》，因为其高达 2.5 亿美元的制作费用，被当时的媒体称为当前人类电影史上最昂贵的电影。但也有人指出，如果将不同时期的花费加上物价上涨的因素，截至当时最贵的电影应该是 1961 年的《埃及艳后》，换算为 1994 年的物价，其制作费用高达 2.86 亿美元。而微软公司开发的 VISTA 系统花费了 60 亿美元。但是，无论这些数字产品的制作费用或者研发费用多么高昂，一个消费者足不出户用鼠标点击几下复制粘贴，就可以轻松地复制电影、软件或者其他数字产品内容。

数字产品的可复制性，带来了两个经济学上的问题，一个因为数字产品的生产是高沉没成本低边际成本的生产模式，这使传统的经济学的定价模式受到了极大的挑战。另一个是消费者对数字产品的复制带来的盗版问题及专利问题。这两个问题后文会着重讨论。

4. 公共物品性

在消费时具有非竞争性的商品被称做公共物品。非竞争性是指商品可以同时被许多人消费而相互之间不损害别人的消费的特性。公共物品的典型例子有灯塔、公路等，不管大海上有多少船只经过，建灯塔的费用是一样的，一艘船从中受益并未剥夺他人受益的权利。相对地，私人物品在消费时就具有竞争性，一个人对私人物品的消费，将暂时或永久地耗用对他人来说可利用的供给。

数字产品也具备公共产品性质，如电影和音乐。随着网络的普及及硬件的不断提升，消费者越来越普遍地通过网络使用同一数字产品，如我们上网浏览网页，世界各地的人可以同一时间打开一个网页进行浏览，因而数字产品的公共产品特性会越来越明显。

5. 经验产品性

在信息经济学中，将产品分为经验产品和搜寻产品，两种产品的差别在于消费者是否能够不经过使用就能判断产品的优劣。所谓搜寻产品，就是消费者不需要亲自使用，就能很快判断产品的质量，如衣服、桌椅等。而经验产品意味着消费者必须亲身试用，甚至要试用一段时间才能评价商品的好坏。

经验产品不一定是数字产品，信息经济学家阿克尔诺夫在最早对逆向选择进行阐述的时候，选择的经验产品就是二手汽车，因为我们仅仅通过目测是很难判断一辆汽车的质量的。但数字产品都是经验产品，因为当我们面对一个数字产品的时候，我们是无法判断这个产品的质量的。

所以，当消费者知道一部电影的名字或者看到一款游戏时，让他们不经过任何试用就掏钱购买是一件很难的事情。因此，针对这个特性，生产厂商会进行一些营销的策划来提高消费者的购买欲。当然，因为消费者对数字产品的使用是有区别的，如对于软件可能反复使用，而对于电影书籍可能是一次性消费，所以厂商的营销方式也是有一定区别的。

对于电影来说，制作宣传片是一个重要的手段，许多评奖活动对宣传片都有专门的奖项。电影请大牌影星演出也是一种方式，因为影迷会因为认可某个影星而选择观看该电影。而对于软件和游戏，试用版是最常见的模式，生产厂商通过限制功能或者限制时间、次数等方式让消费者先试用，再根据试用的结果选择购买与否。

6. 外部性

数字产品是信息的反映，因而消费者使用数字产品的时候，也是一个接受信息的过程。那么信息的优劣就可能带来正外部性或是负外部性，反映为使用数字产品的消费者因为数字产品的影响对周围乃至社会造成或好或坏的行为。对一些数字产品，如电影、网站等进行审核，是因为这类数字产品所传递的信息对社会有外部性的影响。

7. 对个人偏好的依赖性

有一个很有趣的现象，我们身边的软件公司很多，但通用的软件却相当有限，原因在于大多数软件公司开发的软件都是针对客户的定制软件。数字产品的信息内容对于不同的人作用也是不一样的，从消费者的角度来说，这些思想和信息的作用是因人而异的。可以说，任何产品的需求都会随着消费者内在的偏好差异而变化。传统产品如果想根据用户的偏好进行定制是件成本非常高的事情，而数字产品更容易根据消费者的偏好进行定制。

正如我们所看到的，数字产品的出现，给社会带来了极大的改变，数字产品的兴起，体现了社会生活水平的提高，是人类从物质的需要发展到对精神的需要的表现。数字产品的新特征使数字产品具备了和实体产品不同的经济属性，使消费者的消费习惯出现了很大的改变，如足不出户就可以获得和使用数字产品。

对于厂商来说，数字产品的新特性给厂商带来很多新的机遇，传统产品生产对设备、厂房、人员的诉求在数字产品的生产中已经不存在问题，更多的人可以充分的发挥自己的聪明才智加入数字产品的生产，但数字产品的特性，如可复制性等，也给厂商带来种种困扰，盗版问题可以说是最严重、最现实的。

小结

数字产品具有不可磨损性、可修改性、可复制性、公共物品性、经验产品性、外部性和对个人偏好的依赖性。

复习与练习

分别用实例说明数字产品的七大特征。

第四节　数字产品的经济学特性

【内容提要】

本节对有关数字产品定价、经济学特征，以及与网络产品之间的联系等问题进行讨论和阐述。本节的目的不仅是让读者了解与数字产品有关的概念和问题，更重要的是通过这些问题的讨论，让读者感受“世界上许多最需解决的事情本质上都是经济问题”（美国经济学会主席 William J. Baumol），并开始运用经济学的眼光和方法去分析网络经济中的新现象和新事物。

【学习要求】

1. 掌握数字产品定价中传统经济学方法失灵的主要原因。
2. 理解数字产品与网络产品之间的联系与区别。
3. 学会从经济学角度出发分析网络经济问题。

一、数字产品定价：对供求曲线和均衡理论的挑战

新古典经济学的均衡分析表明：在市场中，需求曲线是向下倾斜的，供给曲线则是向上倾斜的，当供求曲线相交时就形成了市场均衡，确定了市场均衡价格。我们要先回

顾一下一些基本的经济学概念。

1. 总成本

企业在进行生产时是需要为投入要素的使用支付成本的，如企业需要为雇佣的工人发放工资，为投入的资本支付利息等。将生产投入的要素数量乘以要素价格即为投入这些要素所产出的产品的总成本（total cost，TC）。如图 3-2 所示，总成本（TC）曲线随着产量的增加而增加，且越来越陡峭。这与要素的边际产量递减是直接相关的，要素边际产量递减，反过来则意味着企业为了获得多一单位的产量需要投入的要素数量不断增加。在要素价格既定的情况下，生产成本曲线在产量不断增大时也变得越来越陡峭。

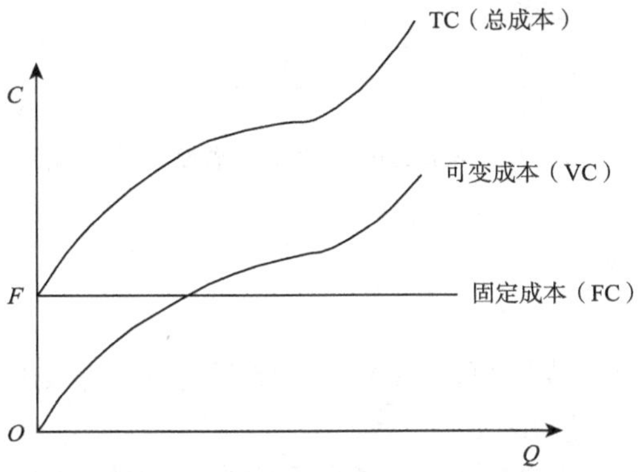

图 3-2 固定成本、可变成本与总成本曲线

2. 固定成本与可变成本

通常地，我们认为企业在组织生产之前需要投入一些不变的要素，如购置厂房、机器设备等需要预先垫付的支出，这些成本一旦投入在短期内就难以收回，我们称其为固定成本（fixed cost，FC），它不随产量的变动而变化；而在生产过程中，还需要购置和投入一些可变的要素，如原料、计件工人的工资等，这类成本随着企业产量的变动而变动，我们称之为可变成本（variable cost，VC）。

3. 平均成本与边际成本

与总成本相关的两个概念是边际成本（MC）与平均成本（average cost，AC）。边际成本（MC）为企业增加最后一个单位产量时总成本的增加量。由于要素的边际产量递减，企业的边际成本（MC）曲线是递增的[①]（图 3-3）。平均成本（AC）即单位产出的成本。由于固定成本的存在，随着产量的增加，固定成本（FC）不断地被分摊到更多单位的产品上，平均成本（AC）下降，直至递增的边际成本（MC）超过平均成本（AC），拉动平均成本（AC）上升，使平均成本（AC）曲线呈现如图 3-3 中的倒 U 型。

---

① 在实际中，要素的边际产量并不是立即表现出递减特征的。在一定的范围内，由于要素投入的增加，边际产量可能出现递增的情况，如随着工人人数的增加，他们之间可以进行分工协作，从而导致效率提高。所以，企业的边际成本在出现递减之前，会先经历一段时期的边际产量递增。在此我们不考虑这样的情况。

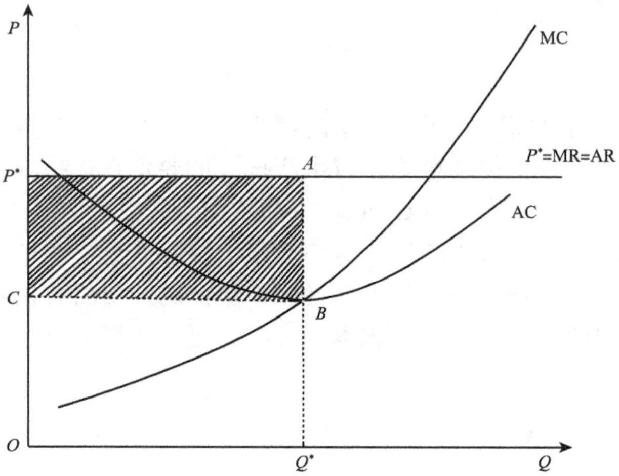

图 3-3 典型的成本曲线与短期供给曲线

二、短期供给曲线

利用企业的成本函数，我们可以描述一个典型的竞争市场中的企业短期面临的成本约束与生产行为，如图 3-3 所示。

图 3-3 中，MC 为边际成本曲线，AC 为平均成本曲线。假设厂商处于完全竞争市场中，是价格的接受者，只能根据市场现有的价格销售自己生产的全部产品，因此，厂商面临的需求曲线是水平的，即 $P=P^*$。厂商销售产品的边际收益（MR）与平均收益（average revenue，AR）均等于 P^*。利润最大化的厂商将选择在边际成本（MC）等于边际收益（MR）处的产量上生产，在图 3-3 中为 B 点处对应的产量 Q^*。从短期来说，需求相对成本可能高也可能低，因而厂商每出售一单位的产品得到利润 AB CP^*（阴影部分）或损失。当市场价格，即 $P=P^*$=AR=MR，低于平均成本（AC）曲线时，厂商是处于亏损状态的，如果短期内厂商的收益不能弥补平均成本（AC），那么厂商一定会选择停止生产。所以，短期供给曲线必然是高于平均成本（AC）的边际成本（MC）部分。

但作为数字产品，由于其特殊的属性，新古典经济学的定价理论已经受到挑战，要理解数字产品生产的成本构成，首先要了解数字产品的生产过程。

数字产品的生产实际上就是知识、信息的生产，是一种以知识资源为基础的生产。如果要把数字产品的生产细分，至少可以分为两大部分，即研发和生产。研发就是一种以知识资源为基础的生产，和以物质资源为基础的生产一样，需要投入资金、劳动力等生产要素。不同的是，由于产品的生产往往在很大程度上基于研发成果的应用，在生产初期需要投入大量的研发成本。这些研发成果可能是某种新的技术，可以用于生产新的产品；也可能是某种新的工艺，可以提高原有产品的性能或者降低其生产成本；甚至还有可能是某种新的商业组织模式等。一旦研发成果投入应用，它在生产中就起着类似于固定要素的作用，不会随着产量而发生变动。

研发对于网络经济中的企业十分重要，产品生命周期缩短、盈利策略的需要及市场中的竞争者或潜在竞争者的威胁迫使企业不断地投资研发创新。在现实的网络经济市场中，研发体现为新产品的大量涌现与产品版本不断地升级换代。结果的不确定性是研发投资的最大特点，这种不确定性主要表现在以下几个方面：

（1）在开始研发项目之前，其成功的可能性是一个未知数。研发可以类似地看做一个知识的生产过程，它与具体有形产品生产过程的一个最大区别就在于投入与产出之间的不确定性。研发者的直觉、相关知识的积累、偶然事件的作用等都与研发结果息息相关，这些不确定的因素直接左右着知识“生产”的产出表现。现实中不乏投入大量研发资金却一无所获的案例；同样的，也存在似乎毫不费力的“偶然所得”。

（2）研发成果的使用方向很可能与人们预料的方向大相径庭。研发可以分为基础的理论研究与应用性研究。对于基础理论的研究，如广义相对论、量子力学等，可能其动机只是出于人类探索自然、追求真理的好奇心，但它们却使核能的开发和商业应用成为可能；电话发明者发明电话的初衷是让人们通过电话听筒欣赏交响乐；初期服务于科研与军事需要的计算机网络研究，成为网络经济这一新兴经济模式出现的第一推动力。

（3）研发成果最终的社会效益的准确计量也是难以做到的。正是由于研发成果使用方向的不确定性，知识“积累与组合式创新”的生产特点使研发成果的最终社会效益难以准确计量。我们今天仍然没有办法估计爱迪生发明的电灯对人类社会起到了多大的作用。或者，我们可以换一个角度来说，那些所谓毫不费力的“偶然所得”，很大程度上也要归功于已有研发成果未被计量的社会效益。

数字产品的生产实际上就是数字产品载体的生产，这是一种实体产品，同样有厂房设备这类固定成本的支出，也有原材料、劳动力等可变成本的支出。很显然，由于网络的普及，数字产品可以完全脱离载体而进行网络上的传输，现在很多软件公司都采用网上下载的方式进行销售就是一个典型的例子。因而相对于数字产品的研发投入而言，数字产品的生产显然成本要小得多。

正如前面对数字的产品特性分析中指出的那样，数字产品的研发费用是一笔极大的开支,如电影的拍摄,从好莱坞的电影大片动辄上亿美元的制作费用中可见一斑,比尔·盖茨曾称 VISTA 系统的开发费用不低于人类登月。研发费用属于酌量性固定成本。而有些数字产品不仅有高昂的研发费用，本身的固定成本也是极为巨大的，典型的例子体现在电信通信产业。移动电话也罢，固定电话也罢，在消费者使用之前，运营商必须建立大量的基站和数据网络来覆盖整个区域，这笔开销是极为巨大的，有人估算覆盖全国的基站建设成本在上千亿人民币。

必须指出的是，相对于实体产品的固定资产，如土地、厂房、设备而言，数字产品的固定资产大多属于沉没成本，即这一成本不仅固定且难以在短期内变动，并且如果生产停止就无法收回。研发投入是典型的沉没成本，失败的研发，如一份根本没人购买的软件，其研发费用即使停止生产也无法收回，投入这一产品的营销、版权保护等相关的费用也无法收回。更直观的例子是电影，电影的拍摄、剪辑、后期制作、广告宣传等活动都是在电影放映实现票房收入之前完成的，但如果这部电影在市场上无人问津，那么这些成本不可能像厂房、机器设备那样折价转让，部分收回。

为什么数字产品的生产沉没成本如此之高，风险如此之大，却仍有那么多厂商要投入这个行业？其原因就在于数字产品生产的另外一个特性：边际成本极低，甚至可以近乎为零，即使考虑数字产品载体的生产。因为这些载体相对于数字产品本身的价值来说，几乎可以忽略不计。那么对于电影、音乐、软件这类数字产品，只要研发出来，几乎可以不受生产能力的限制批量生产，而增加的成本极低，从而达到盈利。例如，前面指出 2.5 亿美元制作费用的《泰坦尼克号》，全球票房达到 18.45 亿美元，体现了极高的投资回报率。

通信产品也是如此，运营商一旦建立网络并投入运行，那么增加一个用户带来成本的增加是可以忽略不计的。当然，必须指出的是，通信行业受到物理链路带宽及交换线路的影响，无法像其他数字产品那样无限制地提供服务，因而这种特性是在一定范围下表现出来的。

这种高固定成本，低边际成本的特性并非数字产品特有，航空服务也是典型的例子。一架飞机从起始站飞到终点站的固定支出是巨大而且相对稳定的，而在飞机上增加一位顾客的边际成本却是极低。但是，这一特性在数字产品上的体现是尤为显著的，这时候回到传统经济学的定价理论，我们就能够发现问题所在。

三、数字产品的新经济学特性

数字产品的特性，对新古典经济学的影响体现在两个方面。

1. 成本曲线的变化

新古典经济学产品的最优价格在于边际成本（MC）等于边际收益（MR），图 3-4 中 AC 为平均成本曲线，MC 为边际成本曲线，假定 D 为需求曲线，它和消费者的边际收益（MR）曲线为同一条曲线。比较图 3-4 与图 3-3，不难发现，网络经济下的生产成本特征从根本上否决传统定价模型：当生产的边际成本（MC）很小，甚至接近于零时，如何按边际成本来决定价格？难道以接近零的边际成本（MC）来确定价格？如此低的价格是无法弥补数字产品生产初期投入的大量沉没成本的，因而是不合理的。在这种条件下，产品的定价显然是无法按边际成本（MC）曲线向上攀升的原理来加以确定的。

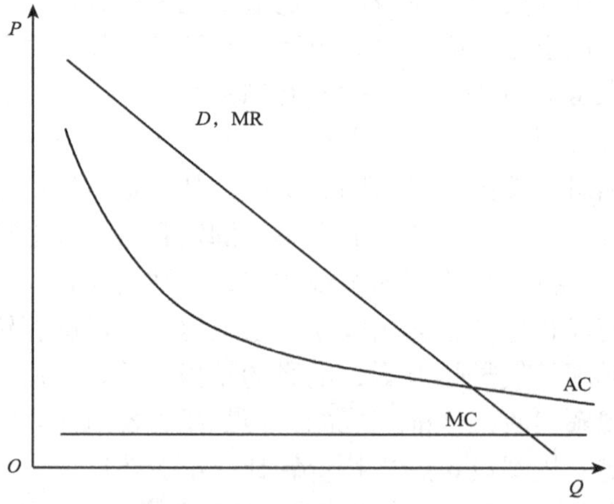

图 3-4 数字产品的成本曲线与短期供给曲线

数字产品这一新特征，使数字产品的定价处于一种比较随意的情况，2006 年 1 月 6 日，西安市发布的一份政府部门软件采购公告显示，金山公司以总价 100 元中标（共 57 套），每套 WPS 2005 折合人民币 1.75 元，而当时 WPS 2005 专业版零售价为 1298 元，开发版售价为 1580 元。产品的价格变化幅度可以如此之大，在实体产品上是很难想象的。

2. 供给曲线的消亡

传统的供给曲线是一条从左到右的向上曲线，当产品市场价格高的时候，厂商愿意提高产量，而市场价格低的时候，厂商就会选择缩减产量。这是因为均衡的市场价格在供给曲线和需求曲线的交点处。如果厂商生产的产品数量超过了均衡产量，就意味着多生产出的产品边际成本大于边际收益。但是，在数字产品生产中，这条供给曲线已经不存在了。

原因在于，厂商生产数字产品的边际成本极低，近乎为零。从边际成本的角度来看，只要厂商能够生产并销售出去，厂商就不会亏本。同时，数字产品也是网络产品的一种，也具备网络外部性特征。正如前面对网络产品的需求曲线的分析，厂商要让产品获得市场的认可，初期最重要的不是产品的质量，而是产品的现期规模和预期规模。

网络产品之间的标准竞争远比传统产品的市场竞争要残酷得多，标准竞争往往意味着输家退出市场，而不会像传统市场竞争那样各自占有一部分市场份额，达到一种稳定均衡状态，因而对于厂商来说，快速占有市场是关键的战略。既然数字产品本身生产的边际成本是极低的，那么大量的生产销售变得顺理成章，所以为了占领市场，厂商甚至愿意采用免费的方式来开拓市场，这在其他产品市场上是很难做到的。因为其他网络产品虽然也要快速扩张市场，但毕竟生产的边际成本是难以忽略的，产量无法像数字产品那样无限扩大。

四、数字产品与网络产品

严格意义上来说，数字产品和网络产品属于两种不同类型的产品，是基于不同角度的分类定义的两种产品。网络产品并不一定是数字产品，而数字产品也并非一定是网络产品，如单机类游戏。

之所以将数字产品作为一个主要的产品进行论述，是因为在实际生活中，数字产品和网络产品已经密不可分。正如前文论述的，网络外部性分为直接网络外部性和间接网络外部性。而直接网络外部性不仅仅体现为消费者网络的大小，还取决于消费者是否存在彼此之间交互或联系的需求。

显然，消费者之间的交互需求越多，该产品的直接网络外部性越大。而数字产品自身的特性，决定了基于消费者之间的交互更加简单和便利。实体产品的消费者交互受到空间和时间的限制，而数字产品的交互打破了空间和时间的局限，这就意味着数字产品能够获得更大的直接网络外部性。

固然类似于单机游戏这种并不需要消费者交互的数字产品的确存在，但随着互联网的普及及通信工具的发展，在数字产品中利用数字产品的特性增加消费者交互的功能已经越来越普及。同时，很多实体产品也会将一些功能数字化，使其具备交互能力，从而增加产品的网络外部性，提高产品的价值。

因此，虽然严格上来说，数字产品和网络产品是具有一定交集的两种产品，但随着科技的发展，数字产品往往具备网络外部性，或者网络产品数字化已经是普遍的事实，将数字产品视为网络产品的一种也无不可。同时本书在后文的讨论中，除非特别说明，我们也假设网络产品一定具备一些数字产品特性。

小结

1. 数字产品具有高固定成本、低边际成本的成本结构，同时其需求容易受到价格以外的其他因素（如网络外部性）的影响，这些使数字产品的定价问题难以用新古典经济学中的边际分析和供求均衡定价分析进行解释。

2. 数字产品和网络产品虽分属两种不同类型的产品，但数字产品往往具备了网络外部性或网络产品数字化，同时网络产品也具备一些数字产品特性。

复习与练习

1. 在网络生活中能够影响消费者对数字产品的需求的因素有哪些？
2. 分析在网络经济中导致新古典经济学均衡点定价方式失灵的原因。
3. 举例说明数字产品和网络产品的关系。

第四章

网络市场的运行规律

网络外部性是网络经济的核心特征，它给网络市场的运行带来了深远的影响。在满足一定条件时，网络外部性会引发局部的自增强机制，产生正反馈的现象，从而出现强者更强，弱者更弱的马太效应（Matthews effect）。正反馈机制的普遍存在，使网络市场的结构呈现出不同于传统市场的特征，这点不仅可以从理论上进行阐述，也可以在实际中加以验证。同时，网络外部性所引发的正反馈机制使网络市场的运行在规模、速度、创新和标准四个层面上都具有自身的规律，只有对这些规律有了透彻清晰的认识，才能为厂商制定最优的竞争策略打下坚实的基础，才能在技术不断进步、产品不断更新换代的网络市场中立于不败之地。

第一节　网络经济的自增强机制——正反馈

【内容提要】

本节主要介绍网络外部性所引发的自增强机制——正反馈，以及与之相关的路径依赖、锁定、转移成本、标准、兼容、互补、互联和安装基础等概念。

【学习要求】

1. 掌握正反馈的基本概念和网络经济下正反馈的作用机制。
2. 掌握路径依赖、锁定、转移成本、标准、兼容、互补、互联和安装基础等概念。
3. 掌握网络市场运行的基本特征。

迄今为止，我们实际上一直将网络外部性、收益递增和正反馈视作同一个事物，然而事实并非如此。尽管网络外部性将带来需求方规模经济，使一个产品的价值随销售数量的增加而增长，但并不意味着它必然带来收益递增；同时，虽然很多文献都将收益递增和正反馈视为同一个事物，但实际上它们之间仍然有一定的区别。对于网络外部性的研究者来说，如果网络外部性无法引发收益递增和正反馈，那么它在经济上就没有太大的研究意义了。因此，我们必须探讨，在什么情况下网络外部性会导致正反馈的发生，它们对整个经济又会产生什么样的影响。

一、正反馈

经济学中的正反馈理论是一个对动态的经济过程的描述，它的主要内容是：在边际收益递增的假设下，经济系统中能够产生一种局部正反馈的自增强机制，这种自增强机制会使经济系统具有四个特征：一是多态均衡，系统中可能存在两个以上的均衡，系统选择哪一个是不确定的、不唯一的和不可预测的；二是路径依赖，经济系统对均衡状态的选择依赖于自身前期历史的影响，可能是微小事件和随机事件影响的结果；三是锁定，系统一旦达到某个状态就很难退出；四是可能无效率，由于路径依赖，受随机事件的影响，系统达到的均衡状态可能就不是最有效率的均衡。而产生这种自增强机制的原因通常是系统建立的成本过高，一旦建立就不易改变，再加之学习效应、合作效应和适应性预期，使系统逐渐适应和强化这种状态，也就是说，一个系统可能由于前期历史的影响而进入一个不一定是最有效率的均衡状态，这个均衡一旦被选择，就会不断地重复下去，从而形成一种选择优势，把系统锁定在这个均衡状态。要使系统从这个状态退出，转移到新的均衡状态，就要看系统是否能够积累充分的能量，克服原锁定状态积累的选择优势。

简单地说，正反馈就是我们通常所说的强者更强，弱者更弱的马太效应。在一定条件下，优势或弱势一旦出现，就会不断加剧这种优势或者劣势而形成自我强化，出现滚动的累积效果，在极端的情况下，甚至可能导致“赢者通吃、输家出局”的局面。因此，收益递增和正反馈并不能混为一谈。的确，如果走上正轨，像今天的互联网一样，正反馈可以导致迅速的增长：成功产生成功，也就是我们所说的收益递增。但如果一种系统被认为正在走向衰败，这种看法本身就会导致灭亡，成长的良性循环可以很容易地变为衰败的恶性循环，这同样也是正反馈。由于这两个循环是正反馈系统中相对存在的两个过程，所以正反馈的经济文献中常常直接将正反馈过程称为收益递增过程，实际上这两者是不能混淆的。

可以简略地用图 4-1 来表示一个正反馈的市场结构是如何形成的。受强烈的网络外部性影响的技术一般会有一个长的引入期，随着用户的增加，越来越多的用户发现使用该产品是值得的，最终，产品达到临界容量，开始领先的技术——也许占有 60%的市场份额——成长到接近 100%，而开始占有 40%市场份额的技术则下滑到 10%。这些动态受到用户选择最终赢家，即拥有（或将会拥有）最多用户的网络的强烈欲望的驱动。

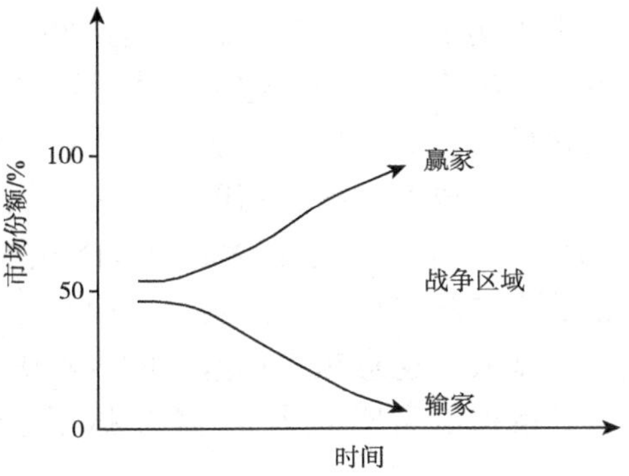

图 4-1　正反馈

图 4-1 中无论是赢家还是输家，他们的正反馈过程都呈现一种 S 型的动态模式。一般而言，正反馈的基本增长模式都是以 S 型进行的，经历三个阶段。以新技术的采用为例，启动阶段是平坦的，这时只有个别企业采用该技术。我们知道创新很少会被企业立刻采用：一是因为企业可能期望需求的增长，不太愿意在形成足够的需求以前沉淀采用成本，二是企业可能期望采用成本下降，或者其技术不确定性下降。随着其他企业对该技术的了解，技术的采用到达一定的规模（临界容量）后在正反馈的作用下进入起飞阶段并急速上升。而当大部分企业已经采用时，则进入了饱和阶段，扩散路径再次趋向平坦。这种 S 型的增长模式是符合事物发展逻辑的，因此无论在生物世界中还是在经济社会中都非常普遍，如病毒的扩散就是按照这种模式。而传真机、CD、彩色电视机、E-mail 和互联网的发展也同样遵循这三个阶段。

谈及正反馈，我们必须要讨论与正反馈相反的一个概念——负反馈。与正反馈自增强过程相反，负反馈描述的是一个强者走向衰弱，而弱者逐渐强大的过程，传统经济学中讨论的均衡过程实际上正是这样的一种情形。当供给方规模经济超过一定的规模，公司会发现成长变得越来越困难，随着大公司高成本负担的加重，更小、更灵敏的公司会发现更有利可图的市场份额，这种此消彼长的过程反映了负反馈的作用——最终市场将找到一个均衡点，而不像正反馈所描述的那样走向单个公司主宰的极端。

从以上对正反馈理论的介绍中我们可以看出，网络外部性和正反馈并不是必然相互联系的两个概念，正反馈也不是一个网络经济下出现的新事物。事实上，供给方规模经济所实现的收益递增也是正反馈的一种表现形式，但基于供给方规模经济的正反馈具有自然限制（即边际收益递减和管理大组织的困难），使基于制造的传统规模经济通常在远远低于控制市场的水平就耗尽了，超过这一点正反馈就不再存在而是负反馈开始起主导作用，这种经济现实使正反馈一直没有引起人们的关注。但是，当人类社会发展到信息经济和网络经济时代，网络外部性广泛存在，基于市场需求方的规模经济在市场足够大的时候不会产生分散，再加上基于供给方的规模经济，导致在网络经济中，正反馈以一种新的、更强烈的形式出现，成为网络经济中人们关注的中心。

但是，网络外部性是网络经济中正反馈的主要原因的事实，并不意味着网络外部性必然带来正反馈的出现。从网络外部性到正反馈，还需要一些其他的条件。

首先，需要成本优势，由于实现正反馈过程的前提条件是边际收益递增，这不仅需要网络外部性带来的需求方规模经济，还需要边际成本的降低，否则需求方规模经济带来的收益递增可能被成本因素抵消，导致规模经济不显著或不存在，从而无法实现正反馈过程。数字产品正好具有特殊的成本结构：高固定成本，低边际成本。例如，微软公司的 Windows 95，设计十分复杂，而且需要巨额的 R&D 成本，第一张盘片花费了 2.5 亿美元，但第二张、第三张的成本却仅仅需要几美分，而且在这一产品的生命周期中生产地越多，单位产品的成本就越低。这意味着在这样的成本优势下，需求方规模经济不容易出现自然限制的问题，并且可以实现正反馈过程。这正是网络经济中正反馈现象广泛存在的重要原因之一。

其次，网络外部性要引发正反馈过程，必须达到一定的规模，就是我们通常所说的临界容量。网络外部性告诉我们，大网络的价值大于小网络的价值，但是，只有当网络达到某一个特定的规模时，正反馈才开始发挥作用，从而实现强者恒强、弱者恒弱，否则依然无法实现正反馈。与网络规模相关的一个问题是市场对产品需求的多样性。即使在一个网络外部性很强，需求方规模经济程度很高的市场中，如果市场消费者对产品的需求是多样化的，就意味着一种产品可能难以达到引发正反馈的网络规模；相反，如果市场中产品的多样化程度较低，网络外部性引发正反馈的可能性就大些。

最后，要实现正反馈过程，还必须要有路径依赖和锁定的存在，尽管路径依赖和锁定不是网络外部性产生的最初原因，但它们的存在却使早期的消费者成为新技术或新产品推广的障碍，如果这股力量足够大的话，可以克服革新的力量而有助于达到临界容量，加强正反馈。也就是说，从一个网络系统转向另一个网络系统的转移成本要比较高，使转移不经济。否则，消费者可以轻易地实现转移，他们就无法被锁定在现有的系统中，这时自我增强的正反馈机制也就无从谈起了。

二、路径依赖

路径依赖[①]是在知识迁移的过程中从其他学科“溢出”到经济学中的一个概念。在其他学科中，一个典型的例子就是数学的混沌理论。混沌理论非线性动态模型的一个重要内容就是对初始条件的敏感性依赖（initial conditions sensitive dependence）：结果被看似无关紧要的小事决定，甚至有可能被锁定。在生物学上，相关的定义则叫做偶然事件（contingency）——自然选择的不可逆转的特征。到了经济学中，经济学家们用路径依赖来表示即使在一个以自愿抉择和个人利益最大化行为为特征的世界中，经济发展过程中（如一些技术、产品或是标准）一个次要的或暂时的优势，或者一个看似不相干的事件，都可能对最终的市场资源配置产生重要而不可逆转的影响。

对路径依赖在经济学中的应用，关键是要理解它所隐含的两个重要特征。

其一，历史的重要性。当然，从一般意义上说，历史确实重要，其重要之处在于是

① 注意我们这里所讨论的路径依赖、锁定等概念都是相对的，不存在永远的路径依赖和锁定，但在相对的一段时间内则存在不可逆转的锁定，相应存在的路径依赖也确实改变了历史发展的路径。

它使我们变成目前这个状态。在经济学和其他的社会科学中，科学家们一直都承认历史是十分重要的，但对历史重要性的承认本身并不是路径依赖，而仅仅是路径依赖的前提条件之一。路径依赖强调的一个观点是：我们目前的经济环境可能在很重要的程度上有赖于历史上的一些突然转折和偶发事件；更进一步说，对这些事件的依赖性很可能是以一种非常任意的形式进行的。我们从历史所继承下来的现在或是我们所建设的将来都可能不是来自于那些重要的已知事物或是经济历史的不可避免的推动力量，而是来自于那些如果我们意识到它们将会产生怎样的影响，我们就可能轻易改变的小事物。也就是说，当历史上一些令人意想不到的事件以一种令人意想不到的方式影响、决定并控制了历史发展的结果时，就发生了路径依赖。

其二，不可逆转的选择。很显然，如果路径的选择可以很轻易地发生改变，那么所谓的路径依赖就不存在太大的研究价值了。因此，在经济学的路径依赖讨论中，都或明示或暗示地与选择的不可逆转相互联系。实际上，这里所谓的不可逆转就是我们后文要讨论的锁定。因此，路径依赖概念的一个关键判定就是具有“被历史事件锁定”的特征，尤其当这些历史事件并不重要时，路径依赖的特点就更为显著。

根据 Liebowitz 和 Margolis 的分析，对于初始条件的依赖可能会产生不同的结果：一方面，这种依赖可能是无害的，历史的偶然事件使我们被锁定在某一条特定路径，但这条路径已经是最优路径；另一方面，这种依赖可能会造成效率损失。此外，历史在做出选择的时候，拥有的信息可能是完全的，也可能是不完全的。根据这些条件，路径依赖可以分为三种类型，即一级路径依赖、二级路径依赖和三级路径依赖。具体来说，如果历史偶然事件确实产生了不可逆转的影响，使现实被锁定在特定的路径上，但这种不可逆转的路径选择并没有产生任何效率损失，而已经使经济达到最优均衡，那么这种路径依赖就称为一级路径依赖。当信息不完全时，当时认为最优的选择，回过头来看可能并不是最优选择，但是，当时做出选择的时候，并不知道这条路径不是最优的，当后来拥有更多的信息时才意识到这一点，这种情况称为二级路径依赖。这种路径依赖虽然不是最优的，但由于当时信息有限，我们无法改变次优的选择，因此，这种依赖是无法避免的。与二级路径依赖相对的则是三级路径依赖，历史的选择同样产生了效率损失，而且这种损失是有可能通过一些制度安排来避免的。

三、锁定和转移成本

锁定是指由于各种因素，从一个系统（可能是一种技术、产品或是标准）转换到另一个系统的转移成本大到转移不经济，从而经济系统达到某个状态之后就很难退出，系统逐渐适应和强化这种状态，从而形成一种选择优势把系统锁定在这个均衡状态的现象。

由于某些不可预测的因素可能会造成事实上的锁定，但最终市场会被锁定在哪一种产品，事前我们很难做出准确的预测。例如，有两种技术——技术 A 和技术 B，同时进入市场，我们事先无法准确判断消费者会偏向哪种产品，进而最终被锁定。这种不确定性也导致自由竞争的结果未必总是最优的，无法确保消费者最终被锁定的产品在技术上是最优的，在质量上是最好的，最能满足消费者的个人偏好。当两种产品或技术的报酬递增速度不同时，锁定的无效率发生的概率大大增加。从表 4-1 这个简单的例子就很容易说明问题。

表 4-1 用户人数与消费者效用

用户/人	0	10	20	30	40	50	60	70	80	90	100
A	10	11	12	13	14	15	16	17	18	16	20
B	4	7	10	13	16	19	22	25	28	31	34

假设 A 和 B 两种技术都属于报酬递增的情况，即用户人数越多，技术给消费者带来的效用越大。但技术 A 和技术 B 报酬递增的速度不尽相同，技术 A 的起点较高，但增速较慢。在用户人数不是很多时（准确地说，当用户人数小于 30 人时），技术 A 给消费者带来了更高的效用，因此，越来越多的人采用技术 A。但是，随着用户人数的不断增加，技术 B 的报酬递增效应更加明显，用户数量越多，技术 B 的优势就越发明显。但如果市场已经被技术 A 锁定的话，这样的锁定无疑不是最优的结果。

当然，绝对意义上的锁定很少发生，锁定是与转移成本的大小紧密相关的。要使系统从当前状态退出，转移到新的均衡状态，就要看系统的转移成本是否能够小于转移收益。由此可见，转移成本显然是和锁定相联系的一个概念。转移成本实际上是对路径依赖程度和锁定程度的衡量。当产品和技术的标准化还不健全的时候（或者说系统之间不兼容），消费者和厂商如果自愿从一个网络转移到另一个网络，那么他们将不得不面临诸多障碍，正是转移成本造成了这种障碍，它阻止了市场主体从一个网络进入另一个网络。

当市场主体考虑转移的时候，消费者和厂商所负担的总的转移成本，包括整个社会为了实现转移而需要付出的代价，具体来说可以分为两类：一部分是私人成本，包括在最初采用的技术中所含的沉没投资、转向用新网络所需要的支出（如相关的安装成本、培训成本、人力资源成本、新系统的提供者为说服使用者进行转移所花费的成本、难以用金钱衡量的时间价值，甚至还可能包括使用者对新系统的不习惯等）。另一部分是净网络外部性，又可称为社会转移成本，在这种成本里我们需要把市场主体当前正在享有的网络外部性与预期从转移中可以获得的潜在网络外部性进行对比。因此，我们看到，转移成本把不对称的价格强加于具有沉没投资的用户和在现有技术中没有沉没投资的用户之间。当转移成本高于收益时，转移是不经济的，这时就会出现对现有系统的锁定和路径依赖。

在网络经济中，锁定和转移成本“是规律，而不是例外”[①]。有关锁定的例子随处可见，当一个 MS-DOS 用户考虑使用另外一种操作系统，如 Windows 或 OS/2 的时候，该用户必须考虑以下问题：应用于新操作系统中的软件的多样性及有效性，转换文件、工作表格和数据库格式将产生多大的影响，等等。所以一旦你选中用某种技术或格式存储信息，转移成本将会非常高。我们中的大部分人都体验过从一种电脑软件转移到另一

---

① Shapiro C，Varian H. 信息规则——网络经济的策略指导. 张帆译. 北京：中国人民大学出版社，2000.

种电脑软件的代价：数据文件很可能不能完好地转换，出现与其他工具的不兼容，也许最重要的是，我们得重新接受培训。与之相类似，一家选择了思科或 3Com 的技术和结构以满足其内部联网需要的大企业会发现，更换一个不兼容系统的成本高得惊人，因而在相当程度上被锁定在思科或 3Com 的私人产品中。

表 4-2 是对经济生活中存在的锁定和相关转移成本类型的一个总结①。

表 4-2　锁定与转移成本

锁定的类型	转移成本
合同义务	补偿或毁约损失
耐用品的购买	设备更新，随着耐用品的老化而降低
针对特定品牌的培训	学习新系统，既包括直接成本，也包括生产率的损失；随时间而上升
信息和数据库	把数据转换为新格式，随着数据的积累而上升
专门供应商	支持新供应商的资金；如果功能很难得到维持，会随时间而上升
搜索成本	购买者和销售者共同的成本，包括对替代品质量的认知
忠诚顾客计划	在现有供应商处失去的任何利益，再加上可能的重新积累使用的需要

四、标准、兼容、互补和互联

确切地说，这几个词语并不能算是完全的经济学术语，但它们在网络外部性和正反馈的经济学讨论中占据了重要的地位。

由于网络外部性的存在，用户在购买时都希望选中拥有或未来将拥有最多用户的网络，也就是购买已经或将会成为标准的网络。一旦用户认为或预期某产品将成为该类市场中的标准，这种产品进入良性循环、实现正反馈的可能性就大大增强了。所以，在存在网络外部性的经济环境中，努力使自己的商品成为标准，是供应商孜孜以求的目标。在经济生活中存在两种标准：一种是公开的或正式的标准（open standard），常常是由官方或民间的标准实体，如产业委员会来发布或同意；另一种是实际上的标准（de facto standard），也就是在市场演化的过程中某种产品被广泛采用而成为实际上的标准，这种标准通常由某一个企业发起和控制，并且随时可能发生变更。

如果无法成为标准，供应商将退而求其次，试图将自己的产品实现与标准的兼容。在网络经济中，人们对兼容的定义各有不同。通常，我们可以说，当组合两种产品用来提供服务或是从一种商品转移到另一种商品而不需要增加额外成本的时候，这两类产品是可兼容的。而对于用户来说，之所以要寻求一个具有最大网络规模的产品，就是因为他们担心无法与其他用户实现兼容。

如果两种商品之间功能不同但能够结合使用，并且在共同运作时不需要增加额外的成本（也就是说这两种商品是相互兼容的），那么我们说这两类商品是互补的②。无论是

① Shapiro C，Varian H. 信息规则——网络经济的策略指导. 张帆译. 北京：中国人民大学出版社，2000.

② 注意，如果两种产品之间是互补的，则它们必然是兼容的；但两种相互兼容的产品未必是互补的，因为它们有可能是符合同一标准的同类替代商品。

兼容还是互补，都将扩大网络的范畴，从而扩大网络外部性。

互联同样也是网络问题中的一个经典概念（我们可以看出，互联实际上也是兼容的一种。）当一个公司需要与其竞争对手互联的时候（或者说它的竞争对手掌握着瓶颈环节的时候），那么这个公司的竞争就是十分脆弱的。在我们的现实生活中，网景所处的正是一个经典的互联境况：网景的浏览器需要在微软的操作系统中工作，而微软的IE Internet Explorer浏览器正是网景的竞争对手。类似的，20世纪初美国的市话公司在和贝尔公司竞争的时候也面临这种依赖主要竞争对手的问题，他们必须接入贝尔公司的电话线才能向他们的消费者提供长话服务，许多公司因此而倒闭。

值得一提的是，在网络外部性和正反馈的讨论中，标准、兼容、互补和互联之所以会成为影响消费者和供应商行为的重要因素，根本原因就在于网络本身是被分割的，只有在一个互补品和替代品都是由不同的所有者所拥有的网络中，才存在兼容、互补等问题。否则，如果整个网络只有一个所有者，它本身就是唯一的标准，自然也就不存在什么兼容、互补、互联的问题了。

五、安装基础

安装基础（installed base）是一个与网络规模、锁定和转移成本相联系的概念，它反映的是某一产品的用户数量或是一个网络的加入者规模，同时它又不仅仅是一个数量概念，如果已加入网络的用户转移成本很大，那么这个网络的现有安装基础就很大。在网络外部性存在的前提下，无论是用户还是供应商都很关心安装基础的问题。随着用户安装基础的增加，就会有越来越多的用户加入，因为消费者在进行选择的时候，现在及将来的安装基础的规模是其考虑的重要因素之一，安装基础越大，说明该产品成为标准的可能性越大，那么用户将来就不必担心与其他用户无法兼容的问题。相应地，在网络时代，只有那些成功地建立了拥有大量锁定顾客的安装基础的公司才能赚大钱，因此，对安装基础的投资、确立和管理就成为网络经济中供应商的基本商业行为之一。

六、网络市场运行的基本特征

从我们上述的讨论中我们看到，网络市场（即具有网络外部性的市场）显然具有与其他市场不同的鲜明特征。这些特征或者是网络外部性的根源，或者是伴随着市场竞争而产生的副产品。

（一）新兴企业和临界容量

由于网络外部性的存在，需求函数已经被确定为一种关于该产品价格和该网络或其互补品网络预期规模的函数，那么当消费者预期没有人愿意买该产品或者该产品在市场中无法得到互补品的时候，新兴企业的问题就会出现。如果一种网络产品单独使用就没有什么使用价值的话，这个问题则会更加突出。当然，如果一种网络产品具有相对高的内在价值，那么这就算不上是一个严重的问题了。

在对网络外部性和正反馈的研究中，出现了一个重要的概念——临界容量。在具有网络外部性的市场中，临界容量的存在表示一种可以支撑网络成长所需要一个最小的非零均衡规模。经济学家 Economides 和 Charles Himmelberg 根据他们的观察把临界容量解释为“鸡和鸡蛋”的悖论：预期的网络规模过小以至于无法吸引消费者进入该网络；反过来，因为没有消费者愿意加入这个网络，则这个预期的网络规模将会很小。正是基于这个概念，供给方的标准之争、兼容决策和预期管理、渗透定价等策略才得以蓬勃发展。在网络市场中才出现了令人惊讶的诸如补贴邀请竞争对手加入公司现有市场的情况。

（二）市场的不稳定性

网络外部性和正反馈的存在导致不断增长的收益，但同时也使市场变得相当不稳定。我们在现实生活中常常可以观察到几种互不兼容的产品在同一市场上竞争的不稳定局面，网络外部性和正反馈的存在必然使这一局面向新的方向发展；同样，某种产品或技术今天占据了市场，未必意味着这一成功能够永远持续下去，因为市场是不稳定的。

有几个原因可以解释网络市场的不稳定性，最主要的原因就是在正反馈系统中的多重均衡，均衡状态的不唯一性，显然将导致市场的不稳定性。另外，市场的不稳定性可能来自预期的作用。由于预期的自我实现机制，预期的销售量比实际的销售量更重要，因此，今天的成功无法保证明天的成功。同时，在网络规模尚未达到临界容量时，也会出现市场的不稳定。从现实生活中来看，在今天的网络经济中，具有网络外部性的市场不稳定性更加明显。互联网的存在，一方面使经济以网络的形式进行，使具有网络外部性的市场范畴迅速扩大，在网络上产品和信息传递的快捷和方便更进一步促进了正反馈的形成；但另一方面，新的标准也更容易传播和被接受，减少的转移成本又会使一些网络外部性减少，而导致市场不稳定因素的增强。

（三）路径依赖和锁定

在积极的正反馈模型中，因路径依赖所引起的问题是由 Arthur 和 David 提出来的。路径依赖的存在意味着历史发展过程中的一些微小事件或是偶发事件却改变了市场的扩散路径，由于锁定的存在，对现有状况的改变将会付出高昂的成本，从而使系统锁定在现有的状态中。在网络市场中，早期进入市场的消费者的决策对后来者的影响通常是很显著的。相应地，能更好地利用这一点的供给商将获得发展优势，即先发优势，而这一优势则可能和产品本身的功能无关。

（四）次优技术获胜

在网络市场中，由于网络外部性和正反馈的存在，当一个更优的技术由于无法达到临界容量而不会被采用时（这主要是供给者战略行为而导致的后果），一个次优的技术可能获胜。由于路径依赖和锁定的作用，一个购买了某种后来证明是次优的技术或产品的用户将十分痛苦，因为转移到一个更先进技术的转移成本可能十分昂贵，这样，私人的转移成本将阻止消费者采用更优越的技术。从整体看，由于网络外部性的作用，现有技术的整个安装基础将成为技术更新的障碍。这样就产生了过大惰性（从技术发展的趋势看，新技术往往比老技术更先进，而老技术的安装基础和转移成本往往成为采纳新技术的障碍，因此，过大惰性比过大冲力往往更容易成为次优技术获胜的原因），即一个能实现帕累托改进的新技术可能不会被采用。

在我们对网络市场特征的描绘中，市场失灵尤其是次优技术的获胜是否真的会发生，是一个争论颇多的话题。很多人认为具有网络外部性的市场将会逐渐陷入次优技术占主导的困境，也就是说存在过大惰性。Farrell 和 Saloner 关于消费者协调的模型显示了惰性的出现与否取决于信息是否完全。这种在全社会范围对新优技术的过度抵制使新技术引进的动态过程中产生了无效率。在此基础上，他们进一步证实了网络外部性可能会抑制革新。

然而，我们在现实生活中可以观察到，许多新式并且与旧技术不兼容的技术的确成功地被引进，这一现实似乎否定了过大惰性的存在，而且经济学家们在理论层面上也提出了对过大惰性的怀疑。例如，Katz 和 Shapiro 研究发现可能存在一种倾向于支持新式且不兼容技术的趋势。这种预期的趋势被称为不充分摩擦。在市场最终实现过大惰性还是不充分摩擦的过程中存在几个关键的要素。

首先，是否拥有资助对新兴技术而言是至关重要的，因为得到资助的技术才更有可能成功。我们设想在一项有资助的新兴技术与一项过时且供给激烈竞争的技术之间，后者因为相关专利的到期可能不会得到资助。获得资助的技术会在将来表现出更优的改进和更低的成本，而得不到资助的技术似乎没有前途。这些在过时与新兴技术之间存在的赞助地位不对称可能决定了结果是过大惰性还是不充分摩擦。

其次，要素产生于新旧用户之间不对称的转移成本，在许多次优技术获胜的模型中没有考虑不对称转移成本的问题。假设新旧技术之间是不兼容的，那么旧技术的用户的确面临比新技术用户更高的价格，如果有显著的网络外部性存在，则旧技术用户会拒绝转向使用新兴技术。但是，同时也存在一些决定购买新式但不兼容技术的用户，他们忽略了这一行为强加在那些昨天仍使用现存技术的用户身上的外部性，因而成为支持新式但不兼容技术的一股力量。

那么在网络市场中，究竟是否会出现市场失灵呢？经济学家仍然为此争论不下，但越来越多的人倾向于不应当持绝对的意见，而应考虑新旧两种技术和市场力量的对比的观点。随着网络经济的进一步发展，人们将看到更多的关于网络外部性的市场案例，从而能够从中总结出更多的令人信服的规律，对这一问题做更深入的探讨。

小结

1. 路径依赖是指即使在一个以自愿抉择和个人利益最大化行为为特征的世界中，经济发展过程中的一个次要的或暂时的优势或是一个看似不相干的事件都可能对最终的市场资源配置产生重要而不可逆转的影响。

2. 锁定是指由于各种因素，从一个系统（可能是一种技术、产品或是标准）转换到另一个系统的转移成本大到转移不经济，从而经济系统达到某个状态之后就很难退出，系统逐渐适应和强化这种状态，从而形成一种选择优势把系统锁定在这个均衡状态的现象。要使系统从这个状态退出，转移到新的均衡状态，就要看系统的转移成本是否能够小于转移收益。

3. 当市场主体考虑转移的时候，消费者和厂商所负担的总的转移成本包括整个社会为了实现转移而需要付出的代价。

4. 经济学中的正反馈理论是一个对动态的经济过程的描述，它包括边际收益递增的假设、多态均衡特征、路径依赖特征、锁定特征、可能无效率特征等。

5. 从网络外部性到实现正反馈还需要的条件包括成本优势、临界容量、路径依赖和锁定。

✲ 概念与术语

需求方规模经济　路径依赖　锁定　转移成本　正反馈　标准　兼容　互补　互联　安装基础　临界容量　不充分摩擦　过大惰性

复习与练习

1. 在正反馈这种自增强机制的作用下，网络市场有哪四大特征？
2. 阐述路径依赖应用在经济学中的两大重要特征。
3. 路径依赖的常见类型有哪几种？
4. 锁定与转移成本之间有什么样的关系？
5. 网络市场运行的基本特征有哪些？

第二节　网络经济的市场结构度量

【内容提要】

本节主要介绍市场结构的常用度量指标，并对中国代表性互联网产业和全球Web服务器市场的市场结构进行考察。

【学习要求】

1. 掌握市场结构的基本类型。
2. 掌握市场集中度、产品差别化指标等市场结构的常用度量指标。

3. 掌握中国代表性互联网产业的市场结构特征及近年来的变化趋势。

4. 掌握全球 Web 服务器的市场结构及其变化趋势。

一、市场结构的常用度量指标

（一）市场结构的基本类型

市场结构的基本类型包括完全竞争、完全垄断、垄断竞争及寡头垄断。

完全竞争（perfect competition）是经济学构想的一种理想的市场竞争状态。完全竞争的存在依赖于以下几个主要假设前提：完全信息，即厂商和消费者都充分了解包括价格和质量等方面的产品相关信息；卖方和买方数量众多，并且能够无障碍地自由进入或退出市场；产品具有同质性；价格是由市场决定的，市场参与者都是价格的接受者。

完全垄断（monopoly）是指只有一个卖方的市场（当然也存在买方垄断，但在此我们只分析产品市场而不涉足要素市场的情况，故本书中的垄断均指卖方垄断），也即某种商品的生产和销售完全由一家厂商控制，没有直接的替代品与之竞争。完全垄断是与完全竞争相对的一种极端的市场结构。完全垄断市场中的厂商是价格制定者。垄断者面临一条向下倾斜的需求曲线，而垄断者作为价格制定者，可以通过减少产量、提高价格来获取超额利润。完全垄断市场主要有规模性垄断和技术性垄断。大厂商依靠自己的实力，在某些适合大规模生产的行业，以自己的低成本、高效率将其他小规模厂商挤出市场，形成规模性垄断。对某一技术的垄断也是产生垄断的原因。由于专利法的保护，某一厂商发明并控制了产品的生产，若其他厂商无法发明出一种替代技术，则该厂商就可以获得技术垄断地位。

完全垄断和完全竞争是市场结构的两个极端，而介于这两者之间的，更具有现实性的是垄断竞争和寡头垄断，前者具有更多的竞争性，而后者则更多保留了完全垄断的特征。

垄断竞争（monopolistic competition）是垄断和竞争因素共存的市场结构，市场上存在众多的厂商，他们针对用户的不同需求开发、生产有差别的产品或服务。对消费者而言，不同厂商的产品之间具有一定的替代性。

寡头垄断（oligopoly）的市场上有少数企业，它们之间互相依赖。由于寡头垄断只包括少数企业，企业的价格或产量的任何变动都会影响其竞争对手的利润，并且每家企业必须意识自己的行为变化都可能引起竞争对手的反应。垄断寡头所面临的情形是需要根据对手的决策制定自己的决策，竞争与合作并存。

（二）市场结构的计量指标

1. 市场集中度指标

市场集中度指标是衡量产业竞争和垄断的最常用指标。所谓市场集中是指市场中卖方的规模及其分布，相应的衡量指数即市场集中度。其中，使用较多的有绝对集中度、相对集中度和赫芬达尔指数（Herfindahl-Hirschman index，HHI）。

绝对集中度是最基本的集中度指标，通常用在市场上处于前 n 位的企业在市场中的份额总和来表示。n 的取值取决于研究的需要，计算口径可以是销售份额、资产份额或产量份额等。计算公式如下：

$$\mathrm{CR}_n = \sum_{i=1}^{n} (X_i / X) \tag{4-1}$$

在实证分析中，绝对集中度因其计算简单而得到了广泛应用。一般来说，CR_n 越大，表明集中度越高，前 n 位企业在整个市场中所占比重越大，对市场的操纵能力也越强；反之，CR_n 越小，表明集中度越低，少数厂商很难操纵和支配市场，竞争程度较强。贝恩最早运用绝对集中度指标对产业的垄断和竞争程度进行分类研究，他将集中类型分为6个等级，并据此对产业集中程度进行测定（表 4-3）。

表 4-3　贝恩对产业垄断和竞争类型的划分及实例（美国）

类型		前 4 位企业市场占有率（CR_4）	前 8 位企业市场占有率（CR_8）	该产业的企业总数	列入该类型的产业
Ⅰ极高寡占型	A	>85%		20 家以内	轿车、电解铜、氧化铝
	B	>85%		20~40 家	卷烟、电灯、石膏制品、平板玻璃
Ⅱ高集中寡占型		75%~85%	>85%	20~200 家	轮胎、洋酒、变压器、洗衣机
Ⅲ中（上）集中寡占型		50%~75%	75%~85%	较多	粗钢、钢琴、轴承
Ⅳ中（下）集中寡占型		35%~50%	45%~75%	很多	肉类制品、壁纸、杀虫剂
Ⅴ低集中寡占型		30%~35%	40%~45%	很多	面粉、男式鞋、女式鞋、水果和菜罐头、涂料
Ⅵ原子型		<30%		极多，不存在集中	妇女服装、纺织、大部分木制品

资料来源：吴德庆，王保林，马月才. 管理经济学. 第六版. 北京：中国人民大学出版社，2014

相对集中度是反映产业内所有企业的规模分布的指标，常用洛伦兹曲线（Lorenz curve）和基尼系数（Gini factor）表示。

如图 4-2 所示，纵轴为企业所占份额的累积百分比，而横轴则是企业数目的累积百分比。若市场内所有企业规模都相等，则洛伦兹曲线与对角线重合；当曲线偏离对角线越多，表明市场中企业规模分布不均，离散程度较大。基尼系数等于对角线和洛伦兹曲线之间的面积（A）与对角线下的三角形面积（$A+B$）之比，即 $A/(A+B)$。基尼系数的值在［0，1］。若企业规模分不完全相等，则基尼系数等于 0；若一家企业垄断整个市场，则基尼系数等于 1。

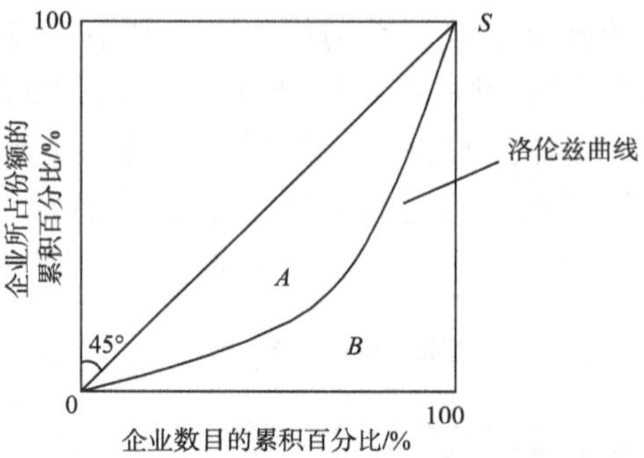

图 4-2 洛伦茨曲线和基尼系数

赫芬达尔指数是反映市场集中度的综合指数，记为 HHI，公式记为市场中各厂商的市场份额的平方和，即

$$\mathrm{HHI} = \sum_{i=1}^{n} (X_i / X)^2 \tag{4-2}$$

其中，n 表示市场中厂商的总数。如果市场中有 4 个厂商，市场占有率分别为 25%，则赫芬达尔指数为 0.25（$0.25^2 + 0.25^2 + 0.25^2 + 0.25^2 = 0.25$）。

2. 产品差别化指标

此外，经济运行的过程中，不同的市场结构下厂商生产的产品的差异性与替代性各不相同。产品的替代性越强，表明厂商之间的竞争越充分；而产品差别化越大，厂商对市场的垄断特征越显著，因此，产品的差别化程度可以作为显示市场结构的重要指标。相关指标包括需求交叉弹性、供给交叉弹性等。需求交叉弹性反映一种产品的价格变化比率对另一种产品需求量变化比率的影响。而供给交叉弹性则反映一种产品的价格变化比率对另一种产品供给量变化比率的影响。两个指标的公式形式相同，都可记为

$$E_{xy} = (\Delta Q_x / Q_x) / (\Delta P_y / P_y) \tag{4-3}$$

需求交叉弹性越大，表明产品的差别化程度越小，可替代性越强，厂商之间的竞争程度也越强；反之，需求交叉弹性越小，表明产品的差别化程度越大，可替代性越弱，因此单个厂商更有可能具有垄断市场的能力。从供给交叉弹性的角度看，如果数值较大，表明各厂商可以根据竞争对手相关产品的价格变动，来相应调整自己的产量，说明企业间的竞争比较充分。在现实中，由于搜集数据方面的难度，这些指标的实用价值受到一定的限制。

二、中国代表性网络产业的市场结构

（一）中国互联网产业现状

从 20 世纪 90 年代开始，随着信息技术的发展和网络基础设施的扩张，互联网产业在中国兴起并迅速发展。根据中国互联网络信息中心（CNNIC）《第 38 次中国互联

网络发展状况统计报告》，截至 2016 年 6 月中国的互联网用户人数已经突破 7.1 亿，互联网普及率达到 51.7%。网络从各个方面改变着人们的生活方式。根据艾瑞市场咨询有限公司 2015 年的研究报告，2014 年中国网络经济整体营收规模达到 8 706.2 亿元，较 2013 年同比增长 47%，未来几年网络经济将继续保持较快增速，预计到 2018 年网络经济规模将突破 2 万亿，达到 20 202.6 亿元。在中国，主要的代表性互联网产业包括网上购物、搜索引擎、网络广告、网络游戏、移动增值等。

中国互联网产业的领头羊包括经营门户网站的京东、腾讯、小米、阿里巴巴、百度、唯品会、蚂蚁金服、1 号店、网易、亚马逊中国等。2014 年中国互联网产业前 10 大厂商的收入占据了互联网产业总收入的 53.7%（表 4-4）。

表 4-4　2014 年中国互联网产业前 10 大核心企业

排名	企业	企业类型	总收入/亿元	市场份额/%	毛利率/%
1	京东	网购	1150.0	13.2	11.6
2	腾讯	媒体、游戏	789.3	9.1	60.9
3	小米	硬件	743.0	8.5	20.0
4	阿里巴巴	网购	708.0	8.1	74.6
5	百度	媒体	490.5	5.6	61.5
6	唯品会	网购	231.7	2.7	24.9
7	蚂蚁金服	互联网金融	189.0	2.2	40.0~50.0
8	1 号店	网购	133.3	1.5	20.0~25.0
9	网易	媒体	124.8	1.4	67.7
10	亚马逊中国	网购	118.0	1.4	17.0~25.0

资料来源：艾瑞市场咨询有限公司. 中国网络经济市场份额报告，2015

（二）中国代表性互联网产业分析

1. 即时通信

即时通信以便捷的网络通信技术，通过计算机键盘或无线设备在网络上为使用者提供一个实时交流的平台，是一种新型的通信方式，为公众通信及商务通信提供了交流的新媒介。即时通信产业经过近 10 年来的发展，用户受众群体逐渐扩大，并形成了以用户为基础的新型网络营销平台。作为一种新兴的通信工具，即时通信软件出现后，在很短的时间内就在中国迅速流行。从用户角度看，截至 2006 年第二季度，中国即时通信注册账户为 8.3 亿个，用户数量达到 1.14 亿。从市场角度看，即时通信产业竞争激烈。继腾讯在香港成功上市之后，包括新浪、搜狐、淘宝、阿里巴巴等在内的各大厂商纷纷推出自己的即时通信软件，微软和 Google 分别携 MSN Messenger 和 Google Talk 相继进入中国。

作为最普及的网络服务之一，即时通信产业具有网络产业的典型特征。一方面，即时通信软件具有很强的直接网络外部性：使用同一即时通信软件的用户人数越多，它对现有用户的价值就越大，因为他们拥有更多的沟通交流机会。另一方面，它也显现了一定的间接网络外部性：除了基本的即时通信功能，某些即时通信软件还包括众多增值服务，如音乐下载、联机游戏、网络存储等；增值服务种类越多，即时通信软件给用户带来的效用越大。那么，中国的即时通信行业是否具有之前理论模型所预测的市场结构特点呢？

首先，中国即时通信行业的市场份额确实存在高度不均的现象。在前面的模型中，我们从市场份额、价格和利润几个方面分析了这种不均等性。然而，现阶段，几乎所有的即时通信软件都采取了免费策略，因此，我们的分析重点主要放在市场份额方面。

中国的即时通信软件主要包括腾讯 QQ、MSN Messenger、网易泡泡、新浪 UC、搜狐搜 Q、TOM Skype、雅虎通、Google Talk 等。根据艾瑞市场咨询有限公司的调研数据，2013 年中国用户使用过的移动即时通信应用包括：第 1 位的手机 QQ，占比为 82.6%，可见手机 QQ 在移动即时通信应用用户中得到了最多的认可；第 2 位微信，占比为 80.2%，仅次于手机 QQ，且差距不大；第 3 位的旺信，占比为 41.7%。可见移动即时通信应用的市场主导仍是腾讯，但近几年第 2 位和第 3 位变化很大。

从表 4-5 中不难看出中国即时通信软件产业确实呈现出高度集中的寡头垄断市场结构，前 3 家厂商的市场集中度接近甚至超过 90%。在 2003~2006 年的 4 年中，最大厂商和第二大厂商的市场份额之比（n_1/n_2）为 5~7；第二大厂商和第三大厂商的市场份额比（n_2/n_3）为 2~15。自由进入并没有明显影响市场结构。事实上，即时通信产业的进入壁垒不高，在看到腾讯 QQ 的巨大成功后，许多厂商纷纷进入市场。然而，由于较高的转移成本①，用户一般不愿意轻易转移到另一种软件，所以腾讯 QQ 的绝对主导地位始终没被撼动。

表 4-5 中国即时通信产业市场份额

年份	腾讯 QQ	MSN Messenger	网易泡泡	n_1/n_2	n_2/n_3	市场集中度 CR_3/%
2003	74.3%	11.2%	4.0%	6.63	2.80	89.5
2004	76.7%	14.4%	2.5%	5.33	5.76	93.6
2005	78.8%	13.0%	1.6%	6.06	8.13	93.4
2006	78.7%	11.5%	0.8%	6.84	14.38	91.0

资料来源：根据艾瑞市场咨询有限公司 2004~2006 年中国即时通信简版报告得出

理论模型的预测在即时通信软件行业得到了较好的印证。究其原因，不难发现，前面模型的理论假设十分适用于即时通信产业。即时通信软件非常接近于纯网络产品，单独使用时的自有价值几乎为零，不同的即时通信软件之间的技术差异不明显，现阶段不同平台之间基本不兼容，这意味着较高的转移成本。

2. 搜索引擎

搜索引擎是一种新兴的技术手段，帮助互联网用户快速从海量信息中找到需要的信

① 这里指无形的转移成本：用户从一种即时通信软件转移到另一种，会损失已有的联系人，由此带来效用的损失。

息。它也同时成为网络广告和营销的一种重要方式。除了网页搜索外，搜索引擎运营商还相继推出了音乐搜索、新闻搜索、图片搜索、地图搜索、本地搜索等功能。2007 年，中国搜索引擎用户覆盖率达 96.8%，搜索引擎请求量月均超过 110 亿次，成为搜索引擎用户最多的国家。2007 年，中国搜索引擎市场规模达 29.0 亿人民币，相比 2006 年同比增长 108.3%。

从市场竞争方面看，主要有 5 家搜索引擎运营商，包括纯搜索引擎运营商百度、雅虎中国、Google 中国，也包括提供搜索功能的门户网站新浪和搜狐等。从表 4-6 中可以看出搜索引擎产业的 2003~2007 年市场结构和短期动态变化。

表 4-6 2003~2007 年中国搜索引擎产业市场份额

年份	2003	2004	2005	2006	2007
百度	11.2%	18.7%	28.7%	55.2%	60.4%
Google 中国	2.1%	5.6%	16.0%	21.7%	21.2%
雅虎中国	43.7%	34.4%	29.8%	7.2%	13.8%
搜狐搜狗	12.5%	14.5%	11.7%	6.5%	1.8%
新浪爱问	16.7%	8.9%	3.2%	2.9%	0.3%
n_1/n_2	2.6	1.8	1.0	2.5	2.8
n_2/n_3	1.3	1.3	1.8	3.0	1.5
市场集中度（CR_3）	72.9%	67.6%	74.5%	84.1%	95.4%

资料来源：根据艾瑞市场咨询有限公司 2007 年中国搜索引擎市场份额简版报告整理得出

从行业竞争看，2003~2007 年的 5 年间，搜索引擎产业的市场集中度出现不断上升的趋势。领先的搜索引擎运营商继续扩大其市场占有率。特别是在 2007 年，百度、Google 中国和雅虎中国 3 家搜索引擎的市场份额之和超过了 95%，成为产业的三大垄断寡头。其中，百度一家就占据了超过 60%的市场份额。排名前两位厂商的市场份额之比（n_1/n_2）在 2003 年、2006 年和 2007 年都接近或超过 2.6，但在 2004 年、2005 年则低于 2.6。排名第二和第三的厂商的市场份额之比（n_2/n_3）除了在 2006 年大于 2.6 外，在其他年份都小于 2.6。

对这种现象的一种解释是：搜索引擎的网络外部性不够强，用户获得的效用与搜索引擎运营商的用户网络规模之间的正相关关系不强。如果新搜索引擎的技术更强，搜索结果更精准，用户就会愿意转移到新的搜索引擎。这种转移带来的成本不高，因而路径依赖的情况不如其他互联网产业明显。面对这种情况，搜索引擎运营商也在想各种方法提高转移成本，从而实现锁定现有用户的目的。例如，Google 推出了 Gmail、Google Talk 等附加业务，并推出个性化搜索主页，增强了用户忠诚度，提高了市场占有率。

3. 在线旅游服务

在线旅游服务是指通过现代网络信息技术手段实现旅游商务活动各环节的电子化，包括通过网络发布、交流旅游基本信息和旅游商务信息，以电子手段进行旅游宣传促销，开展旅游售前售后服务，进行电子旅游交易等。按服务类型，在线旅游服务可以分为订房服务、订票服务、预订旅游度假产品等；按运营商性质，可以分为在线旅游服务商、传统旅游服务提供商网上分支、传统航空公司网上分支、在线旅游搜索引擎等。中国在线旅游服务业经过几年的发展，在 2006 年用户数达 275 万人，占网民人数的 2%。Analysys 易观智库数据监测显示，2014 年中国在线旅游市场交易规模达到 2 798.2 亿元，增长率为 28.3%。Analysys 易观智库分析认为，到 2017 年，在线旅游市场交易规模将达到 5 000 亿元，市场将逐步进入发展成熟期。

2014 年中国在线旅游市场交易规模达到 2 798.2 亿元，携程居第 1 位，但相较于 2006 年 54.2%的市场份额，下降到了 36%。相对携程而言，去哪儿市场占有率依旧保持在第 2 位，但其市场份额达到 22.5%，与携程相差了 13.5%，差距进一步缩小。阿里旅行异军突起，迅速占领市场 12.4%的份额。这 3 家占到整个市场的 70.9%，而其他阵营的企业总共占到市场的 29.1%（图 4-3）。

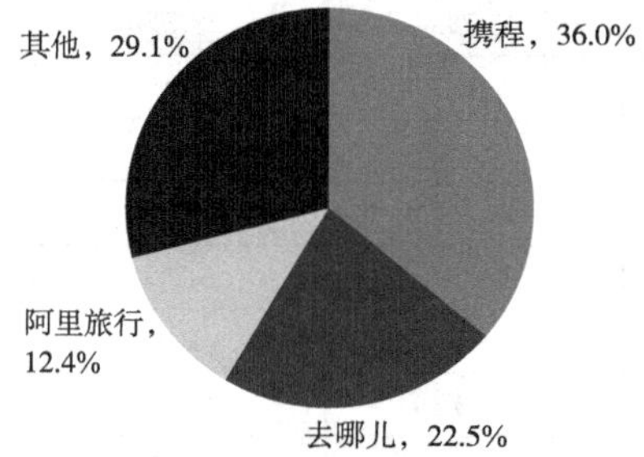

图 4-3　中国在线旅游服务产业

资料来源：由艾瑞市场咨询有限公司 2015 中国网上旅行预订简版报告数据得出

对中国代表性互联网产业的分析给了我们不一样的发现：一方面，即时通信产业和在线旅游服务产业较好地印证了之前的模型分析；另一方面，搜索引擎产业的数据并不完全符合理论模型的预测。对于这种情况的解释包括：中国的互联网产业还处于起步阶段，现在还缺乏长期数据来对其做出精确的实证分析；不同互联网产业的网络外部性强度不同——即时通信软件可以被看做纯网络产品，具有很强的网络外部性，而搜索引擎的网络外部性则相对较弱，这会影响厂商的相互策略和消费者的行为选择。因此，当中国互联网产业渐渐步入成熟阶段，我们能够获得更准确的长期数据时，对于互联网产业市场结构的再分析是十分必要的。

三、全球 Web 服务器软件市场结构的度量

（一）Web 概述

在过去的几十年中，互联网上的一大批新的应用迅速发展起来，其中最引人注目的是万维网（WWW，world wide web）。Web 是互联网提供的一种信息检索手段，起源于 CERN（European Organization for Nuclear Research，即欧洲核子研究组织），其发明者是 Tim Berners-Lee，最初的目的是提供一个统一的接口，使分散于世界各地的科学家能够方便地访问各种形式的信息。后来逐渐发展成使用一个 Web 客户端——Web 浏览器，来

访问来自不同类型服务器上的各种形式的数据（文本、图像、声音、视频等）。Web 是一种交互式图形界面的互联网服务，具有强大的信息连接功能，它使成千上万的用户通过简单的图形界面就可以访问各个大学、组织、公司等机构和个人的最新信息。由于 Web 服务具有图形化、易于导航、动态、交互等特点，商业界很快看到了其价值，许多公司建立了主页，利用 Web 在网上发布消息，并将它作为各种服务的界面。商业化进程促进了环球信息网络的迅速发展。

Web 系统主要包含客户端和服务器端，其软件组件主要包括 Web 浏览器和 Web 服务器。Web 浏览器是可以生成和发送 Web 请求的客户端程序，Web 服务器接收来自 Web 客户的 http（hyper text transfer protocol，即超文本传输协议）请求，并将响应结果传输给客户。目前，常用的 Web 服务器软件包括 Apache、Microsoft II S 等；常用的客户端浏览器包括 IE、Netscape、Mozilla Firefox 等。

（二）Web 服务器软件现状

经过十几年的发展，Web 服务器软件市场形成了以 Apache 和 Microsoft II S 两大品牌为主导、众多中小厂商并存的格局。现阶段，市场上常见的 Web 服务器软件主要包括 Apache、Microsoft II S、GFE、SUN、Lighttpd、Oversee、Zeus、Netscape、Nginx、RapidSite、Tigershark 等。根据所支持的操作系统不同，Web 服务器软件可以分为支持 Windows 系统、支持 MacOS 系统、支持 Unix、支持 Linux 及支持多种操作系统等多种类型；根据定价方式的不同，可以分为免费 Web 服务器软件和收费 Web 服务器软件两类；根据源代码共享程度，可以分为开源软件和专有软件。以现在市场上主导的 Apache 和 Microsoft II S 为例，前者属于同时支持 Windows、Linux、Unix 多种操作系统的免费、开源 Web 服务器软件，而后者则属于仅支持 Windows 单一操作系统的免费、专有 Web 服务器软件。代表性服务器软件的主要功能和价格对比情况如表 4-7 所示。

表 4-7 代表性 Web 服务器软件

软件名称	生产厂商	支持操作系统	基本价格/美元	开放源代码
WebSTAR	Kerio Technologies	MacOS X Server	499	否
Apache	Apache Software Foundation	Linux，Netware，Unix，Windows 2000，Windows Server 2003	免费	是
Lighttpd	Lighttpd	BSD，Linux，MacOS X Server，Unix	免费	否
Microsoft II S	Microsoft	Windows Server 2003	免费	否
RapidSite	RapidSite Inc.	BSD，IRIX，Windows 2000，Windows Server 2003	免费	否
SUN Java System	SUN Microsystems	HP-UX，Red Hat Linux，SUSE Linux，Solaris，Windows 2000，Windows Server 2003，Windows XP	免费	否
Zeus	Zeus Technology	AIX，BSD，HP-UX，IRIX，Linux，MacOS X Server，SCO OpenServer，Solaris，Tru64 Unix	1 700	否

资料来源：根据 2007 年 Serverwatch 网站信息整理制表

从表 4-7 中可以看出，当今主流的 Web 服务器软件倾向于支持多个操作系统，兼容性较好。基本价格方面，以免费为主，收费为辅。同时，Apache 作为开放源代码产品的领头羊在市场上占尽优势，但其他绝大部分产品仍然拒绝开源，属于专有软件。

（三）Web 服务器软件市场集中度

根据 Netcraft 的月度统计数据，可以看出 Web 服务器软件市场结构的现状及其动态变化趋势。以 2016 年 3 月为例，根据统计数据可以绘制出当月 Web 服务器软件市场占有率的分布图。从图 4-4 可以看出，市场的两大主导者 Apache 和 Microsoft 占据了绝大部分的市场份额，两者加总的市场占有率之和，即绝对市场集中度 CR_2 指标值高达 64%。剔除未知的软件品牌，市场前 4 位的软件分别为 Apache、Nginx、Microsoft、Google，绝对市场集中度 CR_4 指标值达 80%，属于极高寡占型市场。同时，通过计算可以得到 2016 年 3 月 Web 服务器软件市场的赫芬达尔指数为 2 648。根据美国司法部和联邦贸易委员会的标准，Web 服务器软件市场目前属于高度集中的市场。

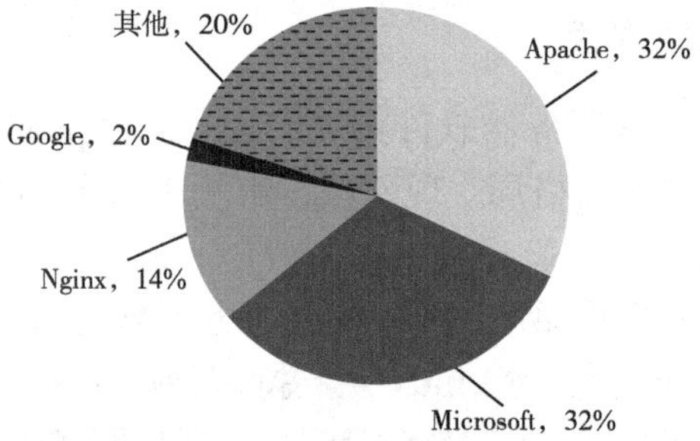

图 4-4 2016 年 3 月 Web 服务器软件市场占有率分布图

资料来源：根据 2016 年 Netcraft 月度监控数据整理计算

经过 10 年的发展，Web 服务器软件的市场集中度逐渐提高，CR_4 指标值一直高居不下，从 2005 年初的 89%到 2015 年 12 月的 82%，基本保持不变。同时，赫芬达尔指数呈逐渐下降趋势，从 2005 年 11 月的 5 441 下降到 2015 年 12 月的 2 318。但我们仍然需要知道，即便其逐年下降也仍然是属于典型的高度集中的市场结构，从整体的纵向发展轨迹来看，Web 服务器软件的市场结构呈现出高度集中但集中程度有所分散，集中于单一企业的结构逐渐削弱，多寡头逐渐显现的现象。

小结

1. 市场结构的基本类型包括完全竞争、完全垄断、寡头垄断及垄断竞争。
2. 市场集中度指标衡量产业竞争和垄断最常用的指标。
3. 对中国代表性互联网产业的分析让我们有了不一样的发现。
4. 中国代表性互联网产业竞争日趋激烈，市场集中度呈现不同程度的变化。
5. 从全球 Web 服务器软件市场来看，生产企业呈现多样化，集中度有所下降，竞争日趋激烈。

✲ 概念与术语

绝对市场集中度　相对市场集中度　赫芬达尔指数　产品差别化指标

复习与练习

1. 请列举度量市场结构的常用指标。
2. 请以中国代表性互联网产业为例，说明网络市场的结构特征。
3. 请以全球 Web 服务器软件市场为例，说明网络市场的结构特征。

第三节　网络市场的结构特征的经济解释

【内容提要】

本节对网络市场主要的结构特征进行了详细的经济解释，包括网络外部性、特殊的经济特征、网络市场与完全竞争市场、网络市场中垄断的不同形式、产业转移与路径依赖及社会福利的考察，并以此作为解释网络市场的高寡头垄断特性的依据。

【学习要求】

1. 掌握网络市场的主要结构特征。
2. 掌握网络市场与完全竞争市场的联系与特殊之处。
3. 掌握网络市场中垄断形式的多元化。
4. 掌握网络市场的产业转移与路径依赖。

从第二节对网络市场的市场结构的分析中可以看到，网络市场下的市场结构普遍呈现寡头垄断的特性，而相对于传统产业的寡头垄断而言，网络市场的寡头垄断已经突破了地域和国家的界限，是在一个全世界范围内的寡头垄断，这从传统产业的角度来看，是极其罕见的，本节继续讨论为什么网络市场会出现世界范围内的高寡头垄断。

一、网络外部性的作用

对许多网络产业而言，直接/间接网络外部性的作用引发了需求方规模经济与供给方规模经济，临界容量的门槛和正反馈作用机制使网络产业的市场结构极易产生偏向。理论上，随着时间的推进，这些因素的共同作用有可能会导致“赢家通吃、输家出局”的独家垄断。

在具有较强网络外部性的市场中，存在明显的市场份额和利润分布不均的情况。主导厂商的市场份额远远高于其他中小厂商，拥有庞大的用户网络，因而有更多的企业为主导厂商的产品生产互补品。消费者对互补品的选择空间更大，相应的效用也更高。相反，那些市场份额微不足道的厂商拥有的用户网络很小，互补品的品种有限，可供选择的范围小，能给消费者带来的效用也较小。

Economides 和 Flyer 分析了自有价值为零的纯网络产品的特例，模型得出了关于市场份额、价格、利润比例的惊人结论①。模型的基本假设包括：所有厂商生产的产品都是同质的；厂商之间不存在技术优势；产品的生产成本忽略不计；产品属于纯网络产品（pure network goods），即产品的自有价值为零，单独使用时不具有任何价值，产品的效用完全来自于网络外部性产生的协同价值；不同厂商之间的技术完全不兼容。基于这些假设，模型推导出以下两条推论。

推论 1：排名相邻的厂商的市场份额之比、价格之比都至少为 2.6。

假设市场上排名第一的厂商的销量、价格分别为 n_1、p_1，排名第二的厂商的销量、价格分别为 n_2、p_2，以此类推，推论 1 可以用数学方式表示为

$$n_1/n_2 > n_2/n_3 \cdots > n_{s-2}/n_{s-1} > n_{s-1}/n_s \approx 2.6 \tag{4-4}$$

$$p_1/p_2 > p_2/p_3 \cdots > p_{s-2}/p_{s-1} > p_{s-1}/p_s \approx 2.6 \tag{4-5}$$

市场上第二小厂商的销量和价格是最小厂商的 2.6 倍。对市场上其他紧邻的厂商而言，类似的关系也同样成立，不同的是，这个比例可能更高。这样的结论意味着，相邻厂商的价格、销量之比仅仅与各自厂商的市场地位相关，而与市场上厂商的总体数量无关。

推论 2：排名相邻的厂商的利润比至少为 6.86。

$\pi_i = n_i p_i - c_i$，由于模型假设成本忽略不计，所以利润 $\pi_i = n_i p_i$，进而 $\pi_i / \pi_{i-1} = (n_i / n_{i-1})(p_i / p_{i-1})$。

$$\pi_1/\pi_2 > \pi_2/\pi_3 \ldots > \pi_{s-2}/\pi_{s-1} > \pi_{s-1}/\pi_s = 6.86 \tag{4-6}$$

由此可见，与价格和销量差距相比，厂商之间的利润差距有过之而无不及。

二、网络产品特殊的经济特性

和传统产品相比，网络产品的经济特性决定了网络产品比传统产品更容易形成高寡头垄断。首先，由于网络外部性的存在，消费者往往会去选择更大的网络来实现产品的价值最大化，而消费者的加入又进一步推动了产品的价值。这种正反馈导致强者越强、弱者越弱的马太效应。其次，网络产品的转移成本高于传统产品，当一个消费者要放弃一个网络产品转移到另一个网络产品时，他就失去了前产品所有的网络价值，因而网络产品的消费者更容易被锁定，特别是大的网络的消费者。

但我们可以观察到，几乎所有的世界范围内的高寡头垄断，都属于数字产品。单纯的非数字化的网络产品，并不容易实现全球性的高寡头垄断，而往往在一个区域内实现

① 引自 Economides N 和 Flyer F 的 *Compatibility and market structure for network goods*。

高寡头垄断，当然和传统产品的寡头垄断相比，实体网络产品寡头垄断的程度及范围也是传统产品寡头垄断无法超过的。

究其原因，虽然网络外部性的正反馈效应促使网络产品的垄断，但实体产品生产的边际效用递减的规律仍然存在。至少有几个方面使实体网络产品相对于数字产品很难形成世界范围内的高寡头垄断。

（1）生产限制。实体产品的生产受到生产能力、原材料供应、劳动力供给、边际生产成本的约束，这使厂家即使面临很大的市场需求，也不一定有足够的产能满足市场的需求，这是实体产品生产面临的最大的问题。如果大量生产已经超出了现有的生产能力，需要加大固定资产投资，如厂房和设备的加大投入，但万一后继产品无法获得前产品相同规模的市场，这些投入无疑就成为企业负担，厂商出于风险考虑，担心未来市场的不确定性因而选择较为保守的生产策略。

（2）物流限制。实体产品需要通过物流才能到达消费者的手中，而物流成本随着区域的扩大而不断增加。成本的增加往往意味着其通过网络外部性增加的价值被增加的物流成本抵消。

（3）关税或者区域保护。当实体产品在转运的时候，如果存在国家之间的运输，往往也会面临诸如关税或者其他政策的一些约束及限制。不少国家出于保护本国企业或者一些区域出于保护本区域的企业的考虑，会对外来的产品建立一些政策上的壁垒，这也导致实体产品在更大范围内扩散受到阻碍。

（4）实体网络产品网络外部性相对较低。正如前文分析，产品的网络外部性越大，其马太效应越高。相对于实体网络产品，从直接网络外部性比较，直接网络外部性只有通过消费者之间的交互才能产生价值，而实体产品的交互不可避免地需要消费者面对面才能够进行交互，空间和时间的限制导致消费者会自行内部化直接网络外部性。消费者往往只会在一定区域内进行交互，这就导致实体网络产品的直接网络外部性的价值被大大削减。而从间接网络外部性比较，数字产品互补品的生产也更为容易和便利，数字产品的直接网络外部性和间接网络外部性相对于实体产品而言（即使是具有网络外部性的实体产品），要高得多。

（5）数字产品更容易锁定消费者。这是因为数字产品具有可更改性，严格地说，是数字产品即使到了用户手上，厂商仍具有改变数字产品内容的能力，如在线升级或者下载更新包等方法。这就意味着，数字产品可以根据消费者的使用情况，通过各种手段来提高消费者的转移成本。例如，产品可以基于消费者经验、等级和奖励的累积来提高消费者的权限或者其他方面的效用，如果消费者一旦放弃使用该产品而转向其他产品，这种累积则完全被放弃，因而消费者使用产品的时间越长，投入越大，频率越高，其转移成本也相应增加。而转移成本的提高，无疑加深了消费者被锁定的程度。

由此可见，数字产品不但没有受到实体产品生产运输方面的种种约束，同时其自身特性也大大提高了产品的直接网络外部性和间接网络外部性，因而网络产品市场，特别是数字化的网络产品市场往往形成全球性的高寡头垄断也就不足为奇了。

三、自由进入并不能保证完全竞争的市场结构

网络经济环境下，自由进入并不一定导致完全竞争。在网络外部性显著的市场中，如果已经有多家厂商存在，则新厂商的进入并不会对市场结构产生显著的影响。尽管消除进入壁垒可以促进竞争，但它并不会显著影响市场结构。因此，政府试图通过消除进入壁垒进而改变市场结构的努力往往是徒劳的[①]。

在网络市场的不兼容均衡中，即使自由进入市场的条件成立，也会出现不均等的市场份额和利润分布。自由进入的条件虽然允许数量众多的厂商进入市场，但并不能消除主导厂商的高额利润。原因在于，厂商的主导地位和高度集中的市场结构并非一定来源于串通合谋、设立进入壁垒、威胁等不正当竞争行为，而往往是网络经济下市场均衡的自然特征。那么，是否存在改进均衡的可能性呢？回答是肯定的，那就是转换为兼容条件下的均衡，这样就能实现更高的消费者剩余和总剩余。然而，反垄断的法律和政策并不一定能促成这个目标的实现，因为厂商对其独立研发设计的产品或系统，通常都会寻求知识产权的法律保护，造成产品不兼容的状况出现。

事实上，在不同的网络外部性强度下，自由进入机制对于市场结构的影响是不同的，Economides 和 Flyer 探讨了网络外部性与市场结构的关系[②]，设 n 为总产量，$h(n)$ 表示网络产品的价值方程。

$$h(n)=\alpha+\beta n \tag{4-7}$$

其中，α 表示自有价值；βn 表示产品的协同价值。将式（4-7）变形，得

$$h(n)=\gamma+n \tag{4-8}$$

其中，$\gamma=\alpha/\beta$；$1/\gamma$ 衡量边际网络外部性的密度，因此，γ 越小，网络外部性越大，反之亦然；$\gamma=0$ 表示纯网络产品，产品的价值完全由网络外部性的大小决定，当网络规模为 0 时，产品没有任何价值。

在厂商数量、边际网络外部性密度大小不同时，市场集中度的情况如表 4-8 所示。

表 4-8 网络外部性与市场集中度

赫芬达尔指数 / 边际网络外部性的密度（$1/\gamma$） / 厂商数量/个	∞	2	1	0.5	0.2
3	0.510	0.415	0.363	0.339	0.334
5	0.470	0.331	0.248	0.207	0.201
10	0.464	0.287	0.172	0.106	0.100

资料来源：Economides N，Flyer F. Compatibility and market structure for network goods

这里，市场集中度用赫芬达尔指数衡量。当 $1/\gamma$ 较小时，产品接近于网络外部性可以忽略不计的传统产品，新进入厂商对在位厂商的市场份额、价格、利润有较大的影响。

---

① 引自 Economides N 的 *Competition policy in network industries：an introduction*。

② 引自 Economides N 和 Flyer F 的 *Compatibility and market structure for network goods*。

例如，当$1/\gamma$只有 0.2 时，网络外部性很小，当厂商数量从 3 个增加到 5 个，再从 5 个增加到 10 个，赫芬达尔指数发生了很大的变化。但是，当$1/\gamma$趋近于无穷大时，网络外部性非常大，即使厂商数量由 3 个增加到 10 个，赫芬达尔指数的变化也不大。这一点可以解释为什么在传统经济下，政策制定者非常重视消除进入壁垒，以实现市场的自由进入。但是，在网络外部性显著的市场上，自由进入对市场结构的影响就大大削弱了。

四、垄断形式多元化

网络市场的结构呈现出垄断化趋势，大厂商往往拥有巨大的市场份额和庞大的用户基础，垄断的形式也趋于多元化。例如，一个垄断厂商既可能是一个独立垄断者（independent monopoly），也可能是一个联合垄断者（joint monopoly）。独立垄断者与传统意义上的垄断类似，是指厂商在某一个产品市场上拥有绝对主导地位和市场势力的垄断。与之相对的联合垄断者，则是指一个厂商在主产品和若干个互补产品市场上都占据主导地位，主产品和互补品的结合可以形成一个系统产品的垄断。以微软为例，它不仅以 Windows 产品在操作系统市场上独领风骚，还凭借 IE 在网络浏览器市场上占尽主导，形成在操作系统市场和浏览器软件市场的联合垄断。

表面看来，联合垄断类似于厂商的相关多元化策略，都是厂商通过一定的方式，将经营范围延伸到关联产业及产品，以实现利润最大化。但是，两者之间至少存在两点差异：首先，二者涉及的产品不同。相关多元化涉及的是关联度较高的相关产业；而联合垄断的产品一定是互补品，并能共同形成一个系统。以海尔为例，它以生产冰箱起家，然后进行相关多元化，将生产延伸到洗衣机、手机等电子电器产品，这就是典型的相关多元化，而不是联合垄断，因为这些电子电器产品之间并不存在互补性，也无法构成一个系统产品。其次，二者的经济动因存在一定的差异。厂商采取传统的相关多元化策略，一般是为了实现范围经济，即一个企业同时生产多种产品的总成本小于多个企业分别生产这些产品的成本之和；而联合垄断则是通过间接网络外部性的作用，实现消费者效用和支付意愿的增加，从而达到扩大用户群、巩固垄断地位的目的。我们已经知道，网络外部性可以分为直接网络外部性和间接网络外部性。直接网络外部性直接来自于消费者需求函数的相互作用；间接网络外部性则间接受到与产品相关的互补产品数量和质量的影响，产品的效用取决于互补产品的品种多少，质量好坏和价格高低。为了达到巩固自身垄断地位的目的，厂商就需要给消费者提供质量稳定、种类齐全、价格合理的互补产品，因此，他们往往会运用不同方法，实现联合垄断[①]。

五、产业链转移成本与路径依赖

很多时候，一种网络产品的提供需要整条产业链的支持，如果产业链的其他企业要转向另外一种网络产品需要很高的转移成本，从经济的角度考虑，他们就更倾向于推动

① 引自《反思反垄断》一文。

这种网络产品的发展而不是转为为另外一种网络产品提供产品或者服务，这也就形成一种路径依赖。

通信市场就是一个典型的例子，一个运营商一旦支持某个通信标准，就会投入大量的人力、物力来支持这个标准，如基站的建设、网络的铺设。即使新的、更好的标准出现，如果运营商支持新的标准需要很高的转移成本，他们会更希望原有标准的升级而非转向新的标准。一般来说，原有标准的升级对于运营商而言，也是需要投入的，但这个成本会远远低于转换新的标准。当然，升级的投入又会形成沉没成本，进一步加大运营商的转移成本。这种情况导致网络市场的高寡占垄断格局很难被打破。

六、社会福利角度

在传统市场，无论消费者还是供应商，都不希望垄断存在，因为垄断至少意味着选择权的减少。但在网络市场，选择权过多并不意味着就是好事，尤其是在缺乏标准的网络市场中，过多的产品分割消费者市场，使消费者从产品获得的网络外部性降低，同时，不同标准的存在，也阻碍了消费者之间的交流。这种问题同样存在于为网络产品生产互补品的厂商，单一网络产品或者较少的网络产品对于他们而言更加有利。

因而从社会福利的角度，消费者和相关的厂商都存在较大的支持垄断的意愿，而他们的行为，如脱离小的网络而投向大的网络，无疑也导致了寡头垄断的出现。有学者曾经分析过消费者对于垄断的态度，消费者面对垄断的市场，希望有更多的竞争者进入，其本质的想法并不是想选择其他竞争者的产品，而是希望有更多竞争者参与竞争，自己可以更加便宜地选择原来垄断者的产品而已。

小结

1. 在具有较强网络外部性的市场中，存在明显的市场份额和利润分布不均的情况。主导厂商的市场份额远远高于其他中小厂商，拥有庞大的用户网络，利润较高。

2. 网络产品的经济特性决定了网络产品比传统产品更容易形成高寡头垄断。由于诸多因素的限制，实体网络产品很难形成世界范围内的高寡头垄断。

3. 市场主导地位的取得并非必然基于不正当竞争手段的使用，需要具体问题具体分析。

4. 网络产业的市场结构呈现出垄断化的趋势，大厂商往往拥有巨大的市场份额和庞大的用户基础，垄断的形式也趋于多元化。

5. 在网络市场中，网络产品的转移成本过高，往往导致产业链出现路径依赖的现象。

6. 从社会福利的角度，消费者和相关的厂商都存在较大的支持垄断的意愿，其行为也会导致寡头垄断的出现。

✲ 概念与术语

网络外部性 高寡头垄断 独立垄断 联合垄断 转移成本 路径依赖

复习与练习

1. 为什么网络市场具有高寡头垄断特性，从哪些方面可以解释？
2. 网络市场中，市场主导地位为什么不能等同于不正当竞争？
3. 网络市场中常见的垄断形式有哪些？
4. 在网络市场，产品的生产链为什么会出现路径依赖的现象？
5. 与传统市场相比，在网络市场中消费者和厂商对垄断有什么不同的意愿？

第四节 网络市场的运行定律综述

【内容提要】

本节主要介绍网络市场的运行规律，包括梅特卡夫定律、马太定律、摩尔定律、吉尔德定律、达维多定律、格罗夫定律等。

【学习要求】

掌握梅特卡夫定律、马太定律、摩尔定律、吉尔德定律、达维多定律、格罗夫定律的基本概念。

网络经济市场的运行具有其自身的特定规律，只有对这些运行规律有了清晰的理解，才有可能制定相应的策略，在市场中立于不败之地。本节就从规模、速度、创新和标准四个方面对网络市场的运行规律进行分析。

一、规模至上

网络经济下，消费者的效用与网络的规模紧密相关，规模至上的定律会使厂商想尽各种办法扩大安装基础，实现正反馈和相应的路径依赖与锁定。

（一）梅特卡夫定律

梅特卡夫定律（Metcalfe's law）是 3Com 的创始人、计算机网络先驱罗伯特·梅特卡夫提出的。梅特卡夫定律认为，网络的价值等于网络节点数的平方。具体来说，如果网络中有 n 个节点，则每个节点都可以与 $n-1$ 个节点发生作用，获得 $n(n-1)$

个单位的价值，因此，该网络的总价值为 $n(n-1)$。当网络规模 n 很大时，$n-1$ 近似等于 n，网络的总价值可以表示为 n^2。

梅特卡夫定律是基于每一个新入网的用户都因为别人的入网而获得了更多的信息交流机会。也就是说，网络具有极强的外部性和正反馈性：加入同一网络的用户越多，网络的价值越大，需求也就越大。这样，我们可以看出，梅特卡夫定律指出了从总体上看消费方面存在效用递增，即需求创造了新的需求。

在网络市场中，梅特卡夫定律本质上可以用网络外部性这一概念来说明。如前文所述，网络外部性是指一种产品对用户的价值随着采用相同产品或兼容产品的用户数量的增加而增大的一种特性。由采用相同产品的用户数量增加所产生的外部性被称为直接网络外部性。例如，随着采用同一即时通信工具用户数量的增加，该即时通信网络的价值就以指数级的速度增加。由采用兼容产品的用户数量增加所产生的外部性被称为间接网络外部性，这种关系也被经济学家称为硬件–软件范式。例如，电脑与软件的关系，电脑的价值是随着可兼容软件数量的增加而增大的。

因此，对于网络市场中的厂商而言，其最优的竞争策略就是利用各种方法，迅速吸引大量用户进入网络，建立足够规模的安装基础，树立自己行业领头羊的地位。这样，随着使用人数的不断增加，无论是老用户还是新用户，他们使用该产品的效用都会呈指数级增加，先入厂商的优势地位就会得到很好的巩固。这也解释了为什么在网络市场上，我们经常能看到渗透定价，甚至初期免费定价等策略的广泛应用。

（二）马太定律

马太定律（Matthew’s law）又称马太效应，源自《新约全书 · 马太福音》篇：“凡有的，还要加给他，叫他有余；没有的，连他所有的，也要夺过来。”换句话说，马太定律就是“强者恒强，弱者恒弱；富者愈富，贫者愈贫”。

1968 年，美国科学史研究者罗伯特 · 莫顿（Robert K. Merton）提出马太定律用以概括一种社会心理现象：“相对于那些不知名的研究者，声名显赫的科学家通常得到更多的声望，即使他们的成就是相似的。同样的，在同一个项目上，声誉通常给予那些已经出名的研究者。例如，一个奖项几乎总是授予最资深的研究者。即使所有工作都是一个研究生完成的。”

罗伯特 · 莫顿将马太定律归纳为：任何个体、群体或地区，一旦在某一个方面（如金钱、名誉、地位等）获得成功和进步，就会产生一种积累优势，就会有更多的机会取得更大的成功和进步。此术语后为经济学界所借用，反映贫者愈贫，富者愈富，赢家通吃的经济学现象。

在网络市场竞争中，马太定律的原理是用前文提及的正反馈这一概念来描述的。正反馈反映了网络经济系统中的一种自我增强机制，即在一定条件下，优势一旦出现，就会不断的自我强化，出现滚雪球似的累积效果，最终在系统中占据主导地位，进而出现“赢家通吃，输家出局”的局面。这就意味着厂商的产品网络规模扩张的速度与其现有的网络规模成正比。在这个过程中，消费者的预期因素起到至关重要的作用。由于存在网络外部性，其他消费者倾向于加入大的网络，所以，越大的网络增长越快，消费者预期得以自动实现。马太定律的存在，使厂商可以通过预期管理的方式来扩大自己的产品网络规模。例如，厂商可以通过广告宣传、与知名大厂商组成战略联盟等方式，给消费者留下自己的产品网络规模很大的印象，影响消费者预期，进而实现扩大规模的目标。

二、速度至上

与传统经济相比，网络经济的整体扩张速度更快，产品更新换代的频率也更高，摩尔定律和吉尔德定律①就体现了网络经济下这种速度至上的精髓。

（一）摩尔定律

戈登·摩尔（Gordon Moore）是英特尔公司的创始人之一，早在 1965 年他就做了预言，“计算机芯片的处理能力每 18 个月就会翻一番”。40 多年来，他的预言一直在发挥作用，人们将此预言命名为摩尔定律（Moore’s law）。

这一规律反映了在网络信息通信领域技术更新升级的速度，以及企业发展所面临的危机与动力，以至于独霸操作系统软件市场领域的微软总裁比尔·盖茨不断用这样一句话提醒自己的员工和竞争对手：“微软离破产永远只有 18 个月!”

在摩尔定律的作用下，企业要想更好地生存，就必须不断地学习。因此，建立学习型组织是企业应对网络经济挑战的一剂良方。同时，高科技企业尤其要对研发给予特别的关注。这不仅是因为研发部门可以使企业的产品升级换代速度加快，而且因为研发部门对环境的变化相当敏感。

（二）吉尔德定律

“数字时代三大思想家之一”的吉尔德对光纤技术的发展做出如下判断，“光纤的带宽每 6 个月增长一倍”，这一速度是摩尔定律预测的计算机 CPU（central processing unit，即中央处理器）增长速度的 3 倍。今天，他的判断被光纤通信网络快速发展的事实印证，人们将此规律称为吉尔德定律（Gilder’s law）。

摩尔定律与吉尔德定律共同决定了网络经济的速度，一般认为网络经济中的 1 年相当于传统经济的 7 年。因此，网络经济本质上是速度经济，企业必须建立基于速度的竞争优势才能更好地在网络时代生存。

吉尔德还认为，最为成功的商业模式是尽可能消耗价格最低的资源以保存最昂贵的资源。当蒸汽机和内燃机的成本低于传统交通工具的动力来源——马匹时，商人们便开始了对蒸汽机和内燃机的大规模应用。由此推测，当网络带宽资源近乎免费时，网络带宽将取代一切有价资源。根据吉尔德定律，我们可以预期：随着通信能力的飞速发展，每比特传输价格将向着免费的方向逼近。因此，在网络经济时代，无论是高科技企业还是传统产业中的企业，都必须学会充分利用和发挥网络在企业经营中的作用，从而获取新经济时代的竞争优势。

---

① 摩尔定律和吉尔德定律详见陈新忠，唐飞. 网络经济的运行规律与企业对策.特区经济，2007，（11）：235-236.

三、创新至上

虽然网络经济的市场结构存在路径依赖的特征，但它并非绝对的一成不变，如果新进入厂商的产品质量更高，能给消费者带来更大的效用和价值，那么质量就有可能超越规模，成为消费者转移的动力。因此，网络市场中，持续的创新是必不可少的。

（一）达维多定律

达维多定律（Davidow's law）是以曾任职英特尔公司高级行销主管和副总裁的威廉·H. 达维多（William H. Davidow）的名字命名的。达维多认为，任何企业在本产业中必须第一个淘汰自己的产品，一家企业如果要在市场上占据主导地位，就必须第一个开发出新一代产品，如果被动地以第二或者第三家企业的身份将新产品推进市场，那么获得的利益远不如第一家企业作为冒险者获得的利益，因为市场的第一代产品能够自动获得 50%的市场份额，尽管可能当时的产品还不尽完善。例如，英特尔公司的微处理器并不总是性能最好、速度最快的，但英特尔公司始终是新一代产品的开发者和倡导者。英特尔公司在 1995 年为了避开 IBM 的 PowerPC RISC 系列产品的挑战，曾经故意缩短了当时极其成功的 486 处理器的技术生命。1995 年 4 月 26 日，许多新闻媒体都报道了英特尔公司牺牲 486，支撑奔腾 586 的战略。"这一决定反映了英特尔公司的一个长期战略，即运用达维多定律的方法，要比竞争对手抢先一步生产出速度更快、体积更小的微处理器，然后通过一边消减旧芯片的供应，一边降低新芯片的价格，使电脑制造商和电脑用户不得不紧随其后。英特尔公司通过使用这种战略，把许多竞争对手远远抛在了后面，因为这些竞争对手在此时生产出的产品尚未能达到英特尔公司制定的新标准。"

达维多定律说明，在网络市场的竞争中，厂商必须不断创造新产品，及时淘汰老产品，使成功的新产品尽快进入市场，才能形成新的市场和产品标准，从而掌握制定游戏规则的权利。要做到这一点，其前提是要在技术上永远领先。企业只有依靠创新所带来的短期优势来获得高额的"创新"利润，而不是试图维持原有的技术或产品优势，才能获得更大发展。

（二）格罗夫定律

安迪·格罗夫是英特尔的第三任 CEO（chief executive officer，即首席执行官），在《只有偏执狂才能生存》一书中，他提出，在网络经济条件下，如果一种新产品要取代原有产品，那么在性价比上必须是原来产品的 10 倍。也就是说，价格不变，性能必须是原来的 10 倍，或者性能不变，价格变为原来的 1/10。

格罗夫定律（Grove's law）[①]与网络经济中广泛存在的转移成本密切相关，即用户从一种产品或系统转移到另一种产品或系统时要花费的成本。例如，熟练使用 Office 软件的消费者在转向其他办公软件时所考虑的成本包括购买 Office 软件所花费的沉没成

① 陈新忠，唐飞. 网络经济的运行规律与企业对策. 特区经济，2007，(11)：235-236.

本、掌握新办公软件的学习成本等。当这些转移成本较高时，用户就有可能被“锁定”在原有产品上，尽管这也许不是他们所偏好的。

只有当性价比的提升足够大时，用户才会下定决心更换产品，新产品才能解除原产品对用户的锁定。今天的世界芯片巨头英特尔公司在1968年建立之初，主攻的业务是存储器业务。当时存储器的主流产品是磁心存储器，而英特尔公司准备开发半导体技术的存储器。半导体存储器能否取代磁心存储器的关键就在于其性价比能否超过10倍。在英特尔公司几位创始人的努力之下，1969~1970 年英特尔公司终于开发出在性价比上超过当时主流磁心存储器10倍的半导体存储器，从而在随后的10年间占据了存储器领域的主流地位。

对于在位厂商，可以通过对产品不断升级换代、提升品牌美誉度与信誉度、扩大联盟合作的范围等来不断累积用户的转移成本；而对于潜在进入企业，要想吸引在位厂商的用户，就必须补贴他们：既可以像英特尔公司那样在技术性能上比在位企业先进 10倍，也可以在技术略微领先的基础上通过降低价格（包括免费赠送）、免费培训等方式来帮助用户破除转移成本。

四、标准至上

在网络经济中，标准是一个产品能否获得成功的重要决定因素。一个产品如果建立在一个正在逐渐失去市场的标准基础上，那么即使它质量和功能卓越，也依然可能是一个失败的市场案例；反之，如果一个产品成为标准，即使它本身也许是次优的，但由于它能够引致正反馈，却依然能够被广泛采用并赚取高额利润。因此，消费者在对标准的预期中进行选择，而厂商则在千方百计地使自己成为正式标准或事实标准。对于一个网络市场来说，是否存在一个既定的标准，是有很大的不同的。

首先，标准促进了兼容性或互联性，从而扩大了网络，为消费者带来巨大的利益。在存在标准的前提下，消费者之间可以实现兼容，而不会出现由于不兼容而带来的无法交流的问题，也无须为了从一种产品转移到另一种不兼容的产品而支付成本。从另一个角度看，网络规模的扩大，将吸引更多的消费者加入这个网络，同时将提高互补品的数量和质量，从而扩大已有的网络外部性，给消费者带来更多的利益。

其次，标准化的另一个优点是能够避免过大的惰性，并减少消费者的寻找和协调成本，从而加速新技术的普及。我们曾经说过，预期对正反馈具有十分重要的意义，它能够自我增强并自我实现。如果市场上没有一个既定的标准，而是有几个互不兼容的厂商在为自己的产品成为标准而竞争，这时消费者将面对着较大的不确定性，由于害怕被锁定在一个不兼容的但又无法成为标准的产品中，消费者会对新产品的采用抱有较大的疑惑和恐惧，尤其是当旧的技术和产品还可以使用的时候，就产生了过大惰性，对新产品不能成功的担心最终变成了现实。但如果新产品成为一个标准，对产品的信心将带来良性循环，加速新产品的普及。

由此可见，网络市场中，标准至关重要，兼容性成为战略选择筹码。非网络产业的技术创新速度相对较慢，厂商之间的竞争更多体现在同一技术框架下的价格竞争和质量竞争。但是，网络产业的更迭速度大大加快，竞争更多体现在基于不同技术框架的标准竞争。只有成为标准，才能生存下来，才能攫取更大的市场份额，才能形成更强大的竞争力。在力争成为标准的过程中，兼容与不兼容的抉择成为厂商的一项重要战略选择，它会对厂商的市场势力乃至整个产业的竞争格局产生至关重要的影响，这也解释了网络市场中兼容联盟广泛存在的原因。

小结

1. 网络市场的主要特征包括规模至上、速度至上、创新至上和标准至上。

2. 梅特卡夫定律、马太定律、摩尔定律、吉尔德定律、达维多定律、格罗夫定律是网络市场运行中的基本规律。

概念与术语

梅特卡夫定律　马太定律　摩尔定律　吉尔德定律　达维多定律　格罗夫定律

复习与练习

1. 网络市场的运行特征主要有那些？

2. 分别阐述梅特卡夫定律、马太定律、摩尔定律、吉尔德定律、达维多定律、格罗夫定律的内容，并分析他们各自对厂商竞争策略的影响。

第五章

网络经济消费市场和竞争市场的变化

如果要分析网络经济下的企业策略，则首先要面对一个问题，网络经济市场和传统经济市场产生了哪些变化。表面上来看，网络市场和传统市场只存在产品的差异，一个是网络产品，一个则是传统产品。但正如前文分析，网络产品和传统产品并非两个截然不同的产品，而并未存在明显的界限。传统产品其实基本上也存在网络外部性，如家电产品，这类产品的维修售后都存在间接网络外部性，我们在购买这类产品的时候，往往要考虑产品的配件和互补品是否容易获得，这就是一种基于网络外部性的考虑。同时很多传统意义上的传统产品随着部分功能的数字化，也逐渐转化成网络产品，这种例子随处可见。所以我们很难把生活中的商品截然归类成哪些属于网络市场，哪些属于传统市场。简单而言，我们将需要考虑网络外部性的产品市场都视为网络市场。

本章的主要内容在于，在网络市场下，消费者的行为产生了何种变化，而这种变化又会使竞争市场的商家产生何种与传统市场不同的行为差异。

第一节　网络市场下的消费市场

【内容提要】

本节主要介绍网络市场下消费市场的运行规律，包括消费者决策、消费者预期、消费者偏好、消费者市场扩大等。

【学习要求】

掌握消费者决策、消费者预期、消费者偏好的基本概念。

简单而言，企业策略的研究可以分为两部分：一部分是针对消费者的市场策略；另一部分是针对竞争者的竞争策略。就网络市场而言，由于消费者特性及竞争市场的变化，一些传统的企业策略虽说仍然可以继续延续下去，但基于网络市场的新特性，很多传统的企业策略已经不再适用于网络市场，甚至可能对网络市场产生反作用。所以在讨论网络市场的企业策略之前，我们要先分析在网络市场下，消费者行为产生了何种变化，消费者市场又相应出现了何种与传统市场不同的特性。

一、消费者决策

在传统市场的假设中，消费者被视为独立的个体，消费者的采购决策既不会受到其他消费者的影响，也不会影响其他消费者。消费者的采购取决于其对价格、品质、样式、品牌等的偏好。

当然，在实际情况中，传统市场的消费者决策有时候也会考虑该产品的消费者网络的大小。原因一般有两点：一是基于市场的信息不完备，如果消费者无法确认某产品是否值得购买，那么有多少人购买该产品则成为消费者的一个判断依据。消费者对消费网络的衡量并不是基于网络外部性，而是作为弥补信息不完备的一种方法。二是消费者认为网络大的产品更容易获得互补品、配件或者相应的售后服务，这实际上是消费者对于间接网络外部性的关注。正如在前文对传统产品和网络产品的讨论中所提到的那样，这种分类只是相对而言，传统产品同样具备一定的网络外部性。

在网络市场，虽然消费者对于产品本身存在不同的偏好，但网络规模的大小是必须要优先考虑的，因为网络产品的协同价值往往远高于产品的自有价值。

这也就意味着，对于网络市场的产品而言，提高网络规模成为其最首要的关注点。在传统市场的概念中，好的东西必然会被市场认可，并且必然形成大的用户基础，也就有了酒香不怕巷子深的营销理念。但在网络市场，仅仅产品好是远远不够的，通过各种手段来增加网络规模才是最重要的。

二、消费者预期

从前文消费者曲线的介绍可以知道，消费者选择某个网络产品，不仅在于其现在网络的大小，而且还在于消费者对未来网络的预期。和传统产品不同的就在于，消费者对于网络产品价值的判断是基于一个时间段的判断而非一个时点。

现实网络的大小，决定了消费者现阶段的效用，而未来网络规模的大小，自然决定了消费者未来使用产品的效用。如果消费者使用一种网络产品且付出了较大的成本，但这个成本无法转移，这就意味着一旦消费者选择的网络产品在最终的竞争中失败，那么消费者会承担很大的损失。因此，消费者更关心的是该网络产品未来的网络规模。

现阶段网络的大小可以准确地观察到，而未来网络的大小取决于消费者预期，其网络大小可能无法准确观察到。现实生活中，由于消费者无法对消费者网络未来的大小进行完美的预期，其预期往往受到外界的影响。这也就意味着，如何影响消费者的预期成为网络产品厂商的一个重要策略，厂商不仅要想办法扩大产品的网络，而且还需要让消费者认为，该产品未来的网络规模也会是最大的。

三、消费者偏好

现实情况中，每个人的预期往往是不一致的，具备不同转移成本和风险偏好的消费者对于同一种产品，表现出来的行为也会迥然不同。消费者偏好行为主要表现为两个方面，即过大惰性（excess momentum）和过大冲力（excess inertia）。Farrell 和 Saloner 提出了消费者在新技术的选择过程中，会出现过大冲力和过大惰性，讨论了在不一致技术偏好下用户的技术选择行为，并进一步设计了一个连续时间模型来分析用户之间的协调博弈。Farrell 和 Saloner（1985）研究表明，在完全信息和同质偏好的情况下，厂商会采用新技术；在不完全信息下，会出现两种过大惰性的问题，即对称惰性（symmetric inertia）和不对称惰性（asymmetric inertia）。对称惰性是指厂商对新技术有同质偏好，但在偏好程度中等的情况下，由于协调失灵而困在旧技术上；不对称惰性是指对新技术有异质偏好，尽管转移新技术的收益大于选择旧技术，但是厂商没有选择新技术。

所谓过大惰性是指当更优越的新技术出现的时候，消费者纷纷等待别人采用新技术或者做出选择，而导致滞留在目前的低级产品的行为。而过大冲力则是指消费者担心别人选择了新技术导致自己滞留在旧产品而竞相采用新技术的行为。

在一种网络产品所面对的消费者市场中，过大惰性和过大冲力往往同时存在的。过大惰性和过大冲力的出现既和消费者本身的特性有关系，也和产品特性及市场的竞争状况息息相关。例如，使用新的操作系统时，个人用户更换操作系统的成本很低，而且新系统即使出现问题，给消费者带来的损失也很低，因而个人用户比较容易因为新鲜感而更愿意尝试新的操作系统；但企业用户，特别是对系统稳定性要求很高的企业用户，则表现出过大惰性，因为一旦出现问题，会导致很大的经济损失。市场竞争也是如此，如果一个产品市场竞争非常激烈，那么消费者往往会出现过大惰性的行为，大家都希望市场竞争明朗化后再做出选择。

过大惰性和过大冲力的存在，特别是过大惰性的存在，改变了传统消费市场上好的产品必然会替代差的产品的规律。这也就意味着，企业在市场策略中，必须将消费者的行为引导作为一个重要的策略方向来对待。

四、消费者市场扩大

由于网络产品的网络外部属性，无论是生产者还是消费者都具有扩大网络产品市场规模的动力，而大量网络产品的部分数字化，甚至完全数字化则可以通过信息网络的迅猛发展进一步扩大市场范围，因此，网络产品的市场基本上都是全国甚至全球性的市场。

从表面上来看，消费市场的扩大，带来的结果是商家在面对更大的消费需求的同时，也面临更激烈的市场竞争。但对网络产品而言，这还给商家带来了许多新的变化和商机。

（1）特定的消费者网络建立成为可能。在传统市场，针对特定属性用户的商品并不少见，因为特定用户的数量较少，面对的竞争也很少，不少商家将其视为蓝海，专门为特定用户生产产品。当然，由于区域的限制，虽然厂商面对的竞争较少，但可到达的消费者数量也较少，而特定用户或者目标用户的数量不足以支撑整个网络，那么厂商只能把重心放在普通用户而非特定用户身上。但随着消费者范围的全球化，特定用户已经足以支撑一个特定商品的存在，这就意味着厂商可以将更多的重心放在特定用户上而非一般用户身上。

必须指出的是，上文提出的逻辑对于传统产品而言，是容易理解的，也是不难实现的，但对于网络产品来说，情况就复杂很多。因为一般来讲，针对特定消费者的生产，是一个提高产品自有价值的过程。如果产品没有网络外部性，那么特定消费者自然愿意购买专门为自己设计的产品。但是，如果产品具有网络外部性的话，特定消费者可能会放弃小网络的特定产品，而选择大网络的普通产品，因为后者的网络价值可能会远远高于前者带来的自有价值的提升，小企业想通过锁定特定消费者偏安一隅的做法已经变得非常艰难。

那么是不是小的特定消费者网络就无法生存呢？答案是否定的。因为从现实角度而言，大网络并不一定比小网络价值更高，真正给消费者带来价值的网络大小（这里称为有效网络）才是最重要的。

为什么大网络不一定比小网络更有价值？以电话为例，虽然名义上，拥有电话的人可以给世界任何角落的人打电话，但大部分情况下，大多数人只会给有限范围的人打电话。假设有两个不兼容的电话网络，一个是中国以外的国家都使用的 A 网络，另一个则是中国范围都使用的 B 网络。虽然 A 网络要远远大于 B 网络，但是，中国的消费者更有可能使用 B 网络而非更大的 A 网络，因为 A 网络对于大部分通话需求都在国内的中国消费者而言，其网络规模是无效的。因而严格意义上来说，消费者选择的是大的有效网络，而非大的网络。

同样一个例子，如论坛，一般来说，一个论坛的人数越多越好，因为人数越多意味着信息越多，影响越大，论坛更有生命力。但是有些技术性论坛，特别是一些高端技术性论坛，他们反而对用户有很大的限制，人们必须通过审核或者推荐才能进入论坛。因为这些论坛的用户需要交流的内容都是深层次的技术问题，太多低技术甚至不懂技术的用户加入，对于他们而言是没有意义的，而对于低技术或者不懂技术的用户来说，太深奥的议题往往也是没有意义的。当然后者论坛也需要一定的网络规模，但他们并不追求大的网络规模，而是追求大的有效的网络规模。

和传统市场一样，消费市场的增加使特定消费者的网络足以支撑一个特定产品的存在，但是，网络外部性的存在也使特定产品面临更大的压力和挑战。厂商即使选择特定消费者作为目标市场，他们所要做的也不仅仅是生产适合特定消费者的产品，而且要做到小网络的有效网络要大于大网络的有效网络才行。

（2）市场变大导致消费者信息搜寻方式的改变。消费者的采购过程，实际上就是一个信息搜寻的过程。例如，消费者逛街，就是通过搜寻不同门店的商品信息，选择自己最想购买的商品。即使消费者已经决定购买某一款商品，他们也会通过不同门店的价格查询，选择一家便宜的门店购买。

由于传统商品的购买都会受到地域的限制，所以消费者进行信息搜寻的范围也是有限的。一般来说，商品价格提高，或者商品的价格离散加大，消费者信息搜寻的范围和次数也会相应增加。同时，信息搜寻也存在成本：一个称为鞋底成本，即消费者在信息搜寻中所实际支出的费用；另一个称为时间成本，即消费者在信息搜寻中花费的时间。

在网络产品市场中，信息搜寻的成本已经大大降低，信息搜寻也更加便利，但是，这并不意味着消费者不再有信息上的问题。以前消费者的一个信息获取的问题是缺乏足够的信息，而现在的问题则是消费者面对海量的信息，无法进行有效的甄别。

另外一个问题主要出现在网上销售上。在网络销售中，消费者不能直观地体验商品，也无法评估产品的质量，这就意味着，消费者对于商品的信息无法获得，因此，消费者倾向于通过其他信息途径获得商品或者卖家的信息。在线评论和评分机制则提供了消费者获得商品信息的途径。消费者可以通过其他消费者的评分和评论来判断该商品是否值得购买或者卖家是否值得信任。

有趣的是，这种评分制度导致了商品销售的网络外部性，这种外部性并不来源于商品本身，而是源于这种制度。当一个消费者选择一个卖家时，他往往倾向于选择评分高的卖家，而他的加入又提高了卖家的评分，从而导致了一种正反馈的累积。购买商品也是如此，在相同的评分下，消费者往往倾向于销售得更多的商品，因为评分的基数越高，评分的可靠性越大。显然，本身带有网络外部性的产品再加上具有网络外部性的销售平台，无疑是加剧了网络产品的马太效应。

正如前面所分析的，互联网和通信业的进步以及电子商务的发展，使网络产品更容易获得网络规模，尤其是数字化的网络产品，但网络产品的竞争也变得更加白热化。如果说以前的网络产品竞争还可以通过圈地，各自形成一定的网络规模再相互竞争的话，那么现在的网络产品竞争已经直接就进入了面对面竞争的白热化的阶段。

在网络市场中，消费者的行为和传统产品市场的消费者行为产生很大的差别的原因在于以下几点：

（1）消费者更关心产品的网络规模，以及该产品的互补品的数量和质量。消费者通过网络，可以获得更多的产品网络规模的信息，因而更容易使消费者产生集聚。

（2）消费者对产品存在未来的预期。消费者对于产品价值的判断并不仅仅局限于购买的时刻，而是一个相当长的时间段。不同消费者的预期不一致可能导致出现过大冲力和过大惰性。

（3）消费者的偏好各异，而且存在非理性行为，这也是网络经济市场分析的基础。

小结

1. 网络市场的消费理论主要包括消费者决策、消费者偏好、消费者预期等。

2. 消费市场的扩大对传统消费者决策理论造成了影响。

✲ 概念与术语

消费者决策　消费市场　网络外部性

复习与练习

1. 网络消费市场的运行特征主要有那些?
2. 阐述网络消费市场扩大的特征和存在的问题。

第二节　网络经济竞争市场

【内容提要】

本节主要介绍网络市场下竞争市场的运行规律，包括产品竞争、信息竞争、网络竞争、技术竞争、标准竞争、企业竞争和联盟竞争等。

【学习要求】

掌握消费者竞争市场的基本概念，掌握传统竞争市场向网络市场转变的特征变化。

这里的竞争市场是指不同网络产品的厂商面临的竞争市场，且其网络产品是替代关系的。同时，这些网络产品并非是完全兼容的，因为完全兼容的网络产品虽然同样具备网络外部性，但不同产品的网络外部性是完全相同的，消费者对于产品的选择又回到对产品自身的考虑。那么产品之间的竞争方式也和传统产品并无差异。

同样，由于企业之间的市场竞争是多层面的，可能从研发阶段他们就已经开始了彼此之间的竞争。在传统产品的竞争中，当产品已经生产出来以后，企业之间的竞争往往就基于营销层面。但正如前文对网络产品和数字产品之间的讨论，本部分假设网络产品即使生产出来以后，厂商仍然可以通过升级的方式，对已经到消费者手中的产品进行升级，从而通过改变成品的属性来适应新的竞争策略。显然对于这种可更改的属性只有数字产品或者实体产品中数字化功能的部分才能够实现，但本部分并不把网络产品和数字产品截然分开，事实上，现实生活中的网络产品即使不是数字产品，也或多或少具备数字化的功能。

以上的假设意味着网络产品的竞争并不局限于营销广告层面，而产品的设计和生产也是贯穿于竞争的过程，显然这是一个动态的过程，这也是网络产品竞争和传统产品竞争一个最大的不同。当然，这种升级也只是在一个阶段内的修补和更新，如果我们视每个网络产品都存在代际性、阶段性的发展的话，这种修补和更新并不导致产品产生跨越性的质变。

一、从产品竞争到信息竞争

在网络市场，企业要提高网络规模，首先面临的是要让消费者知道网络产品的存在，其次才是消费者是否决定购买。正如前面对消费者市场的分析，由于海量信息的存在，消费者往往没有办法了解所有可能存在的产品，所以企业首先要做的事情就是让消费者了解自己的产品，否则再优秀的产品也可能因为消费者不知道而无人问津。

网络产品的信息经济不仅仅局限于让消费者了解自己的产品，一个网络要壮大，首先要抓住的是高消费意愿的用户。因为只有高消费意愿的消费者的加入才能提高产品的网络外部性，从而进一步吸引低消费意愿的消费者加入。由于商家往往面对的是全国范围的消费者，所以商家要有足够的信息处理能力，以找到最有消费意愿的群体，并有能力针对这类消费者进行进一步的营销。

同时，由于消费者在购买网络产品的时候，存在的心理预期，网络产品的商家也必须通过各种途径向消费者传递信息，如商品网络的规模，以及自己产品未来发展的预期。所以在网络产品的竞争市场上，信息竞争成为商家竞争的主要手段。

二、从市场竞争到网络竞争

如果在传统市场中竞争者主要比拼的是产品的质量、价格等产品自身的属性，那么网络市场竞争者比拼的则是网络规模的大小。在传统市场中，类似于消费者网络的概念是市场占有率或者消费者数量，但和消费者网络相比，这种消费者数量并没有网络外部性，因而缺乏黏性，消费者选择该产品仅仅是因为认为这个产品优秀，但他们可以随时选择更好的产品。

正因为如此，虽然任何产品都希望占据最大的市场，但从竞争策略的角度来看，传统市场还是遵循先占据区域市场，再布局全国的策略。而网络市场则是相反，他们要先占据尽可能大的网络，在这个目标下，盈利问题甚至会放在后面再考虑，普遍的做法是先占领市场，再进一步锁定消费者，在消费者相对被锁定的基础上，再考虑盈利。所以类似于百度、QQ 等，前期采用免费的方式，甚至补贴消费者的行为来占领市场都不罕见。

在网络竞争中，不同产品的生产者，或者处于不同竞争地位的竞争者，都会面临不同的竞争策略，一些基于网络竞争的策略成为网络产品竞争的新态势，如用户锁定、转移成本的控制、兼容和标准等，这也是本部分重点讨论的内容。

三、从技术竞争到标准竞争

标准作为一系列技术和专利的集合，往往以两种方式呈现：一种是纯规范性的标准技术，如 3G 标准；另一种则是附着于产品，以产品的形式出现，如操作系统。后者也称为标准产品。

传统企业之间的竞争往往以产品竞争的形式出现，在这里，我们将服务也视为一种产品。再伟大的企业，也难免出现一些失败的产品，当然失败的定义有很多种。市场占有率低于竞争对手的产品是一种失败；市场占有率虽然高于竞争对手，但是未达到理想预期，也是一种失败；产品未获得预期的收益同样也是失败。

当然对于某些小企业来说，他们往往用企业来赌一种产品，而产品一旦失败，企业就可能破产或者退出某个市场。大多数情况下，一个产品的失败会让企业遭受损失，但未必致命，这取决于产品在企业战略中的地位、产品的投入及投入成本占企业投资收益的比例。大部分产品即使失败，也并不意味着企业无法从产品中获利，企业也可以通过降价促销等方式，从失败的产品中获得一定的收益来弥补成本。

然而在网络市场中的标准竞争，其情况则复杂得多，后果也残酷得多。标准技术或者标准产品往往都是一个开创性的或者代际性产品，意味着大量的时间、金钱和人力的投入，其研发成本不但巨大，而且往往都是以沉没成本的形式出现的。同时，由于网络外部性的存在，标准或者标准产品一旦失败，往往意味着完全退出市场，而不能像传统产品那样，还能够通过固守一些小的市场来获得一定的收益回报，如东芝公司在 HD DVD 的标准竞争中就因为失败损失了 1 084 亿日元。

传统企业如果一种产品失败了，他们同样可以借助下一种产品重新占领市场，但标准市场的情况则要复杂得多，其结果并不仅仅是标准产品退出市场。

任何产品都有其生命周期，当一个产品到了生命周期的后期，自然有新的产品取代它，标准技术或者标准产品也是如此。对于传统产品而言，如汽车或者手机，消费者已经使用了某品牌的汽车，那么当其面对下一代产品的时候，他并不一定会选择该品牌的下代产品，即使该品牌的上代产品是成功且消费者体验是满意的。至少对于消费者而言，他们的选择是自由的。

但网络产品在使用过程中，一个标准即将结束其生命周期的时候，那么一个新的、更高技术水平的标准将替代旧标准进入市场。新的标准同样会面临另一个阶段的标准竞争，一般来说，新的标准会以两种方式出现：一种是在旧标准基础上产生的新标准，另一种则是完全的新标准。

至少在网络产品市场，一个新的标准并不意味着只是一个单纯技术研发的结果，当一个企业已经有了一个占领市场的旧标准的话，新标准并不会只从技术的角度来研发，而需要包含大量的经济角度的考虑。

绝大多数的新标准都会在一定程度上进行向下兼容，即旧标准的用户即使使用了新标准，他在旧标准的一些投入仍旧可以延续下去。例如，VCD 的用户购买了新的 DVD 播放器，而 DVD 播放器同样可以播放 VCD 碟片，这就是向下兼容；新版本的 Office 软件可以打开旧版本 Office 软件建立的文档，这也是向下兼容。向下兼容意味着消费者在以前的投入可以在新的标准下保留，降低了消费者从旧标准到新标准的转移成本。

这种考虑并不仅仅局限于针对消费者，对于互补品的生产商而言，如果生产商针对旧标准已经投入了机器设备或者其他研发成本，标准生产商也会尽量让互补品生产商在不增加过多额外成本的情况下，为新的标准提供互补品。何况对于标准生产者自身而言，他们也希望能够充分利用旧标准的研究成果和专利。

因而技术研发并非是一个独立路径的过程，而是掺杂了大量的经济和市场考量的过程。可以想象，如果一个标准竞争的失败者，希望在第二阶段的标准获胜，他会面临至少以下几个挑战：

（1）消费者在使用旧标准的过程中，会累积转移成本，到了第二阶段的选择中，选择全新的标准的成本往往高于选择旧标准的升级。

（2）标准产品的互补品生产的厂商，基于旧标准的投入会不断增加，如研发和设备采购，他们转向全新标准的成本也会高于选择旧标准升级的成本。

（3）由于升级的标准往往都会和旧标准部分兼容，而选择新标准是一个循序渐进的过程，不可能所有的旧标准的使用者在一个时点全部选择新标准，因而旧标准的使用者也会给升级标准提供一定的网络外部性，虽然这个网络外部性要低于升级标准的网络外部性，但对于全新标准而言，升级标准天然具备网络外部性的优势。

（4）旧标准的拥有者因为在一个时段通过标准垄断了市场，这就意味着他们能够从市场获得大量的收益，同时也能够在这个过程中累积技术。

（5）固然全新的标准也可以通过兼容旧标准来降低旧标准用户或者互补品生产商的转移成本，但面临的问题是，由于旧标准是掌握在竞争对手手上，受到专利和技术的约束，无论从兼容成本还是兼容效果方面，全新标准和升级标准相比，都存在劣势。

如果在传统市场中，第一阶段竞争的失败者在第二阶段的竞争中，还可以和竞争对手几乎在一条起跑线上重新竞争的话，那么在网络市场，标准竞争的失败者他们会面临比之前标准竞争更加严峻的竞争局面。很难想象，如果一个标准的拥有者在相对对等的情况下尚且失败的话，会有多大的可能性在更严峻的下个阶段获胜。正因为这样，标准竞争就变得更加激烈，因为失败者要东山再起的可能性要小得多。也就是说，竞争者一旦失败，基本上就丧失了在这个领域获胜的机会。当 IBM 的金字塔操作系统在操作系统的标准竞争中输给微软的 Windows 操作系统以后，IBM 就再也没有尝试进入个人操作系统市场。这就是一个典型的例子。

当然，前面讨论的只是最为极端的情况，标准竞争的激烈程度取决于标准的技术含量、标准产品以及互补品生产的沉没成本、标准之间或者相关产品的兼容程度以及产品特性等种种因素的影响。但是，无论怎么说，网络产品之间的竞争激烈程度是要远远高于传统产品的。

四、从企业竞争到联盟竞争

当几个标准在市场上进行竞争的时候，自然也是一个争取消费者的过程。对于消费者而言，他们并不是选择一个标准，而是选择一个产品。消费者关心的只是产品是否有价值，而不是标准的各种技术参数。

一个标准要成为一个可以被使用的产品，需要大量的配件和互补品的生产商的支持，或者说，一个标准被使用，需要整条产业链的支持。例如，3G 标准被使用，需要芯片生产商、手机生产商、运营商等众多商家的参与才能够实现。

因此，对于网络产品而言，其竞争的不是单纯的标准或者单纯的网络产品，而是竞争不同网络产品的产业链。纵然有些企业足够强大到可以覆盖整条产业链，但这也不意味着其可以忽略产业链的其他企业。联合产业链的其他企业，甚至以联盟的形式一起介入网络产品竞争或者标准竞争，已经成为网络产品竞争的一种主流的方式。

在传统市场中，联盟也是同样存在的，联盟的好处在于技术共享、风险分摊等，在网络市场，联盟不仅仅具有传统市场的好处，同时具备更多的优势。其优势在于以下几点：

（1）将一个企业纳入联盟，也就意味着竞争对手少了一个合作伙伴，减少了对方的势力。

（2）充分利用联盟企业的网络外部性，当一个互补产品企业加入联盟后，其企业的消费者无疑极有可能成为自己网络产品的消费者，这是增加网络规模的重要途径。

（3）利用联盟企业的影响力来影响消费者预期。之前提到的，消费者在选择网络产品的时候，会对该产品未来的网络大小做出预期。这种预期是基于信息不完全的非理性的预期，消费者会根据各种因素进行预期，这种预期不会仅仅局限于产品和技术本身，因为消费者往往不是技术的专家，他们会通过其他因素进行预期，如对行业的了解、政府的政策、企业的宣传等。同时，生产产品的企业本身往往也是影响预期的一个重要因素，消费者往往会认为大的企业更容易获胜，因为大的企业应该具备更强的市场势力及技术和财力。那么当一个产品是以联盟的方式推出的话，消费者就会用联盟的实力来预测产品未来的发展，同样，他们一般认为大的联盟更容易获胜。因此，网络产品的生产者如果能够将著名的企业纳入联盟，无疑能影响消费者对产品的预期。

小结

网络竞争市场理论主要包括信息竞争、网络竞争、标准竞争、联盟竞争等。

概念与术语

信息竞争　网络竞争　标准竞争　联盟竞争

复习与练习

1. 网络竞争市场的运行特征主要有那些？
2. 阐述市场从产品竞争到信息竞争的转化。
3. 阐述市场从市场竞争到网络竞争的转化。
4. 阐述市场从技术竞争到标准竞争的转化。
5. 阐述市场从企业竞争到联盟竞争的转化。

第六章

网络经济下的企业策略

在开始对厂商的策略行为进行深入分析之前，需要明确以下几个问题。

首先，市场上厂商的竞争策略通常是一个完整的体系，不能割裂地看待它，之所以将其分类，是为了强调策略本身的不同侧重。这种划分并不是绝对的，也就是说，许多策略在一定程度上存在互补性和替代性。例如，对供给进行控制的策略与对需求进行垄断的策略在多数情况下也都会产生积极的正反馈效应，那为什么不把这些策略都归结到一起呢？这是因为积极的正反馈效应是直接导源于网络外部性的，所以与网络外部性紧密相关的策略（如标准、兼容等策略）才被看做同一类策略。明白这一点有助于避免对某些策略的狭隘认识。此外，这种划分还有一个局限，就是不能够面面俱到，某些策略可能没有在此提到。

其次，策略不是具体的解决办法，实际情况往往是千变万化的，不结合具体问题、具体环境，生搬硬套地运用策略是很难获得成功的。这一点在讲到具体策略的时候，会有详细的分析。

最后，目前有许多讨论网络经济策略的书籍，其中许多策略的研究模式可以归结为成功案例的经验总结加上对未来的大胆预测，这种模式看上去说服力很强，不过他人的成功策略并不一定适用于自己的情况，问题可能在于：成功案例是从个别的角度去分析问题，因而由此得出的结论很难指导其他的具体情况。如果能够在立足经济学的基本原理同时，结合网络经济自身特点，总结出比较具有一般意义的策略，则可能更具有普遍的指导意义，实际效果也可能会更好。当然，这也是编者在研究中所遵循的一项重要原则。

第一节　大数据的使用

【内容提要】

本节主要介绍大数据的使用，包括大数据的概念、发展趋势、应用等。

【学习要求】

1. 掌握大数据的概念和特点。
2. 了解大数据的产业应用。

寻找高支付意愿的客户是网络产品市场一个首要的任务，如果一个网络产品能够精准地定位消费者，并针对该类消费者进行营销，吸引消费者加入，那么网络规模才可能在短时间内迅速扩大。

传统式市场细分往往是通过一些可获得或者可观察到的特性对消费者进行分类，如通过职业、年龄、地域、性别等进行分类。我们往往认为相同分类的消费者具备一定相似的属性，如我们认为年轻人喜欢新鲜但又价格便宜的商品，医生、律师等属于有一定消费能力的群体，等等。

但是，随着网络市场范围的扩大，以前的市场分类方式一是过于粗糙，二是信息获取更难，三是针对性营销更为困难。因此，网络市场需要更加精准的消费者甄别方式。

相对于传统市场而言，网络市场一个更大的优势是能够获得更多的数据，对于数据的接收、传递和处理能力大大提高，信息系统的应用范围更加广泛，应用内容更加全面。我们工作生活的环境，已经从以前的数据匮乏时代迈向了数据爆炸的大数据时代：用户单个数据集达到数以 TB（terabyte）计，有的用户甚至已达到 PB（perbyte）级（1 000TB）。随着获取的数据越来越多，针对这些大数据的开发和应用已经成为商界关注的热点。

一、大数据概念与特点

早在 2008 年，*Nature* 就出版了《大数据》（*Big Data*）专刊；2009 年 5 月，联合国全球脉动（Global Pulse）项目发布《促进发展的大数据：挑战与机遇》（*Big Data for Development: Challenges & Opportunities*）；2011 年著名咨询公司麦肯锡发布的一份名为《大数据：创新、竞争和生产力的下一个新领域》（*Big data: the next frontier for innovation, competition, and productivity*）的报告；2012 年 4 月欧洲信息学与数学研究协会会刊 *ERCIM News* 也出版了 *Big Data* 专刊。而在我国，较早系统提及大数据的概念是在 2012 年 5 月，香山科学会议组织的以“大数据科学与工程——一门新兴的交叉学科？”为主题的学术讨论会。

从字面上理解，大数据就是海量的数据①。按美国易安信数据公司的界定，其中的“大”是指大型数据集，一般在 10TB 规模左右；多用户把多个数据集放在一起，形成 PB 级的数据量；同时这些数据来自多种数据源，以实时、迭代的方式来实现。IBM 把大数据概括成了三个 V，即大量化（volume）、多样化（variety）和快速化（velocity）。大数据通常与 Hadoop、NoSQL、数据分析与挖掘、数据仓库、商业智能及开源云计算架构等诸多热点话题联系在一起。这也容易造成误解，使人认为大数据无非是数据量的增加，其影响不过是对计算机硬件、软件和网络的要求更高些而已，工作本身的性质并

① 许小乐认为大数据不是指海量数据，而是以数据为大的意思。但大部分观点还是认为大数据就是指海量的数据。

无多大变化。但实际上，大数据更多的是处理半结构化数据和非结构化数据。

非结构化是大数据中数据的基本特征。这类数据典型的特点是杂乱、零散、无明显规律，存在很大的数据噪声。举个例子，一个手机的销售网站，有两个客户：一个人先选择了价格区间，然后选择了某品牌的某款手机；另一个人先选择了该品牌，再选择了这款手机。从结果来看，两个人都购买了同一款手机，但是二者属于不同类型的消费者。如果网站可以获取到两个人上网的路径，就可以清晰地定义消费者的类型，而不是根据两个人的职业、年龄、性别等传统地去分类。

同时，如果不同网站的数据可以共享的话，网站就可以很容易找到潜在的消费者，如装修设计网站的消费者，往往也是潜在的装修器材和家具的消费者。但诸如此类的数据往往都是半结构化或者非结构化的数据，这都需要厂商有适合的大数据的处理能力，才能够更为精准地获得消费者的信息，并针对特定的消费者进行营销活动。所以大量的非结构化数据是大数据的表现形式和外在特征，而广义上，大数据的本质，是个性化、异质化数据的总集和。淘宝目前每天活跃数据量已经超过 50TB，共有 4 亿条产品信息和 2 亿多名注册用户在上面活动，每天超过 4 000 万访问人次。大数据的作用就是把这些数据采集进数据仓库中，然后用分布式的技术框架（如 Hadoop），对非关系型数据进行异质性处理，通过数据分析与挖掘，发展一对一的商业智能，这就要依靠大数据产生的商业附加值和竞争力。

二、大数据应用案例

美国零售企业商西尔斯为了实现“向实时的数字化企业转变”这个目的，采用了开源软件 Hadoop 进行大数据分析。Hadoop 可以在低成本的跨平台服务器运行，并以多种不同数据格式存储，同时，它也可以快速地分析海量数据，远远超越了常规数据库所能处理的量级。这也是业界比较常见的处理大数据的工具之一。

西尔斯公司将大量信息关联起来（从某个商店某件商品的所有数据，到该产品在竞争对手中的价格情报，以及相关的当地经济状况等各方面信息），来制定最终价格。对于零售商来说，理解价格、价格弹性及销量三者之间的相互关联度具有重要作用。过高的价格会导致销量减少；反之如果价格过低，利润就会很少，而且库存也会不足。在实际分析中，通过与竞争对手的分析比较，西尔斯能够做到精确地计算价格弹性指数，从而获得销量和利润的最大化。对于实体零售行业而言，大数据能都帮助其在电子商务的时代里站稳市场。当前，电子零售模式使实体商店成为一种风险，精准的服务、动态价格以及店内经验是这些实体零售商争夺他们原有市场的有力战略工具。

对于传统行业而言，创建动态价格体系是一个巨大的挑战， 因为他们的系统一直都是运营在旧式的大型机系统之上的。对于大型机处理数据所需要的巨大的成本和时间，西尔斯公司花费了八周的时间，运行价格弹性算法，才计算出商品合适的价格区间。通常，零售企业仅仅使用大约 10%的收集数据，否则将耗费更长的时间以及更大的成本。而西尔斯公司使用的大数据分析工具（Hadoop）可以节省更多时间和处理更多的数据，公司首先把数据从大型机上载到 Hadoop 服务器，然后运行相应的算法来分析数据，再把结果传回大型机，这样零售商就能百分之百地使用他所收集的数据，并且，西尔斯公司计算价格弹性只需一周，而非八周的时间。有些定价的算法甚至更短时间就可完成。西尔斯公司基本可以在短时间提供客户想要的定制化价格和服务。现在西尔斯公司的老客户可以收到公司为他们量身定做的优惠券，根据顾客所居住的地区、在那家商店的存货、西尔斯公司认为那些客户感兴趣的商品及有多少商品是那家商店想要清仓的等信息，每张折扣比例都不同。例如，假设正有一场暴风雪吹向某个区域， 而西尔斯公司在这个区域的店面里还有很多库存的吹雪机，那么西尔斯公司就会给居住在附近的积分卡会员发送吹雪机的促销折扣券。

小结

1. 大数据具有 3V 的特点，即大量化(volume)、多样化(variety)和快速化(velocity)。
2. 非结构特征是大数据的主要特点，也是开发应用的主要难点。

✲ 概念与术语

大数据

复习与练习

1. 大数据的主要特点是什么？
2. 举例大数据在产业中的应用。

第二节 长尾理论

【内容提要】

本节主要介绍长尾理论的基本概念，揭示其内在蕴含的经济原理，详细阐述长尾理论实现的具体条件，并列举出运用长尾理论取得巨大成功的国内外案例。

【学习要求】

1. 掌握长尾理论的基本概念。
2. 掌握长尾理论的内在原理。
3. 掌握长尾理论实现的必要条件。
4. 了解国内外成功运用长尾理论取得巨大成功的案例。

一、长尾理论的概念

长尾理论（long tail effect），又称为长尾效应，是在美国《连线》杂志总编辑克里斯·安德森（Chris Anderson）于2004年发表的《长尾》一文中首次提出的。起初是用来阐述类似于亚马逊和Netflix网站的商业经营模式的，后来推广到其他领域的研究。之前，人们主要利用二八定律来界定市场主流，再进行投入与产出效率的计算，这最早来源于1897年意大利经济学家帕累托所提出的观点，即20%的人群占有整个社会80%的财富。传统的营销策略借鉴该观点，把主要精力放在能创造80%收益的20%的消费群体上。与之对应，那些在80%的商品上创造20%收益的消费群被商家忽略，而长尾理论正是指出被忽略的 80%的商品往往能够带来超过主流商品的销售利润。正如克里斯所说，“我们一直在忍受这些最小公分母的专制统治……我们的思维被阻塞在由主流需求驱动的经济模式下”，而长尾理论实际上与传统的二八定律完全背离。长尾理论是指在一定的条件下（产品的存储和流通的渠道很大），市场销量不佳或需求不旺的产品所共同占有的市场份额能过达到甚至超过少数热销产品所占的市场份额，即众多小市场汇聚可以产生与主流市场相抗衡的市场能量。如图6-1所示，图中长尾部分的商品是长尾理论所针对的商品类型。

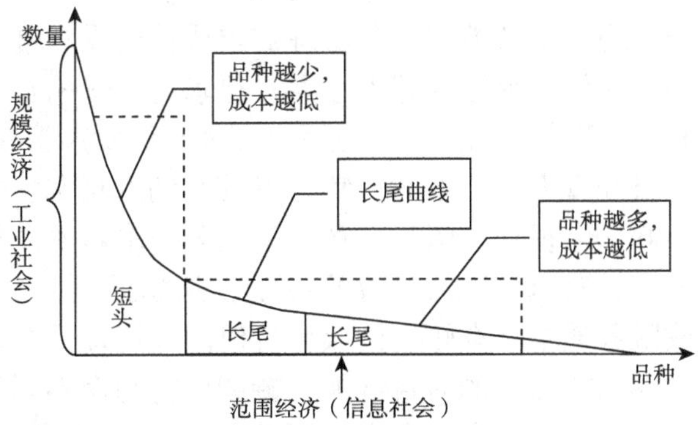

图6-1　长尾曲线

二、长尾理论的内在经济原理

（一）边际成本递减规律与边际效益递增规律

1. 边际成本递减规律

在传统经济时代，主要采用大规模、粗放的外延式途径来扩大生产，促进经济增长主要通过提高劳动生产率来实现，但往往受到资源稀缺、规模狭小和技术水平低的限制。长尾理论采用定制模式满足众多小市场，以此实现经济规模性，主要是长尾理论的新生产方式以技术为主要动力、以人的智慧（思想、主意和决断能力）统领技术、以共融的方式整合企业内外的人和社会的力量，充分利用知识生长率（即生产知识，把知识转化为技术，借此提升产品的效率）的特性，改变了传统经济大规模粗放式的生产方式，形成内生性增长模式。

首先，互联网产业一般初始固定投入较高，但随后的边际投入低，这使边际成本呈现递减规律。信息、知识等共同的生产要素在不同生产过程之间的转移几乎可以零成本完成，这使几乎所有的生产要素成本皆呈递减趋势。在此基础上，生产信息化程度的不断加深，使整体的平均可变成本不断下降。

其次，网络市场可以实现销售零成本。借助数字编码化，通过网络本身完全无重复地扩散和降低营销成本（接触人群的扩大，分担了成本）， 有效地提高了长尾市场的流动性。这种高效的流动性带来了更多的消费，有效地提高了市场需求曲线，并扩大了曲线尾部的面积，从而实现占有高市场份额的目标。

2. 边际效用递增规律

首先，长尾产品的定价具有外部性。传统经济中价格决定需求，商品价格越高，需求就越少。在长尾新经济条件下则相反，一种商品或服务的价格随着用户数量的增加而剧增，而这种价格的剧增反过来又吸引更多的用户，从而产生了聚合效益，这就是新经济的外部性。有的经济学家甚至认为这是“新经济”区别于“旧经济”的根本标志。这种“外部性”在名牌消费、信用消费、网络消费中尤为显著。

其次，长尾产品能够通过了解消费者的心理需求或社会需求进行产品效用的创新。社会生活节奏越来越快，人们逐渐进入感性世界，追求自身快乐至上的效用诉求愈发强烈，持续追求个性化消费。湖南卫视推出的选秀节目《超级女声》，迎合流行文化的审美时尚，结合传统综艺节目和真人秀二者的优势，以其互动、真实、煽情及低门槛的全新模式，创造了一个赞助商、电视台、唱片公司、演艺公司多赢的文化奇迹，充分体现草根文化自我表现、追求情感宣泄和压力释放的强烈心理需求。

最后，长尾产品或服务通常具有较高的效用价值。长尾理论挖掘传统市场边界之外的潜在需求，不断改进商品或服务的质量性能，持续保持与众不同的差异性，不断给人们以焕然一新的感受，从而不断提高消费者效用的满足程度。而且，该价值中包含的个人知识成分往往比较高。消费者拥有的知识越多，对知识的需求就越多，而拥有一定的知识后，就会对掌握更多的知识产生更为迫切的需要，以形成知识的累积效应。

（二）范围经济与规模经济

实际上，在安德森的长尾理论中，短头就是规模经济，长尾就是范围经济。规模经济就是品种越少，成本越低；范围经济就是品种越多，成本越低。规模经济通向单一品种大规模生产；范围经济通向小批量多品种生产。长尾理论实际讲的就是如何从单纯依靠规模经济，逐步转向依靠范围经济。

1. 产品需求的范围经济效应

首先，效用与需求的正向关系决定需求曲线向右上方倾斜。需求曲线向右下方倾斜是经济学的一个基本假设之一，其意指需求量与价格负相关。长尾理论通过摆脱现有市场中与对手的竞争博弈，挖掘其他蕴含庞大需求的利基市场，进入全新的领域。在此过程中，商品或服务所蕴含的效用价值成为影响需求的决定性因素，而价格蜕化为次要因素。换句话说，在长尾市场里，消费者更多关心的是效用价值，而不是价格。

其次，范围经济属于特殊形式的长尾经济，但长尾经济不能完全等同于范围经济。长尾经济专注于各种不同的消费需求，不是瞄准现有市场高端或低端顾客，而是挖掘热门市场之外的潜在需求的买方大众；通过细分市场、注重区分消费者的差别来满足顾客偏好，致力于大多数客户的个性化需求；通过整合这些市场和不同需求的共同之处来重新定义自己的产品。与范围经济相比，长尾的范围经济不限于同一企业内部，可以是产业集群，也可以是非地域性的全球协作。长尾经济甚至可以不是范围经济，而是差异化经济、个性化经济、创意经济等异质性的经济。

最后，引导用户去探索，通过用户的个性化需求拉动产品消费。长尾理论通过在大众化产品之外提供众多的个性化定制，从而做到区别对待每一位个体的客户，这就是推动型模式与拉动型模式之间、广泛性与个性化口味之间的差别。例如，大众点评网充分展现了推荐的价值，它使那些低成本电影和非主流音乐能够找到自己的观众群，是娱乐业一种有效的营销方式。推荐能让消费者得到性价比更高的、信息更准确的商品，激发他们进一步探索的兴趣，从而创造一个更大的娱乐市场。

2. 供给的规模经济效应

首先，长尾产品是向右下方倾斜的供给曲线。一般产品的供给曲线都是朝右上方倾斜，供给量与产品价格呈同向关系。长尾理论认为，价格作为第一影响因素的地位已经被成本取代，生产者更关心的是产品成本的多与少，而不是价格的高与低。成本越低，则供给越多，反之，成本越高则供给越少，两者呈反向背离关系。

其次，长尾产品供给具有正向回馈经济效应。传统的大规模生产是生产方规模经济，是一种负向回馈经济，是一种牛顿式的制衡系统，是市场通过价格调整来恢复供需平衡的机制。长尾经济则是一种达尔文式的制衡系统，当需求增加时，生产将具有更高的效率及更高的报酬，效率的提高导致价格下降，从而创造了更高的需求，更高的需求又创造更高的供给，这是一种正向回馈经济。正回馈与正外部性是需求方规模经济的基础，正回馈从需求角度理解就是需求曲线向右上方倾斜，即消费越多需求越大。

最后，长尾理论是个性化、差异化产品供给下的规模效应。传统经济理论认为，提高经济效益的根本途径是规模经济效应，即扩大生产规模，优化资源的配置，降低产品单位成本，扩大市场所占份额，但市场达到一定规模后，边际成本呈现出递增规律。长尾理论向产品供应商灌输了这样一个理念，即在消费需求日益多样化的今天，应当重视消费者的个性化、差异化需求，并在低成本生产、渠道营销和有效传播方面加大力度满足这个需求。一方面要满足消费者个性化需求；另一方面要思考如何实现企业的增长模式，降低成本。

三、长尾理论的实现条件

当然，这种范围经济的实现必须具备一定的条件：商品储存流通展示的场地和渠道足够宽旷，商品生产成本急剧下降。具体来说包括以下几点。

1. 管理成本较低，甚至为零

长尾理论统计的是销量，并非利润，管理成本是其中最关键的因素。销售每件产品需要一定的成本，增加品种所带来的成本也需要分摊，所以每个品种的利润与销量成正比，当销量低到一个限度就会亏损。理智的零售商不会销售引起亏损的商品。超市通过降低单品销售成本，从而降低每个品种的止亏销量，扩大销售品种。为了吸引顾客和营造货品齐全的形象，超市甚至可以承受亏损销售一些商品，但迫于仓储、配送的成本，超市的承受能力是有限的。互联网企业可以进一步降低单品销售成本，甚至没有真正的库存，而网站流量和维护费用远比传统店面低，所以能够极大地扩大销售品种，如亚马逊就是如此。而且，互联网经济有赢者独占的特点，所以网站在前期可以不计成本、疯狂投入，这更加剧了品种的扩张。

2. 消费群体的低门槛、广分布

要使长尾理论更有效，应该尽量增大尾巴，也就是降低门槛，制造小额消费者。不同于传统商业的拿大单、传统互联网企业的会员费，互联网营销应该把注意力放在把蛋糕做大上。通过鼓励用户尝试，将众多可以忽略不计的零散流量，汇集成巨大的商业价值。Google Adsense 就是这样一个蛋糕制造机。之前，普通个人网站几乎没有盈利机会，Google Adsense 通过在小网站上发布相关广告，带给人们一种全新的低门槛的盈利渠道，同时把众多小网站的流量汇集成统一的广告媒体。

3. 产品的边际成本递减

使用长尾理论必须小心谨慎，保证任何一项成本都不随销量的增加而激增，最差也是同比增长，一般要求边际成本呈现递减的倾向。否则，长尾商业模式将会走入死胡同。最理想的长尾商业模式是：成本是定值，而销量可以无限增长。这就需要可以低成本扩展的相应配套基础设施。

4. 生产工具和传播工具的普及

由于相关技术的获取门槛低，淘宝网商家能够根据消费者的需要进行个性化服务。同时，代工厂的兴起使部分商家充当类似于代理商的角色，商家不是通过低价进货，高价售出获得收益，而是只向消费者推销商品，并由工厂直接发货给消费者，商家从销售中获得提成。因此，商家是不存在存货成本的。另外，各类网络销售平台充当着传播者的角色，为商家提供了网络销售的巨大舞台。在网络销售模式下，大大降低了产品或服务的接触成本，提高了长尾市场的流动性。

四、长尾理论的案例应用

各种网络商城的兴起，很好地印证了该理论。智能终端（手机、个人计算机、平板等）的普及，使内容生产普及，廉价的生产得以实现；互联网传播工具的普及，使消费和营销成本显著下降；搜索引擎把低成本的产品和少量可能的无限需求迅速连接起来，使需求曲线向尾部移动。美国亚马逊网上书店是长尾理论应用的典型案例，亚马逊网上书店成千上万的商品书中，只有一小部分畅销书能占到总销售量的一半，而另外绝大部分的书虽说单本销量小，但凭借其种类的繁多，积少成多，也能占到总销量的一半。公司员工用一句话形象地概括了其长尾本质："我们所卖的，那些过去根本卖不动的书，比我们所卖的，那些过去可以卖得动的书多得多。"2004 年美国图书销量调查显示（表 6-1），单本销量低于 999 册以下的图书，由于其品种巨大，总销量远超过单本销量 1 000 000 册以上的图书，这就是亚马逊网上书店成功的真正奥秘。近年盛行的余额宝、财付通等金融理财产品就是聚集零散的资金，积少成多。以余额宝为例，最高七日年化收益率达 6.76%，远高于同期银行存款收益率，虽后来受到银行政策变动的制约，收益率逐渐下降，但其内在的原理就是长尾理论。

表 6-1　2004 年美国图书销量调查表

销售范围/册	品种数/种	总销量/册
1 000 000 以上	10	17 396 510
500 000~999 999	22	13 798 299
250 000~499 999	64	22 252 491
100 000~249 999	324	46 932 031
50 000~99 999	767	51 858 835
5 000~49 999	23 047	280 000 591
1 000~4 999	67 008	149 093 614
100~999	202 938	69 548 499
99 以下	948 005	14 346 417
合计	1 200 000	665 227 287

1. 亚马逊网上书店《触摸巅峰》的销售案例

1988 年，英国登山家 Joe Simpson 写了一本名叫《触摸巅峰》的书。该书讲述了在秘鲁安第斯山脉发生的一次与死神擦肩而过的登山事故。这本书颇受好评，但不太畅销，并很快就被人们淡忘了。可十年后，有趣的事发生了。Jon Krakauer 写的一部描写登山悲剧的书——《进入稀薄空气》成为畅销书。突然间读者又开始对《触摸巅峰》产生了兴趣，为满足读者要求，Random House 出版社立刻再版该书。图书销售商把《触摸巅峰》放在《进入稀薄空气》旁边来促销，《触摸巅峰》越卖越火，来年一月，该书的简装版再版，并连续高居《纽约时报》畅销书排行榜 14 周之久。同年，IFC 制片公司出品了以该书为背景的纪实片，备受好评。到 2009 年，《触摸巅峰》的销售量超过《进入稀薄空气》一倍还多。

这到底是如何发生的呢？是亚马逊网上书店的推荐造成了这个现象。亚马逊网上书店的软件注意到不少喜欢《进入稀薄空气》的读者也喜欢《触摸巅峰》，就向购买《进入稀薄空气》的所有读者推荐《触摸巅峰》，读者接受了推荐，并且真的觉得这本书很好。一时间，网站的留言好评如潮，图书的销量因此进一步增加，这就带来了更多的好评，形成正反馈效应。通过把无限多的产品种类、实时的购买趋势和用户评价结合起来，亚马逊网上书店创造了一个把《触摸巅峰》由绝版书变成畅销书的奇迹。

2. 阿里巴巴与淘宝网的兴起

阿里巴巴在 1999 年成立于中国杭州，通过旗下三个交易市场协助世界各地数以百万计的买家和供应商从事网上生意。三个网上交易市场包括：集中服务全球进出口商的国际交易市场，集中国内贸易的中国交易市场，以及透过一家联营公司经营、促进日本外销及内销的日本交易市场。此外，阿里巴巴也在国际交易市场上设有一个全球批发交易平台，为规模较小、需要小批量货物快递付运的买家提供服务。到 2012 年所有交易市场形成一个拥有来自 240 多个国家和地区超过 6 100 万名注册用户的网上社区。

阿里巴巴集团于 2003 年 5 月 10 日投资创办了淘宝网。淘宝网目前业务跨越 C2C（consumer to consumer，消费者对消费者）、B2C（business to consumer，商家对消费者）两大部分。经过 6 年的发展，截至 2009 年年底，淘宝网拥有注册会员 1.7 亿，交易额达 2 083 亿元，2010 年达 4 000 亿元，是亚洲最大的网络零售商圈。

小结

1. 长尾理论就是指在一定的条件下（产品的存储和流通的渠道很大），市场销量不佳或需求不旺的产品所共同占有的市场份额能过达到甚至超过少数热销产品所占的市场份额，即众多小市场汇聚可以产生与主流市场向抗衡的市场能量。

2. 长尾理论体现了边际成本递减规律和边际效用递增规律，是范围经济与规模经济的完美结合体。

3. 长尾理论的实现需要产品管理成本低，消费人群门槛低、人数众多，成本递减，销售渠道广，传播和生产工具普及等条件。

4. 美国亚马逊和中国阿里巴巴的成功充分体现了长尾理论的重要性。

✲ 概念与术语

长尾理论　二八定律　边际成本递减　边际效用递增　范围经济　规模经济

复习与练习

1. 长尾理论的基本概念是什么?
2. 长尾理论的内在原理包括哪些?
3. 长尾理论的实现需要具备哪些条件?
4. 除本书列出运用长尾理论取得成功的企业案例，请举出其他具体案例，并阐述其具体是如何发挥长尾理论作用的。

第三节　战略锁定策略

【内容提要】

本节主要阐述了在网络经济下购买者与销售者各自的锁定策略。首先分析了转移成本与锁定的关系以及安装基础与锁定的关系。其次分别介绍了买卖双方的锁定策略。买方的锁定策略基本上分为两类：一类侧重于如何避免锁定的发生，防患于未然，主要包括选择标准产品、选择权开放两种手段；另一类侧重于在锁定发生以后，如何减少转移成本带来的不利影响。卖方的锁定策略主要包括建立安装基础的策略和利用安装基础的策略两类。

【学习要求】

1. 掌握转移成本、锁定、安装基础等有关锁定策略的基本概念。
2. 理解买卖双方锁定策略的一般应用，并能够对一些锁定案例进行基本的理论分析。

前文已经简要地介绍了锁定与转移成本的概念，为了更好地对锁定现象进行分析，从而提出更为切实可行的策略，有必要先对相关的概念作进一步探讨，如应该如何理解转移成本问题、安装基础问题。然后在客观分析的基础上，分别提出企业在作为买者和卖者两种不同情况下相应的策略，使企业既能够避免被锁定的困境，又能够充分利用锁定为企业带来的好处。

一、转移成本与锁定的关系

当顾客从一种品牌转移到另一种品牌的成本非常高时，就会面临经济学上所谓的锁定现象。显然，锁定来源于转移成本，它使被锁定者的未来选择受制于当前的现实。由于网络的特殊结构，转移成本在网络环境中具有更重要的意义。转移成本衡量了消费者被其供应商锁定的程度，因此，企业在寻求新消费者的时候，需要了解他们转移成本的构成，这样企业就可以针对不同的转移成本制定策略，从而协助消费者顺利实现产品的转移。

转移成本并不是网络经济的产物，它在传统经济下也有体现，只是在网络经济下它的作用变得愈发明显，使厂商和消费者都不能再忽略它的存在。例如，在宝马和奔驰两个品牌的轿车之间进行驾驶转换，就使用习惯而言，并不会给消费者带来很大的麻烦，但是，在 Windows 和 Linux 这两个操作系统之间进行转移情况就会发生变化：消费者不仅需要改变所有文档的格式及应用软件，更重要的是，还得花很多的时间和精力去适应和学习新的操作系统。也就是说，消费者此时将面对很大的转移成本，正是由于转移成本的存在，那些最初选择了 Windows 操作系统的消费者很可能就失去了今后选择其他操作系统的机会，换句话说，这些消费者被 Windows 操作系统锁定了。

总的转移成本包括整个社会为了实现转移而需要付出的代价，可以分为社会转移成本和私人转移成本两类。事实上，不仅顾客自身在转换品牌时需要承担转移成本，而且获取该顾客的新供应商也需要承受转移成本，因此，一位顾客的私人转移成本和新供应商承担成本之和，包括在最初采用的技术中所含的沉没成本、转向用新网络所需要的支出。而社会转移成本可以通过市场主体当前正在享有的网络外部性与预期从转移中可以获得的潜在网络外部性进行对比得出。

需要强调的是，转移成本是一个动态的概念，从顾客购买产品开始到进行下一次产品转移为止，转移成本是在不断变化的，因此，要把转移成本放在整个锁定周期当中进行考虑，转移成本在不同时期是不一样的。认清这一点有利于对转移成本进行正确地测量。转移成本的变化趋势与转移成本的类型密切相关。例如，在信息存储和技术培训方面的转移成本，通常是随着时间的推移而增加的；在产品折旧、高级的耐用设备方面的转移成本则往往是随着时间的推移而减少的。

二、安装基础与锁定的关系

安装基础简言之就是企业销售给购买者的，能够发挥锁定作用、产生转移成本的产品（或服务）。对于销售商来说，安装基础可以视作他的一项重要资产。这里所谓的资产不是通常意义上（即正式的资产负债表）的为企业所拥有或控制的资源，这些资源通常归购买者所有，并且由购买者控制和使用，但是，这些资源除了能够为购买者带来收益之外，还可以为销售商带来可观的预期收益，销售商可以通过对安装基础的系统升级、出售相关的互补产品、垄断关键技术（如产品开发平台）等方法获取高额收益。

企业对自己产品的消费者采取怎样的策略有赖于企业对安装基础的评价，如果安装基础预计能够为企业带来巨大的收益，则企业应该协助消费者建立安装基础，并且通过该安装基础不断地增加消费者潜在的转移成本，消费者就不能轻易地进行转移，因此，对消费者安装基础的评价就显得十分重要。通过预计安装基础，企业可以决定以怎样的形式进行销售、以怎样的形式吸引更多的消费者。

在网络经济下，信息技术的高度发达使经济以网络的形式组织起来。对数字产品生产商来说，安装基础具有更加重要的意义，拥有大量的安装基础不但意味着众多的用户和潜在的收益流，而且会使网络效应发挥得更充分。

三、销售者的锁定策略

购买者和销售者的锁定策略是紧密联系的。一方面，两种策略是对立的。购买者锁定策略的中心就是避免锁定，最大限度地降低转移成本；而销售者锁定策略的中心就是通过提高购买者的转移成本，来实现对购买者的锁定。另一方面，两种策略又可以在某种程度上实现协调。原因很显然，虽然总的转移成本由购买者和销售者的转移成本构成，但锁定并不是买卖双方的一种零和博弈，只要买卖双方能够有效地协调配合就完全有可能实现双赢。

1. 建立安装基础的策略

品质卓越的产品往往会在短时间内迅速建立起一个顾客安装基础，但这种自然产生锁定的超群技术并不多见，在多数情况下，企业需要依靠良好的经营管理来建立和保持一个稳定的安装基础。争夺安装基础的竞争是异常激烈的，在这个过程中，企业需要用大量的投入去争取顾客，不愿意或不能对顾客做出让步的企业很难在竞争中占取优势。企业应该将建立安装基础的投资成本与来自安装基础的可能收益进行对比，确定对企业最有利的投资规模。企业还要计算出不同顾客的价值，并据此调整所提供的产品。

1）评估顾客的价值

对不同类型的潜在顾客进行价值评估是建立安装基础的关键一环。因为对锁定的最终分析取决于预期收益的现值，而不仅仅是当期的收益。企业可以评估在一定时期内向一名顾客出售产品所获得的利润，并据此推算出其安装基础中顾客的价值。

安装基础对于顾客的锁定价值由两部分构成，即该顾客的转移成本加上基于产品质量和成本的竞争优势，对安装基础进行量化有助于企业在争夺新顾客的时候进行产品定价。要把每个已经被锁定的顾客当做一项有价值的资产，这样才能决定应该投入多少以吸引新的客户。在这种情况下，反映过去交易情况的财务会计报表的作用有限，重要的是把各种类型的顾客放在整个锁定周期之内进行个别分析。

当然，根据从顾客安装基础中获得的利润来指导吸引新顾客的投资策略是不妥当的，因为新旧顾客在诸多方面存在差异。一般而言，先到的用户要比后来用户的支付意愿更强，因为前者往往更需要该产品。因此，从安装基础获得的收益不宜作为评估新顾客的指标，但这有助于确定对竞争对手的反击力度。

2）获取超正常回报

锁定并没有改变传统的竞争理论，只是在形式上有所不同而已。在完全竞争中，竞争会导致价格推向趋近于产品边际成本，使超额利润趋向于零，这种情况也体现在锁定中。在锁定存在的情况下，如果竞争对手之间相差无几，那么竞争会迫使企业向顾客提供非常优惠的初期条件，因此，企业在吸引新顾客时会进行大量投资，这样盈利在整个锁定周期都不会超过一般的投资回报率。在建立安装基础之后所获得的可观的利润只是对建立安装基础的初期投资的正常回报，所以后来获得的利润要放到整个锁定周期进行分析比较。

在锁定市场中获得超额回报的策略与其他市场没什么本质区别，也是要通过产品差异化提供更好的产品或者利用成本优势获得更高的效率。不过，在网络经济下的锁定市场中，为保证能够从安装基础中获得超额利润，企业必须设法增加顾客的转移成本。企业花费了很大投资才吸引到的顾客如果仅面临非常低的转移成本，那么企业指望从他们身上获取超额利润的企图就会失败。因此，对顾客的转移成本要有一个准确的估计，从而算出从顾客身上获得的期望收益以及相应的初期投资。

当然，消费者的转移成本并非是一成不变的，因为企业的竞争对于会想办法降低企业消费者的转移成本，从而使消费者更容易转移。这也就意味着企业建立的安装基础也并非总是稳定的。

企业在初步建立了顾客安装基础之后，就要培养他们对品牌的忠诚度，确立产品在他们心目中的地位。这需要对企业与顾客的关系做出规划，通过影响顾客的转移成本规模、提供增值的信息服务等方式进一步密切两者的关系。由于互联网的发展和信息技术的进步，市场定位更加方便、有效并且经济，这导致信息查找、评估和学习使用新产品的转移成本大幅度下降，所以，人为地增加转移成本就显得很有必要。例如，网络公司常常采取会员注册制度，并把会员分成不同的等级，然后针对不同的等级给予不同的优惠。这样顾客在更换品牌时所放弃的优惠就构成了一项重要的转移成本。类似的措施可能会将传统的市场转变为锁定市场。

2. 利用安装基础的策略

在销售方企业建立了具有转移成本的顾客基础之后，需要充分利用它所拥有的垄断地位向其所建立的安装基础销售互补产品，此外，企业还可以向其他的销售商出售接入自己安装基础的机会。

1）销售互补产品

对安装基础销售互补产品是销售方企业利用安装基础的最主要形式，甚至在有些情况下，企业建立安装基础的主要目的就是要销售它的互补产品，因为对于部分产品而言，它们的互补产品往往是企业利润的主要来源。例如，电信企业为了大规模地建立安装基础，不惜成本免费赠送通信设备。其中的原因就在于企业清楚地知道它的利润来源主要在于其互补产品——通信服务的收费，在建立安装基础过程中的花费是能够通过互补产品的销售来予以弥补的。因此，许多企业都积极地以各种优惠方式把顾客锁定在某种产品之中，从而通过销售利润很高的互补产品来获取盈利。

顾客购买产品之后就可能被锁定在对该产品的互补（或辅助）产品或服务的购买上，如大型耐用设备的维修、软件程序的升级或功能扩展都属于这种情况，所以，在锁定市场中竞争的企业都试图去扩大这些锁定互补产品的范围以压倒对手。这种向安装基础销售互补产品的策略，经过众多成功案例的证实，被认为是有利可图的，而且也是切实可行的；另外，这种策略实际上还增进了卖方与顾客的关系，有助于企业产品品牌的进一步确立。

数字产品所特有的成本结构使产品价格与边际成本的比率很高，因此，企业可以通过占领其互补产品的市场达到获利的目的，也就是说，不一定要靠这些产品本身的垄断价格去获取利润。至于互补产品本身是否会导致锁定，并不影响本策略的运用。充分利用安装基础出售互补产品的典型案例就是微软公司，它在销售运行于 Windows 操作系统上的应用软件时就有效地做到了这一点。微软虽然垄断着 Windows 操作系统软件的市场，但是，它没有利用这一点从 Windows 操作系统软件的销售中获取垄断溢价，事实上正相反，Windows 操作系统软件的价格一降再降。原因就在于微软意识到如果它能够通过操作系统的销售建立一个庞大的顾客基础，那么它就可以利用销售互补产品——应用软件（当然是运行在 Windows 操作系统中的）的手段赚取更大的利润。实践证明，应用软件的销售不但给微软带来丰厚的利润，而且进一步确立了 Windows 操作系统的统治地位。

能够成功地提供和销售具有吸引力的互补产品组合的公司将会在锁定市场中占有极大的优势，因为它们可以利用互补产品的优势为其产品设计更具竞争力的销售条件。可以看到，在这种情况下，买卖双方的关系不再是一个零和游戏的博弈。只要互补产品不比独立企业生产的产品差，顾客还是愿意从销售主要产品的企业那里购买互补产品的。例如，很多使用 Windows 操作系统的用户同时也使用 Office 系列产品，很少使用来自第三方的办公软件。不仅如此，多数顾客更倾向于一次性购买，因为无论是在购买、安装，还是在使用上，完整性好的产品往往既经济又方便。

在规模经济的作用下，拥有庞大顾客基础的公司就可以提供更便宜的互补产品。销售互补产品的策略加剧了企业在主要产品市场上的竞争，因为谁能够在主要产品市场占据优势，谁就有可能拥有一个庞大的安装基础，所以这种竞争无形之中增加了拥有安装基础的价值。不过，对一个已经拥有相对稳固安装基础的公司而言，提供互补产品也是大有裨益的：一方面可以最大化安装基础的价值，进一步确立主要产品的市场地位；另一方面顾客也从互补产品的购买中得到了不同程度的好处。可见，只要运用得当，销售互补产品将会是一个双赢的策略。

2）出售接入安装基础的机会

除了销售互补产品的策略之外，企业还可以向他人出售接近自己顾客的机会，或者说，向其他人出售接入安装基础的机会。这种交叉营销不但进一步发掘了安装基础的价值，而且密切了商业伙伴之间的关系。大部分网络公司都已经开展了此项业务，如在公司主页上出售广告位置、建立超级链接等。

小结

1. 转移成本并不是导致锁定产生的直接原因，它实际上是对路径依赖程度和锁定程度的衡量。

2. 安装基础是企业销售给购买者的、能够发挥锁定作用、产生转移成本的产品（或服务），它是销售商的一项重要资产。

3. 买方避免锁定的策略基本上有两种：一种是尽量选择标准产品或者通用产品，另一种是保持选择权的开放。

4. 在购买产品之前，买方应该评估自身的转移成本，让销售商相信自己的转移成本很高，而且自己是一个很有价值的用户。

5. 安装基础对于顾客的锁定价值由两部分构成，即该顾客的转移成本加上基于产品质量和成本的竞争优势。

6. 售后市场的竞争是导致转移成本下降的主要因素，因为企业的竞争对手在为该企业顾客提供服务的同时并没有给他们带来高额的转移成本。

7. 利用安装基础的策略主要有两种形式，分别是销售互补产品和出售接入安装基础的机会。

✲ 概念与术语

转移成本　锁定　安装基础　锁定策略

复习与练习

1. 锁定产生的原因是什么？锁定与转移成本之间的关系怎样？
2. 为什么说安装基础是销售商的一项重要资产？
3. 如何对安装基础进行量化，量化的作用是什么？
4. 保持选择权开放为什么有助于避免锁定？
5. 随着 Windows 操作系统逐渐成为市场的主流，微软公司来自该操作系统的销售收入在总收入中的比重却一直在下降，而基于该操作系统的应用软件的销售收入反而大增，请运用有关的锁定知识予以解释。

第四节　构建进入壁垒的竞争策略

【内容提要】

在网络经济下，随着技术的进步，交易费用的降低，竞争对手越来越容易进入某一细分领域参与竞争，因此，采取一定的方式阻止竞争对手进入就成为在位企业一项非常关键的任务。虽然网络经济有它独特的方面，但它并不排斥传统经济理论，所以本节的主要内容以传统的竞争和定价理论为基础，先分析了进入壁垒产生的原因及其构建，然后介绍限制性定价模型。

【学习要求】

1. 了解在网络经济下，运用阻止竞争对手进入的竞争策略的必要性和紧迫性。

2. 掌握进入壁垒的概念及其成因。

3. 掌握进入壁垒的构建。

4. 理解沉没成本在形成进入壁垒当中的作用，明确两个限制性定价模型之间的区别。

在市场存在规模经济的时候，在位企业为了保持在行业中的优势地位，必须要想尽一切办法阻止竞争对手进入本行业。

在网络经济环境下，新技术的广泛采用、信息流动的加快和数字产品特殊的成本特征，一方面使竞争对手可以更容易地施行产品差异化策略，另一方面使潜在进入者的模仿复制时滞缩短，同时仿制的成本也大大降低。也就是说，在新技术和信息的数字化、网络化等条件的共同作用之下，数字信息产业的进入壁垒被降低了，因此，网络经济中的行业领先者们将会遭遇到比以往任何时候都严酷的行业进入挑战，所以构建战略性进入壁垒是阻止竞争对手进入的主要竞争策略。

一、进入壁垒的概念

进入壁垒是西方产业组织理论中研究市场结构的一个重要组成部分，主要反映生产同一种或同一类产品的产业内已有企业与潜在进入企业之间的相互关系。它的存在与高低直接影响产业的竞争程度、企业行为及产业绩效。贝恩（Bain，1957）认为，进入壁垒取决于“产业里已有的卖方对潜在的要进入的买方的优势”。进一步，贝恩指出，“进入条件……首先是一种结构状况，（它）描述了……潜在的竞争是否将变成现实这一情况”，即可以将进入壁垒理解为允许在位者赚取超额利润而不受进入威胁的一切因素。

二、进入壁垒成因的分类

进入壁垒的形成原因是多方面的，不同的原因导致了不同的进入壁垒。贝恩在研究进入壁垒时，从结构角度将进入壁垒的成因归结为三类，即产品差别化、绝对成本及规模经济。本节从阻碍企业进入的结构、战略、制度三方面来讨论进入壁垒的具体成因。

1. 结构性进入壁垒

结构性进入壁垒是指能够遏制进入发生的产业中的各种稳定的结构性因素或特征。这些因素通常包括绝对成本优势、规模经济及产品差别化等。

1）绝对成本优势壁垒

绝对成本优势是指在任何产量下，产业内的在位厂商总能以低于潜在进入厂商的平均成本来经营同样的产品，在位厂商相对于潜在进入厂商在平均成本上总是拥有绝对的成本优势的情况。

在位厂商的绝对成本优势的主要来源有：①在位厂商控制了优良的生产技术，这种生产技术受专利法或厂商自己严格的保安制度的保护，因而其他厂商很难得到这种技术。②在位厂商排他性地拥有最优质的生产所需的资源。③进入厂商不能得到与在位厂商相同质量及相同成本的生产要素（如高级管理人才、原材料、其他必要的生产设备等）。④进入厂商在筹集必要的进入资金时，与在位厂商相比可能处于不利的地位，这主要表现在高利息率，或者所筹资金不能达到所需的规模上。这主要是由新进入厂商的规模、声誉劣势和资本市场或信贷市场的不完全引起的。

2）规模经济壁垒

规模经济是指随着产量的增加，产品的平均成本不断下降的一种状态。对于规模经济显著的产业来说，潜在进入者往往难以筹措到能实现最低限度的生产和销售所需的巨额资本，因而难以一下子达到使生产成本和交易成本最低的企业适度规模，这就令企业因不能获得规模效益而成本升高，竞争力降低。

除此之外，规模经济形成进入壁垒还因为任何一个行业的市场需求都是有限的，所以，在存在规模经济的情况下，一个或少数几个厂商的最小有效产量就可以满足整个市场的需要，如果再有新的厂商进入，则市场需求不足以消化过量的产品供给，这必然导致产品价格下降，新厂商在进入后可能无利可图甚至亏损，因此，它将不会选择进入该产业。另外，由于拥有大规模产量和销售量的厂商在原材料采购和产品的销售上可以获得价格折扣优势，规模小的厂商就会在成本上处于竞争劣势，所以，总的说来，在位厂商的销售量要大于进入者的销售量。

3）产品差别化壁垒

产品差别优势壁垒的核心内容是在位厂商在市场中拥有潜在进入厂商所没有的消费者偏好优势。这种偏好优势存在所谓的积累效应，这对于先进入市场的在位厂商来说，其在客观上就存在优势。

产品差别优势是指在位者在产品的价格-产量关系上要比潜在进入者更具优势的情况。在相同的销售成本支付下，在位者可以获得更高的产品需求（即给定产量下可以索取更高的价格）；或者说，潜在进入者若要获得与在位者相同的产品需求就必须支付更高的销售成本。产品差别优势来源于在位者通过产权合约而形成的对于便利销售渠道的控制；或者来源于在位者所建立的产品信誉，即消费者在相近的替代品中产生了对在位厂商产品的偏好或忠诚，以至于无法形成对竞争性物品的平等对待。

一般来说，在产品差别化壁垒较高的情况下，产品的异质性越大，该种产品所能实现的社会总效用也就越多。

2. 战略性进入壁垒

在一定的市场结构基础上，在位者可以通过有意的战略行为对市场环境产生影响，进而影响潜在进入者对未来市场的预期，从而达到进入组织的作用，主动实现进入遏制的目标，这些战略行为则构成战略性进入壁垒。在位者阻挠其他商家进入的战略行为通常包括价格行为、广告行为、过度生产能力扩张等。

1）价格歧视

通过价格歧视实施的战略性行为是指以新企业进入的区域或顾客群为对象，由现有企业对产品实行一次性降价，从而将新进入企业从市场中排挤出去。如果现有企业对其他区域及顾客群不降价而仅对选定的对象实施这种行为，便是实行了价格歧视。现有企业实施这种行为的目的是将新进入企业排挤出市场，即使实际上新进入企业没有退出该市场，新企业所获得的市场占有率也会因此而降低，或者现有企业以这种手段来夺取对手的市场，这种行为就属于战略性行为。

2）价格挤压

在许多产业中，在位企业往往是垂直一体化地在产业链的各个环节从事经营活动，而潜在进入者则与此相反，一般都是仅加入其中某个环节的独立企业。价格挤压的目的是提高竞争对手的成本，其表现通常是在整个产业链中，上游环节拥有市场力量的企业以不同的价格向非垂直一体化的下游企业出售其产品，目的是将其垄断权力扩展到下游市场并把竞争对手从下游市场上排挤出去。

3）广告战略

广告战略的实施是指在位者利用广告的先动者效应加固消费者对其产品的信赖和忠诚，增加其产品的差别优势，降低进入者所面临的产品需求，迫使进入者支付更高的销售成本，从而阻止进入发生。

但是，事实上在存在部门垄断和地区垄断的情况下，由于消费者所需要的服务产品的数量是有限的，进行广告宣传并不能起到促使服务产品的销售量明显增加的作用，而不进行广告宣传也并不一定会导致服务产品销售量大幅度地减少。因此，部分在位厂商并没有足够的动力实施广告战略。

3. 制度性进入壁垒

制度性进入壁垒包括政府通过制定政策法规对潜在企业进入而设置的障碍和其他社会制度因素对企业进入形成的壁垒两个方面。

一方面，涉及政府干预所导致的进入壁垒时，这种干预既包括法律规定，又包括行政管制，如专利制度、版权保护、许可证制度、营业执照等。其中申请专利保护已成为企业抑制仿造、限制进入的关键策略。不过这种进入壁垒往往具有时效性，专利一旦到期，与之相随的进入壁垒也就不复存在了，这时在位企业可能面临潜在进入者的大举进攻。

在数字化时代，版权已成为一个影响电子商务未来发展的重要问题。据估计，每年发生在互联网上的盗版损失达几十亿美元。但互联网作为一种开放的传媒，加强版权的保护在维护企业利益的同时必然会限制企业自身的发展（因为有可能受到消费者的抵触），可见这将是在位企业的一个两难选择。

另一方面，其他社会制度因素带来的进入壁垒包括体制原因带来的资本和人力资源无法自由流动等现象。

由此可见，影响进入壁垒的因素是多方面的，这就要求企业在作决策的时候，不能静止地看待进入壁垒的作用，要根据市场的变化，着眼于企业的长远发展，去积极主动地、灵活地运用进入壁垒，就是指企业新建、加强进入壁垒，或者减弱取消进入壁垒都是可能的，只是取决于企业的目的如何，实现在位企业的长期、持续、健康发展。

三、进入壁垒的构建

在网络经济下，在位厂商可以通过以下几种方式构建战略性进入壁垒。

第一，可以通过采取产品或技术不兼容的战略，以阻止潜在进入者的进入。特别是当在位厂商在网络规模上具有很大优势时，实施这种战略的动机就会更加强烈。因为在兼容的情况下，产品间存在很高的替代性，对新进入者来说不存在网络规模的劣势，正反馈效应也不会使市场完全偏向某一厂商的产品。此时，市场上的竞争会十分激烈，无论是在位者还是进入者都很难获取较高的利润。但是，在不兼容的情况下，在位厂商产品用户数量的增加所带来的好处只对在位厂商有效，这时市场就很有可能偏向在位厂商的产品。例如，微软公司在操作系统的主导地位逐步得到确定之后，为了阻止进入者或其他竞争对手共享其用户基数和网络受益，确保自己在操作系统市场上的主导地位，就采取了与竞争对手操作系统产品不兼容的战略。

第二，通过控制关键的设备和技术。在位厂商可以通过控制关键性的设备，阻止潜在的进入者利用这些设备，以提高进入者的成本。例如，在电信网络中，在位厂商一般都控制了现有的基础网络传输设备，如果在位厂商拒绝向进入者提供这些基础设施，那么进入厂商只有自己投资建设，而这些投资不仅需要的资金非常庞大，而且投资周期长，这就加大了进入者的进入成本。又如，在操作系统市场上，在微软的 Windows 系列操作系统已经成为事实上的标准后，微软通过对操作系统源代码的控制和对应用程序接口的操控，使其余的竞争对手在操作系统市场上因为无法事先与 Windows 系统兼容而难有作为。

第三，通过垂直一体化提高战略性进入壁垒。垂直一体化有助于战略性地提高进入壁垒，当在位厂商进入垂直一体化后，进入厂商要想获得相同的竞争力至少要同时进入两个市场，否则就会面临竞争劣势。在网络外部性的作用下，这种效应会更加明显。因为只有同时进入两个市场，同时生产两种互补性的产品，才能使网络外部性发挥作用，否则只能依赖外部厂商提供相应的与之兼容的辅助产品，而新厂商缺乏一定的用户基数，很难获得外部辅助产品的支持，所以它只能自己同时生产辅助产品。对进入厂商来说，要同时进入两个市场，就会大大增加进入成本。同时，当垂直一体化的厂商在某个市场面临竞争威胁时，还可以通过在两个市场之间的交叉补贴来打击竞争者。例如，微软公司在操作系统市场上处于近乎垄断的地位，从而可以使它在应用软件市场上采取掠夺性定价手段排挤对手。当网景公司推出 Netscape 浏览器后，微软就意识到浏览器市场是一个巨大的市场，而且也意识到网景公司在浏览器市场的主导地位有可能会威胁到微软在操作系统市场上的霸主地位[①]。在这紧要关头，微软公司毅然决定采取与 Windows 捆绑销售浏览器的战略，免费向用户提供 IE 浏览器，最终使网景公司的市场份额直线下滑，并把网景公司挑战操作系统市场的计划扼杀在摇篮中。微软公司以上的做法就是一种典型的掠夺性定价行为，也是一种典型的交叉补贴行为。

第四，采取排他性的手段阻止进入者的进入。在网络外部性明显的市场上，由于存在转移成本与路径依赖等因素，所以会对消费者产生一定的锁定效应。为了使这种锁定效应不被市场竞争削弱，在位厂商可以采取一系列排他性的手段限制竞争对手的发展。在网络经济下，这种手段的作用比在传统市场上更具威力。因为在网络市场中，当网络的规模达到临界容量后就有可能引发正反馈，使某种产品完全占领市场。当在位厂商采取排他性手段后，进入者很难达到临界容量，因此，很难使正反馈机制发挥作用挑战在位厂商的网络规模，从而难以成功地实现进入。这种采取排他性手段阻止进入的案例在现实中很常见，如微软就和 OEM 厂商签订了很多排他性协议，同时为了构建其浏览器用户的基数还与 ISP 厂商签订了排他性合同。

第五，可以通过操纵消费者预期。如前文的分析，消费者预期在消费者的决策过程中起到了很大的作用，消费者总是选择一个未来网络规模大、价格性能比具有优势的网络，但消费者的预期是以一定的信息为基础的，这就为厂商操纵消费者的预期提供了可能。当一个厂商可以先占地向消费者传递某一网络的信息时，它就有可能产生一定的优势。例如，Dranove 和 Gandal 在 1999 年 10 月对 DVD 和 DIVX 竞争中的产品提前宣布问题进行了分析，得出结论：在网络外部性明显的市场上，提前宣布产品可以迅速在初期获得优势，正反馈效应的作用会使市场偏向于该产品。

四、限制性定价策略

阻止潜在进入者进入的定价策略并不意味着一定要打一场价格战，这对于在位企业并不是最优的，定价策略应该着眼于如何更迅速地占领市场。人们最早对战略性进入壁垒分析是从限制性定价行为开始的。与容易让人丧失理智的价格战相比，限制性定价是一个较好的选择。

限制性定价模型是由贝恩（Bain，1957）创建的有关进入壁垒的一个著名模型，它的基本思想是，如果进入之前的价格和进入的速度或程度存在正向的关系，现有的企业就确实会有削减价格的激励。在某种情况下，在位企业可以维持一个低价以阻碍进入。通过为产品制定一个相对低价，从而降低本行业对潜在竞争者的吸引力。很显然，低价向所有人宣告：本行业是微利的，不值得投资。如果潜在的进入者预期不能在合理的期限内收回投资，他最明智的抉择是放弃进入。在位企业运用限制性定价方法一方面抑制了潜在的竞争者进入，另一方面可以迅速地占领市场。因此，限制性定

① Netscape 可以在不同的操作系统，如 Windows、苹果公司的 Macintosh 及部分 Unix 版本中使用，而且它还拥有自己的 API（application programming interface，即应用编程接口），应用软件开发商可以以此作为开发平台，开发相应的应用软件，以此来避开对现有操作系统的依赖。随着互联网市场的不断发展扩大就有可能威胁到微软公司在操作系统市场的地位。

价有点不战而胜的意味。当产品具有耐用品特性的时候，低价还能使企业垄断需求，这里不予赘述。

既然低价必须向潜在的进入者们传递相关市场营利性的坏消息，那么限制性定价是如何发挥作用的呢？对这个问题的解释可谓见仁见智。第一种观点认为，在位企业的定价具有承诺价值，也就是说，进入者预期进入前的价格在进入后仍将维持。但是，价格是一个易变的因素，它本身只在极短的时间内具有承诺价值。第二种观点把进入之前的低价与进入之前的高生产能力（这里也可以把生产能力理解为一定的投资水平）联系在一起。他们认为，由于生产能力比价格具有更高的承诺价值，所以进入阻碍的根源在于在位者的生产能力而非他的价格。第三种观点认为，即使在那些生产能力不一定具有承诺价值的产业里，当在位者面临进入威胁时，在位企业还是会选择降低价格。下文着重介绍后两种观点。

首先介绍第二种观点——斯坦克尔伯格-斯宾塞-迪克西特模型，即虽然产品市场竞争在短期中决定了市场的价格，但在长期中，企业是通过生产能力的积累而展开竞争的。在位优势使在位企业积累了大量的生产能力，因此，在位企业可以制定一个低价，从而防止潜在进入者的进入。由于在位企业进入本行业较早，所以必然会积累起一定数量的资本，从某种程度上说，这些资本也就构成了不同的进入壁垒，如领先的技术、熟练的生产经验、现存的机器设备（沉没成本的主要组成部分）、市场占有率等。

这些先发优势能够让在位企业有效地限制竞争。其中，最明显的就是由购置机器设备所带来的大量沉没成本，它可以被视为对进入者的一种阻碍。沉没成本表明在可预见的将来，在位企业无法（可能因为代价太高）通过出售等办法来改变已投入资本的用途，所以机器设备仍会留在市场中继续生产，这对潜在的进入者无疑是一个打击。

但是，在现实经济生活中，在位者与进入者往往处于一种信息不对称的状态，显然在位者更熟悉行业的情况。为了更契合实际，米尔格罗姆—罗伯茨对限制性定价模型做了重新考察，使之建立在在位者与进入者之间信息不对称的基础上，这就形成了上文所说的第三种观点。在他们的模型中，在位者试图传递市场需求较低或者自己的边际成本较低的信息，从而制定一个低价，这就向潜在的进入者发出了进入的盈利可能很低这样一个信号，这样潜在的进入者可能会因为认为进入该行业无利可图而最终选择不进入。

对于在位企业而言，不断的自我创新是防止进入的长久之计，是保持自身领先地位的根本保证，但这并不是说只要能够创新，企业就可以高枕无忧了。创新是成功的必要条件，却不是充分条件。特别是在网络经济下，技术的发展创新越来越快，产品的生命周期越来越短，如果企业不能结合所处行业的具体情况，制定出相应的阻止进入策略，就会随时有被淘汰的危险。

小结

1. 进入壁垒可以理解为允许在位企业赚取超额利润，而不受进入威胁的一切因素。

2. 版权保护一方面维护了企业的利益，另一方面却限制了企业自身的发展，这对于数字化经济下的企业而言无疑是一个两难选择。

3. 从企业长远发展的战略角度来看，故意人为制造的进入壁垒只能是一种短期策略，而企业真正赖以生存的还是它的关键技术。

4. 在位厂商在构建进入壁垒时，应该考虑自身现有的网络规模。

5. 资本沉淀的程度决定了在位企业所享有的垄断力和利润，这也解释了为什么对于沉没成本的承诺价值要格外关注。

✲ 概念与术语

进入壁垒　结构性进入壁垒　战略性进入壁垒　制度性进入壁垒　价格歧视　垂直一体化　限制性定价

复习与练习

1. 什么是进入壁垒，进入壁垒产生的原因有哪些？
2. 限制性定价模型的基本思想是什么？
3. 沉没成本在阻止进入中的作用是什么？

第五节　标准竞争与兼容策略

【内容提要】

标准竞争是网络经济下最显著的一项竞争内容。由于网络外部性的存在，所以成为标准的产品有利于实现产品的正反馈效应，从而达到临界容量并迅速占领市场。面对不同的市场环境，具有不同地位的市场主体所采取的标准竞争策略也不同，本节介绍了不同市场地位所应采取的策略。从现实情况来看，许多市场基本上是由几个主要标准控制的，因此，本节着重介绍了垄断竞争市场中的标准策略，包括利用先发优势和渗透定价，采用预期管理以及运用兼容和联盟的手段来确定设立标准的优势地位。

【学习要求】

1. 理解标准竞争在网络经济下的重要意义。
2. 了解标准和网络外部性、正反馈之间的关系。
3. 掌握垄断竞争市场中的竞争策略所包含的内容。
4. 掌握兼容策略在使用中所涉及的问题。
5. 了解其他不同市场主体所采取的标准竞争策略。

由于网络外部性的存在，网络市场与传统工业市场的竞争策略显然是不同的，最重要的一点是：如何让自己成为标准或是标准的一部分，在正反馈的作用过程中得到最大的利润。如前文所述，标准的制定分为正式的官方标准和市场的实际标准两种。许多外国的高科技公司都备有专门的人员负责参加各种官方标准实体的活动，为在正式标准的制定过程中获得胜利确定战略、开展竞争。这里主要介绍一些在市场实际标准的形成过程中可用的策略。

标准竞争是一个动态的过程。随着时间的推移，某一标准可能胜利也可能失败。有时，一种标准可能锁定了相当大的安置基地（即安装基础），市场呈现出“赢家通吃”的局面。对于市场主导者来说，这种市场格局能带来巨大的利润，但实际上也面临巨大的潜在竞争。有时，市场可能被瓜分，没有出现一个主导的标准，每家公司以自己不同的方式在市场中竞争，占据一席之地。有时，整个市场可能实现对同一个标准的兼容，市场主导地位之争将演化成市场份额的价格竞争。但是，无论哪种格局都是不稳定的，将在各家公司利润最大化的追逐中不断变迁。

因此，对于一个准备在市场中进行标准竞争的公司而言，它面临着许多关键的选择：它是应当立即追随一个现有的标准实现与它的兼容呢，还是应当在市场中进行一场标准战争？如果要进行竞争，那么应当采取什么样的策略呢？什么时候应当实现标准战争的和解？在建立联盟时，应当如何把握开放和控制技术的界限？诸如此类的问题始终困扰着网络市场中的竞争者。

一、垄断竞争与寡头市场中的竞争者策略

首先需要说明的是这里讨论的基础是建立在垄断竞争和寡头市场中。垄断竞争和寡头市场是指市场中尚未形成一个主导性的标准，有几家企业正在争夺成为市场主导者的情况，那么这时，一家企业可以采取的策略有先发制人、渗透定价、预期管理、兼容与联盟。

1. 先发制人

先发制人的取胜原理来源于正反馈过程中的先占权优势。由于在网络经济下，有时微小的、偶然的事件对市场发展路径都可能产生不可忽视的影响，成功和失败可能仅一步之差，所以能否抢先进入市场往往就成为决定成败的重要因素。在网络市场，先发制人的目的不仅仅是先竞争对手一步占领市场，更重要的是通过最先进入市场而形成一个事实的标准，那么后来者只能尾随这个标准而陷入下风。

要实现先发优势第一个因素是要求对市场和技术的发展要有敏锐的洞察力，才能发现商机。这一敏锐的洞察力来源于不断的学习，对新兴事物保持高度的兴趣，善于思考。以我国的发展为例，最简单的一种实现先发优势的方法就是注意国外的经济动向。由于我国是发展中国家，很多技术都要从国外引入，而外国，尤其是美国，R&D 的力量和动机都很强，往往在国外先发展起来的技术不久以后就要引入我国，这时谁能把握住发展

趋势，谁就把握住了先发优势。

实现先发优势的第二个因素在于产品开发和设计能力，能早于别人开发出一种市场需要的产品和技术，就能实现先发制人。但是需要注意的是，早期的介入可能会造成质量上的妥协或者更多的故障，这两种情况都会毁掉企业的产品，所以不能为了早先进入市场而忽略产品的质量。胜利是属于捷足先登者，但低劣的质量将得不到消费者的支持，反而可能将创意透露给市场，给了别人可乘之机。除了率先进入市场，实现先发制人的另一个重要内容就是要尽早建立起牢固的安装基础。

2. 渗透定价

在扩大安装基础和标准争夺的过程当中，渗透定价得到了充分的应用。渗透定价策略又称薄利多销策略，是指企业在产品上市初期，利用消费者求廉的消费心理，有意将价格定得很低（甚至是低于成本的定价），使新产品以物美价廉的形象，吸引顾客，目的是在短期内加速市场成长，以期获得较高的销售量及市场占有率的策略。在网络市场较高的销售量和市场占有率，就意味着更大的网络效应，也是争取事实标准的一个重要的手段。

在一些情况下，尤其是对边际成本为零的数字产品来说，更可以实现这一策略。许多企业不仅在互联网上免费派发样品，甚至向使用产品的客户付钱。网景公司就曾经将其 Navigator 浏览器免费送出，甚至向计算机制造厂商付钱让它们把 Navigator 浏览器安装在新机器上。采用渗透定价有一定程度的风险，在实行渗透定价前，厂商必须注意实施渗透定价必须满足一些条件：第一，有足够大的市场需求；第二，消费者对价格高度敏感而不是具有强烈的品牌偏好；第三，大量生产能产生显著的成本经济效益；第四，低价策略能有效打击现存及潜在的竞争者。所有的这些条件总结起来就是：现在的渗透定价必须能够用将来占领市场以后的利润加以补偿。也就是说，渗透定价必须实际上有效，能够真正让客户使用企业的产品，建立起一个真正的安装基础，产生网络外部性。

3. 预期管理

由于在网络市场中，预期会自我实现，引发正反馈过程，所以对预期的管理也是网络市场中最重要的战略之一。消费者预期将成为标准的产品或技术最终会成为真正的标准。

预告是一种旨在影响预期的经典策略。在美国，人们把这种策略叫做汽件（autoware）：宣布一种即将推出的产品，诱导那些刚好在引进之前到达市场的消费者，以冻结竞争对手的销售。预期管理的另一种表现形式就是广告，进入网络效应很强的市场的公司都力图告诉消费者它们的产品将最终成为标准，有时甚至夸大销售业绩，以便给消费者造成一种在安置基地领域优于其他竞争对手并处于领导地位的印象，以此来吸引消费者加入它们的网络。

在预期管理中，很常见的一种情况是公司本身难以说服顾客相信它的网络规模和安置基地很大，毕竟像微软这样著名和占据主导地位的公司是少数。这时，要想让消费者相信并加入网络，最直接的办法就是和其他公司结成联盟，并且对联盟进行宣传，给消费者造成一种网络规模庞大的印象。美国的 Sun Microsystem 公司就是采取这种方式进行预期管理的，它在报纸上用整版的广告列出 Java 语言联盟的公司名录，暗示消费者它的网络规模很大。同样，亚马逊网上书店宣称自己是“世界上最大的书店”采取的也是同样的策略。

4. 兼容与联盟

即使是在不兼容的标准战争中，寻求联盟仍然是一个重要的战略。市场上没有永远的敌人和朋友，合作和竞争是相互依存的一个动态过程，网络经济和正反馈使合作比以往任何时候都更加重要，大部分公司需要和其他人合作，以建立标准和一个兼容用户的网络。但是，在联盟中，各家公司都有自己的利益和得失，在合作中又存在竞争，因此，在兼容和联盟战略上采取正确的措施，对一个公司而言，是十分重要的。

1）寻求兼容和联盟的时机

兼容和联盟策略的第一个问题就是：什么时候应当寻求兼容和联盟的形成？实现兼容对任何厂商来说，都同时带来了两个效应，即竞争效应和网络效应。竞争效应意味着竞争的加剧，因为市场内的竞争者数量增多了；网络效应则意味着需求的上升，因为消费者更喜欢规模更大的网络。因此，兼容问题就简化为这两个效应之间的比较。如果网络效应强大到足以抵消竞争效应的影响，那么厂商必然采纳兼容的决策，反之，厂商应当实行不兼容。

对于在相互竞争市场占据主导者地位的竞争者来说，如果他认为自己的产品或技术在质量和功能上比其他产品和技术先进很多，竞争力足够强，或者在制造能力和市场占有率方面有较强的优势，这时可以选择不兼容，因为不兼容提高了大企业的市场地位，而兼容可能带来的竞争效应则往往大于网络效应。如果几个竞争者之间力量相差不大，那么为了争夺市场主导地位的竞争就将是冗长而成本高昂的，这时竞争者最好的解决方案就是坐下来，进行谈判，共同扩大彼此的网络规模。美国 3Com 和 Rockwell 之间就 56K 调制解调器的 X2 技术和 K56flex 技术之间爆发的竞争正是这样的一种情况，由于它们之间的斗争，原先预期在 1997 年就将占据市场的 56K 调制解调器市场化进程被延缓，许多潜在的客户因为害怕选定一个后来被淘汰的技术而推迟了对调制解调器的升级，这两个公司之间的竞争造成了市场上的混乱和担忧，也破坏了整个产业和它们自己的利益。最后，这两个公司达成了协调，都与最终的国际电信同盟兼容，竞争最终以相互妥协告终，因为双方最后发现这才是最好的解决方案。如果在标准竞争中一个竞争者发现自己相对较为弱小，这时就要考虑与对方实现兼容的可能性，采用对方的技术，减少或中和其劣势。

2）选择兼容与联盟的对象

兼容和联盟策略涉及的第二个关键问题是：和谁实现兼容和联盟？一个进行标准竞争的公司必须意识到，可能和自己合作的人包括互补产品和替代产品的提供者，而替代产品的提供者就是自己的竞争对手。首先，互补产品的供应者都是欢迎标准的产生的，因为标准有利于网络效应的扩大，进而为他们的生产带来更多的需求，标准的产生也为互补产品生产商的生产提供了便利，因为他们不必再为一种产品提供多种接口了。但是，互补产品的提供者并非愿意和任何一种技术实现兼容，他们像消费者一样，希望找到一个将来有希望成为真正的标准的技术建立联盟。其次，竞争对手可能是最好的联盟伙伴，可以通过一个创造性的协议，使大家的共同利益都得到提高。其中值得强调的一点是：并非只有占据市场大量份额的竞争者才是联盟考虑的对象，有时与许多小厂商的联盟合起来可能形成强大的网络效应，这时向这些小企业授权，邀请他们进入市场，甚至对其进行补贴，逐渐蚕食主要竞争对手的市场份额，反而可能是一个更为合适的联盟策略。

3）实现兼容与联盟的方法

找到建立联盟的合适对象之后，竞争者面临的下一个问题是：如何实现兼容和联盟？兼容和联盟实际上是竞争的另一种体现，具体的方式有许多种，不同的方式带来的成本和利益是不同的。

首先是对标准技术和产品的选择：可以选择某一个竞争者的技术为标准，其他技术与之实现兼容；也可以另外选择一个技术作为市场标准，每个竞争者的技术与之接口。这时主要视各竞争者的实力而定。如果存在一个较强大的竞争者，那么他的技术被作为标准的可能性就会大些。如果最后是以某一个竞争者的技术作为标准，那么其他竞争者，必须保持警惕，注意这种技术是否真正实现了开放的承诺，在产品标准、界面和规格等方面的关键部分是否依然在该竞争者的独家占有之中。而对于这个开放技术的竞争者来说，他应当在尽可能的情况下实现对技术的控制，至少是对技术发展的控制，这样有助于减轻将来的价格竞争。在采用一个其他标准的情况下，联盟成员则必须注意这个标准本身是否真的是中立的，还是对某一方是特别有利的。

其次，即使实现了开放标准的建立，也并不意味着市场中从此就没有标准之争了。正如前文所指出的，网络市场具有不稳定的性质，无论哪种状态都无法持续太久，建立联盟之后的网络市场也是如此，随着技术的发展，旧的标准必然会被新的标准所替代，而有实力的厂商自然会倾向于绕过价格竞争，单方面实现对产品的改进，获得额外利润，其结果必然会引致不兼容的出现。因此，我们认为可以在现有标准的基础上稳妥地实现网络规模获取利润的想法是危险的，有可能被其他的竞争者在产品上的改进远远地抛到后面。

二、市场主导者的竞争策略

对于在主导地位的竞争者来说，由于网络产品的网络外部性特性，其市场势力可以说在一段时间内是相当稳定的。但是，这并不意味着企业可以高枕无忧，网络市场的竞争永远不会停止。处于主导地位的竞争者，为了保持自身的优势，必须注意以下几点：

（1）尽量从竞争对手的网络中争取消费者，这样一方面加强了自身的网络外部性，同时也削弱了对方的网络外部性。

（2）通过各种方式进一步锁定消费者及互补品的生产商，让消费者和互补品生产商产生路径依赖。

（3）在技术上保持先进，避免被一个全新的技术击败。企业更应该具备长远的目光，而不是在占据优势以后坐享其成，不思进取。

（4）竞争对手不要仅仅局限于同产品的竞争，更要警惕不同平台的企业依靠平台的优势进行竞争。这里典型的案例就是 WPS 和 Office 的竞争。WPS 作为金山公司的字处理软件，曾经在中国市场占据超过 90%的市场份额，但这种软件同样也属于网络产品的范畴，最后 Office 超越 WPS 的原因并不在于前者的技术比 WPS 好多少，而是因为 Office 是属于微软公司的产品，微软公司在操作系统上的绝对优势帮助 Office 打败了 WPS。

（5）倾向于不兼容策略，并阻止竞争对手兼容。显然，对于占据优势的竞争者而言，其最大的优势就在于网络外部性远大于竞争对手，但是，如果竞争对手的产品和自己兼容的话，就意味着自身的网络外部性优势荡然无存。后文也会提到，小网络的竞争者往往会通过兼容方式来争取大网络的消费者。因此，占据优势地位的竞争者必须警惕这点。

三、小网络竞争者策略

对于小网络的竞争者，一般分为两种情况：一是小网络竞争者要和大网络的竞争者相互竞争，并希望最终战胜大网络的竞争者；二是小网络的竞争者只希望维系小网络，因为对于他们而言，即使是小网络，也足够生存，他们并不指望能够战胜大网络，而他们最主要的目的是避免被大网络所吞并而走向消亡。前者本书称为进攻策略，后者称为防御策略。

1. 防御策略

1）兼容策略

对市场失败者和小企业而言，落后的时候最基本的策略就是实现与大网络的互联和兼容。很显然，对于市场份额较小的企业来说，兼容的网络效应要比竞争效应有益得多，通过实现与大网络的互联，小企业可以提升自己的市场地位，逐渐扩大自己的安装基础，培养自己的客户。实现互联的主要方法就是与市场主导者进行谈判。前文在对市场主导者的策略中曾经提及，即使市场主导者占有很大的市场份额，他也仍然需要采用联盟的策略。小企业应当尽量利用自己的优势条件争取较为有利的条款，如技术优势、制造能力优势、客户优势等。

实现兼容的另一种方法是加入一个适配器（adapter）。适配器可能是一个用于转换的程序，也有可能是一种技术接口。现实中有各种各样适配器的例子，将另一种程序的数据进行转换的程序就是一种适配器。例如，一直以来，微软公司的 Office 始终都占据着办公软件套件市场的统治地位，而且也逐渐转变成企业应用中的事实上的标准。不过，在市场上，有另外一个竞争对手也是不容忽视的，那就是 Corel 公司的 WordPerfect Office 套件，它为消费者提供了在微软公司 Office 之外的其他选择。WordPerfect Office 是一个功能强大、价格便宜的办公软件套件，但是，WordPerfect Office 有一个致命的缺点：与微软 Office 文档之间的转换能力较差，特别是 Excel 和 PowerPoint 文件。假如 WordPerfect

Office 能够很好地解决这个问题，可以肯定消费者就更愿意购买或升级它。

当然，仅仅单纯的兼容还远远不够，小企业也必须能做到一定的技术创新，在提高产品的协同价值以外，同时提高产品的自有价值。这种渐进策略的优点在于容易让消费者接受，对于迅速扩大客户基础有很好的作用。但是，这种兼容的技术也存在致命的弱点：首先，想要既实现对现有技术的改进，又保持与现有技术兼容是很困难的事，这往往会限制性能的提高，这样，新产品的创新程度将受到约束，消费者甚至很难辨别一个创新者。其次现有技术的倡导者可能会在法律上或技术上封锁改进的可能，使这种兼容创新成为不可能。大网络的企业有很大动机限制对其网络的接入，或者至少会对互联或兼容收费。最后，作为新技术的引进者，必须意识到还有别的新技术的出现，如果只是一心扑在试图与现有技术实现兼容的目的上，那么其他的新技术则可能通过提供一个优越但不兼容的产品来打开市场，成为强有力的竞争对手。

2）共同持有

很多时候，几个网络产品对于消费者而言，并不是有你无我的单一选择。在任何情况下，消费者都有可能同时拥有几个网络产品，我们称之为共同持有，差别只在于共同持有的成本而已。

有些网络产品，如通信制式，一个运营商要是同时运营两个制式，不但成本昂贵，而且意义不大，因而运营商不会选择共同持有。当然也有例外，中国联通就曾经同时拥有 CDMA 和 GSM 两个制式，但是，最终中国联通和中国移动竞争的失败也被归咎于其过于昂贵的共同持有的成本。而有些网络产品，如聊天软件，消费者可以同时安装两种聊天软件，却并不会增加太多成本。

共同持有意味着消费者可以同时加入两个，甚至更多的网络，且消费者可以通过组合的选择来选取最优的方案，以实现利益最大化。这就意味着即使小的网络也可以保持存在，而不会因为大网络的扩张而消亡，这也为小网络最后战胜大网络提供了基础。当然，共同持有是存在成本的，如果成本高到不经济，那么消费者就会选择单一持有。因而小网络要实现共同持有，必须要想办法降低消费者的共同持有成本或者提高消费者共同持有的收益。

降低持有成本最简单的就是降低产品的价格，甚至免费，但这也要视情况而言，因为消费者共同持有的成本不仅仅是购买产品的成本。以手机操作系统为例，如果消费者要同时持有苹果的操作系统和安卓的操作系统，那么他必须同时拥有两部手机，购买手机的费用也构成了共同持有的成本。

当中国电信和中国移动、中国联通在移动电话方面竞争的时候，中国电信采用的赠送电信手机的方式，就是一种降低共同持有成本的方式，消费者不需要另外购买电信手机而实现共同持有。但即使这样，消费者共同持有的成本还是存在的，因为同时携带两个手机的不便利也是共同持有的成本。双卡双待手机的出现又进一步降低了共同持有的成本，因为用户只要带一台手机就可以实现共同持有。

提高共同持有的收益并不困难，因为消费者是通过消费组合来提高收益的，只要在某种情况下小网络带给消费者的收益大于大网络带来的收益，消费者就会选择小网络。

3）寻找特定的高支付意愿的用户

这里需要对网络产品市场的发展进行一个简单的阐述：既然网络产品的价值随着网络的增加而增加，那么为什么有些消费者在网络产品网络还很小甚至为零的时候就加入网络。

的确，网络产品的网络很小的时候，其网络外部性的价值是很低的，但消费者是异质的，不同的消费者的消费意愿存在明显的差异，我们可以视消费意愿为消费者使用该产品获得的收益。

当消费者的意愿足够强烈的时候，即使一个网络产品的网络很小，但是，可能该产品的自有价值已经足够让高消费意愿的消费者购买该产品。即使该网络产品的自有价值可能很小，甚至为零，也可能出现的情况是一部分高消费意愿的消费者通过协调同时进入网络。当然，这种协调极可能是消费者之间的协调也可能是产品厂商的协调。

前者比较典型的例子是 DVD。当 DVD 刚进入市场的时候，无论是画质还是音质都是远远超过 VCD 的，但是，由于 DVD 刚刚进入市场，无论是 DVD 碟机还是 DVD 碟片，都是价格昂贵且很难获得。作为普通消费者而言，购买 DVD 碟机显然并不划算，就算消费者愿意花大价钱购买碟机，DVD 碟片的价格也是很难承受的，且碟片也很难获得。但是，的确有消费者有足够的消费能力，且他们很愿意为了更高的视听享受来购买 DVD 碟机和碟片，虽然这个时候 DVD 的网络外部性是极低，对于他们而言，购买 DVD 更多地可视为一种奢侈品的享受而非家常的使用。当然随着 DVD 网络外部性的扩大，无论是碟机还是碟片的价格都大幅度下滑，碟片的内容也逐渐丰富，DVD 也从以前的奢侈品变成后来的家常性消费电器。

随着高支付意愿消费者加入网络，网络产品的网络外部性提高，这就意味着另外一批支付意愿较弱的消费者因为看到网络产品的价值提高到自己可以接受的程度而加入网络，进一步推动网络的扩大，从而形成一个滚雪球式的正反馈机制。

但是，这种正反馈不是必然会顺利进行的，这取决于消费者支付意愿的分布情况，因为可能存在的就是当网络扩大到一定程度的时候，其价值并未足以让消费者加入，那么网络产品可能因为网络大小不足以支撑网络产品的生存而最后消亡。

4）建立有效网络

正如前文所说，大网络的网络效应大于小网络的网络效应只是从一般情况而言的论述，实际上，消费者的效用更取决于有效网络的大小。如果小网络的有效网络大于大网络，消费者选择小网络也不足为奇。

典型的例子，如移动电话和卫星电话。移动电话的信号通过基站传输，而卫星电话则通过卫星传输。显然，卫星电话最大的好处在于不受基站的影响，可以在地球的任何角落都能够保持通信，当然卫星电话的使用成本也是远高于移动电话。但是，对于从事远洋、勘探、登山等事业的消费者来说，虽然移动电话网络要远大于卫星电话，但这个网络对他们而言是无效的，因为他们工作的环境都没有办法使用移动电话。

当然，在小网络中建立有效网络并非轻而易举的事情，企业至少面临以下的几个难点：

首先，建立差别化的小网络类似于传统市场的市场细分，寻找一个特殊化的市场，如服装市场中专门为肥胖人士生产服装。但不同于传统的细分市场，因为传统的细分市场只要保证产品自身有特殊性即可，而小网络则需要保证消费者在小网络获得的有效网络要大于大网络的有效网络。因而小网络的设立者必须很清楚所针对的消费者的有效网络的范围。

其次，即使小网络的定位是正确的，也要保证企业能够找到愿意加入小网络的消费者，特别是高消费志愿的消费者，这些消费者可能并未加入任何网络，也可能已经是大网络的使用者。如何寻找并获得这些消费者也是一个难点。

最后，小网络必须预见大网络竞争者可能介入自己的市场来抢夺用户。很多时候，小网络都成为大网络市场的培育者。他们进入一个大网络所忽略的市场，并培养起一定规模的客户。而这个时候，大网络发现这个市场有利可图，就会利用大网络的优势进入该市场。有几种情况可能会让大网络进入小网络的市场有一定的难度：一是小网络是通过高技术或者专利来维系的，大网络要进入该市场需要购买小网络公司的专利或者自己重新研发，成本上不经济；二是小网络的定位和大网络的定位有较大的差异，甚至是相反的，大网络从市场定位的角度出发而不进入小网络市场；三是小网络已经形成了足够的黏性，竞争企业的大网络并不能带给小网络用户更多的网络外部性，也会阻止大网络企业去进入小网络企业的市场。

2. 进攻策略

对于小网络企业来说，当然不少小网络企业的目的只是保证一定的网络量并生存下去，因为对于一个全国性，甚至世界性的市场而言，所谓的小网络也是相对而言，所以小网络的拥有者并不一定有动力或者能力击败大网络的竞争者。采用防御性策略生存下去是第一步，当然，如果小网络并非没有击败大网络的机会，进攻策略对于有些企业而言，同样重要。一般来说进攻策略有两种方式。

1）新技术策略

当然，如果现有技术对于现有安装基础的锁定程度并不是很强，或者即使转移成本很高，小网络的新技术的提供者仍然对自己的新技术有很大的信心，其卓越的性能给消费者带来的利益足以抵消高昂的转移成本，那么小企业可以向消费者提供一个全新的产品和技术，完全与现有技术脱钩，依靠其优越的性能来吸引消费者。在存在网络外部性的市场中，存在这样一个定律：要发起一场革命，则提供的功能必须十倍于现有的技术。这可以作为新技术提供者决策的一个基本依据。但同时，旧的安装基础的惰性大小和新进入市场的消费者的冲力也必须考虑在内。前文曾经提到过，市场中确实存在一种倾向于支持新式且不兼容技术的趋势，这种预期的趋势被称为不充分摩擦，当新进入市场的消费者在相当大的程度上忽略了现有安装基础的转移成本时，采用不兼容的策略显然是十分有利的。但是，新进入市场者必须了解：这种策略的风险是很大的，因为无论这种技术的性能如何，它都不得不从小网络起步，能否真的吸引到足够多的消费者达到临界容量是很难得到保证的，有时一件微不足道的小事也有可能毁掉一个很有前途的技术和产品，这就是正反馈系统中路径依赖的影响所在。

除了功能/兼容性的权衡关系以外，任何推出新技术的人都必须面临第二个基本的权衡关系：是选择开放的方式，允许别人使用必要的界面和规格，还是独占系统来维持控制？当然，如果能够既达到临界容量，又保持对技术的独家控制，独占新技术带来的巨大利润，是最好的后果，但在现实生活中，这种情形出现的概率很低。首先，作为一种新技术，必然是从小网络起步，只有通过将自己的技术授权给其他制造商，才能够很快地扩大网络规模，尽早达到临界容量，进入正反馈的良性循环。其次，消费者的预期在一个网络的发展阶段尤其重要，如果保持控制的策略，那么消费者担心将来可能被锁定在一个并不成功的技术中，无法实现与别的消费者的兼容，这样的疑虑和担心将毁掉一种功能卓越的技术的市场前途。因此，为了实现新技术的价值最大化，小网络往往需要将这个价值与产业中的其他竞争者分享。

2）平台策略

所谓小网络，只是针对某个网络产品而言。如果竞争的网络产品的消费者网络和其他产品的消费者网络有很大的重叠，小网络的竞争者往往可以借助其他产品的大网络来和竞争对手竞争。例如，联众和腾讯公司，联众是一个游戏平台，2003 年的时候，联众是世界上最大的休闲游戏平台，拥有 2 亿注册用户，月活跃用户 1 500 万，最高同时在线人数 60 万，在中国、美国、日本、韩国架设有服务器，这样的规模貌似是不可动摇。游戏平台是一个典型的具备网络外部性的产品，因为游戏的人越多，意味着用户越容易找到适合自己的游戏玩家一起在线游戏。如果一家企业也开发游戏平台和联众竞争，竞争的难度可想而知。但是，自从腾讯公司进入在线游戏平台，2003~2013 年，可提供的游戏类型已逾 70 款，注册用户 3.5 亿，最高同时在线人数超过 700 万。而联众的市场份额则从 2000 年的 85%下降到 2010 的不到 1 %。为什么在网络游戏平台这种具备较强网络外部性的市场，作为小网络的腾讯游戏会战胜占绝对统治地位的联众游戏？其原因在于腾讯 QQ 的消费者网络和联众游戏的消费者网络有很大的重叠,腾讯游戏借助了腾讯 QQ 强大的平台，很快就战胜了强大的对手。可见，如果小网络能够借助其他大网络的优势，同样可以战胜同一市场的大网络。

小结

1. 标准竞争是网络经济下企业竞争的一个重要层面。成为标准的产品可以在正反馈的作用过程中得到最大的利润。标准竞争是一个动态的过程。

2. 先发制人的取胜原理来源于正反馈过程中的先占权优势。微小的、偶然的事件对市场发展路径可能产生不可忽视的影响，有时成功和失败仅一步之差，能否抢先进入市场往往是决定成败的重要因素。

3. 由于预期具有自我实现，并且引发正反馈的特点，所以对预期的管理已成为网络市场中最重要的战略之一。消费者预期会成为标准的产品或技术最终将成为真正的标准。

4. 竞争效应意味着竞争的加剧，因为市场内的竞争者数量增多了；网络效应则意味着需求的上升，因为消费者更喜欢规模更大的网络。兼容问题取决于这两个效应之间的比较。如果网络效应强大到足以抵消竞争效应的影响，那么厂商必然采纳兼容的决策。

5. 一个进行标准竞争的公司必须意识到，可能和自己合作的人包括互补产品及替代产品的提供者，而替代产品的提供者就是自己的竞争对手。

✲ 概念与术语

标准竞争　先发优势　渗透定价　预期管理　兼容　战略联盟　适配器　共同持有　有效网络　新技术策略　平台策略

复习与练习

1. 标准竞争为什么在网络经济下变得如此重要，它与网络外部性和正反馈的关系如何？

2. 先发制人的原理是什么，具体如何运用？

3. 预期管理是如何利用预期自我实现的原理的，具体表现在什么地方？

4. 网络经济下的企业应该在什么情况下，与什么企业建立一种怎样的兼容和联盟关系？

第七章

网络经济环境下的反垄断

在第四章关于网络市场的结构分析中，我们可以看到网络市场普遍存在寡头垄断的现象，因而随之而来的问题就在于，这种寡头垄断是否造成了垄断的事实，政府面对这种情况是否应该进行反垄断管制，如果要进行反垄断管制，理由是什么，又该如何来做？

第一节　反垄断政策的目标

【内容提要】

反垄断政策的政策目标主要包括促进和保护竞争、消费者福利最大化、促进创新和技术进步、保护企业公平利益等。

【学习要求】

掌握反垄断政策的目标。

一、促进和保护竞争

反垄断政策的根本目标是促进和保护竞争，将竞争作为资源分配的最基本手段，维持公众对市场体制的信心。竞争过程一方面会产生商品和服务的最低价格，另一方面也使消费者对商品和服务的类型及质量有自由选择的余地。具体来看，这一根本目标又体现在以下各个层面：消费者福利最大化；培育创新和促进技术进步；通过公平和平等目标保护每个企业；维持分散的经济力量。

二、消费者福利最大化

垄断带来产量减少，引起消费者剩余减少，并将其中一部分转移到拥有市场力量的企业手里。有的学者认为，一些合并虽然引起了福利转移，但效率的提高使总体福利增加。福利分配应通过税收或其他途径，而不是反垄断政策来实现。目前，主流的观点是反垄断政策既要避免或减少无谓损失，同时也要避免或减少福利转移，以期实现消费者福利最大化。

三、促进创新和技术进步

创新反映了动态的效率，是创造社会福利的关键途径。垄断企业是价格的制定者，缺乏创新的激励。事实上，为了保护其垄断地位，它们还可能试图压制或者劝阻其他企业从事技术创新。引入市场竞争机制将有效地鼓励创新。但是，为了克服“搭便车”问题，鼓励对 R&D 进行充分的投资，又有必要设立专利制度，为创新者提供一定时期的合法垄断，作为对其创新活动投资的公平补偿。在反垄断政策和专利制度之间需要寻求一个平衡点，这一平衡应当以效率作为判断的基准。此外，在某些领域，进行创新和开发需要大量的社会资源支持，小型的或者单个企业的行为不能具备创新所必须的条件，因此，对大型企业的存在和企业间的联合，反垄断政策就应该从社会利益出发，进行一定的豁免，鼓励企业进行技术创新。

四、保护每个企业的公正和公平利益

反垄断政策“保护的是竞争，而不是竞争者”。从本质上讲，它并不以关注某个企业的命运为己任。反垄断政策保护企业利益，主要是通过给每个企业创造公平竞争的机会与防止垄断企业滥用其优势地位损害中小企业的方式进行的。在公平、平等、自由的市场经济环境中，企业生存与发展的命运完全由自己把握。

五、分散经济力量

分散的经济力量是现代民主制度的经济基础。垄断不仅破坏市场的竞争机制，而且过于集中的经济力量还会对民主的政治体制形成较大的影响。但是，追求分散化目标与效率可能存在冲突，特别是在市场日益国际化的今天，当国外的竞争产业占有优势的时候，本国政府往往很少考虑国内产业中的分散化问题。

以上反垄断目标都与效率存在关联。消费者福利最大化关注的是分配的效率，创新和技术进步着重于动态效率，而保护公平竞争以及分散经济力量也必须同时考虑生产效率的要求。因此，在很多时候，效率往往是反垄断的基本出发点。

小结

反垄断政策的政策目标主要包括促进和保护竞争、消费者福利最大化、促进创新和技术进步、保护企业公平利益等。

✲ 概念与术语

消费者福利最大化　分散经济力量

复习与练习

1. 简述反垄断政策的目标是什么?
2. 请评价反垄断政策在实际经济中是否能够达到目标?

第二节　垄断势力的度量标准和效率分析

【内容提要】

反垄断政策的政策执行需要先判别企业的垄断势力，如何评判企业的垄断势力，本节给出了结构标准、行为标准、绩效标准等判断标准，并且分析了网络经济下的效率问题。

【学习要求】

1. 掌握垄断势力的评判标准。
2. 掌握垄断势力下网络市场的效率分析方法。

一、结构标准

最直接的评估企业的经济力量的方法就是企业在相关市场中的市场占有率。在实践中，企业产品在相关市场中的市场占有率是执法机构在判断是否构成垄断时的最主要的考虑因素，虽然各国对多高比例的市场占有率构成垄断的看法并不一致。例如，德国《反对限制竞争法》规定，一个企业至少占有 1/3 的市场份额，推定其具有市场优势地位。日本、韩国以及我国台湾地区的相关法律则将某企业市场占有率超过 50%的认定为垄断。

单个企业的市场占有率概念存在一定的限制。例如，优势地位是相对比而言的，显然还必须考虑竞争对手的市场占有率。市场集中度概念可以看做单个企业市场占有率概念的一个推广。最广泛使用的衡量集中度的指标是集中率，m 家厂商的集中率就是市场中 m 家中的最大企业所占有的整个市场销售额的比例①。例如，德国《反对限制竞争法》规定，最大的 3 家企业共同占有的市场份额（CR_3）达到 1/2，或者最大的 5 家企业共同占有的市场份额（CR_5）达到 2/3，即可认为市场中存在垄断。赫芬达尔指数是衡量集中度的另一个重要指标，它能够对销售者的大小分布提供比单一的集中率更丰富的信息。如果用 s_i 表示厂商 i 在整个产业销售量中所占的百分比（即市场份额），那么赫芬达尔指数就定义为

$$\text{HHI}=(100s_1)^2+(100s_2)^2+\cdots+(100s_n)^2$$

其中，n 表示厂商的数量。如果市场中只有一个单一的卖方，赫芬达尔指数就达到它的最大值 10 000，然后随着厂商数量的增加而下降。美国司法部将赫芬达尔指数值 1 000 作为临界值，大于 1 000 即为寡占型市场结构如果一次并购导致产业的赫芬达尔指数值大于 1 000，那么这次并购就有可能因触犯反垄断法而遭到质问。

实证研究表明，高集中度指标标志着一个产业会有较高的价格–成本比率。传统的共谋假设认为，一个产业集中度越高，厂商间竞争越不激烈，因而价格–成本比率也就越高。另外，随着厂商数目的减少，厂商之间的共谋将更容易达成。从这一理论出发，可以得出的一个合理的政策运用就是要打破产业的高集中度，这就为反垄断政策提供了依据。

对此，德姆塞兹提出了不同的观点，即所谓不同效率假设（或高效率假设）：高集中度不会导致高价格–成本比率；相反，高集中度倾向于和高价格–成本比率共生。这一理论认为，一些产业倾向于少数具有与竞争对手不同优势（较低的成本或较好的产品）的厂商。在这些产业中，优势厂商倾向于主导整个市场，因此，集中度将会很高，并且有能力将价格定在成本之上，从而价格–成本比率和产业利润都会很高。这时，如果人为打破产业的高集中度，就会惩罚那些具有高效率的厂商，从而阻止它们提供更加物美价廉的产品，损害消费者的利益。实际证据有力地支持了不同效率假设：证据表明，一个厂商的利润与其市场份额成强的正相关关系，而产业利润和集中度之间只有微弱的正相关关系②。

市场占有率或市场集中度指标只关注实际存在的竞争而忽视了潜在的竞争。一般认为，一个可信的进入威胁将引导在位厂商更加激烈地竞争。只有在维持新的竞争的高进入壁垒时，既有的垄断地位才能得到保证。进入壁垒是一个充满争议的概念。贝恩认为，进入壁垒是“在位厂商可以长时间把产品售价定在最小平均生产成本以上，而不会引起潜在进入者进入的程度”。显然，贝恩是从结果来定义进入的，这就使进入壁垒的范围极为广泛，包括了规模经济、进入的必要资本量、政府限制（如专利和关税）、在位厂商的绝对成本优势（以专利或商业秘密形式得到保护的技术、对低成本原料供应的控制、在实践中发现的提高生产工艺的方法）等。斯蒂格勒为进入壁垒提出了一个完全不同的定

---

① 理论研究中，最经常采用指标是前 4 位企业的集中率 CR_4。

② 参见吉帕 W. 维斯库斯反垄断与管制经济学. 陈甬军译. 北京：机械工业出版社，2004.

义：打算进入某一产业的新厂商必须负担而在位厂商无须负担的生产成本。这一定义着重指出了在位厂商和潜在厂商的成本差别，如新产品的推广费用，但并不包括规模经济等在内，其范围要较贝恩的定义窄。不管进入壁垒如何定义，壁垒的消除都将有助于克服垄断，并对福利形成影响。

二、行为标准

企业自身的市场行为也可用于判断企业是否处于垄断地位。如果一家企业处于垄断地位，它将不会考虑其他企业的存在而独自行为，进行价格歧视、掠夺性定价及搭售，甚至拒绝交易。从企业的外部客观行为来认定企业在相关市场中的地位，更符合反垄断的要求，因为这些行为不仅表明了该企业具有垄断地位，而且直接构成了滥用，削弱了市场竞争程度，损害了市场竞争秩序。这些行为也成为企业垄断的最突出的表现形式。但是，如何把握这些行为和行为程度，只有处于垄断地位的企业才有可能做出，公共政策在实践中存在一定的困难。

三、绩效标准

根据企业的实际绩效来判断企业是否处于垄断地位也是一种由果推因的方法。处于垄断地位的企业是价格的制定者，或者能够影响市场价格，从而可能获得较好的经营绩效。但是，这一标准存在两个问题：第一，垄断地位虽然经常与较好的绩效相联系，但却不是后者的必要条件。绩效的取得不能排除其他方面的原因，并且垄断地位甚至也不一定是较好绩效的充分条件。第二，关于较好绩效本身也存在确认上的困难。如何对绩效进行评估，以及选取什么标准进行衡量，都存在争议。

在实践中，结构标准、行为标准、绩效标准常常结合起来使用，从各个不同的角度出发，来判断企业是否处于垄断地位，并产生滥用这一地位的行为。总体而言，欧盟和日本等较注重市场结构，而美国近年来的判决则更注重市场行为。此外，如前文所言，时间因素也是考虑的一个方面。以市场占有率为例，如果企业的市场占有率很高，但维持这种情形的时间很短，该企业也难以对市场竞争形成真正的威胁，形成真正的垄断。

从结构标准而言，大部分网络市场都存在明显的垄断情况，这个毋庸置疑，但政府是否应该进行垄断管制，则复杂得多。本书并不准备在法律层面讨论哪种情况属于垄断，或者政府具体应该如何处理这些垄断，而仅仅从经济学的角度来讨论网络经济下垄断的影响以及厂商的行为和政府对于该现象的原则。

基于这个逻辑，本节从几个方面对网络市场下的垄断进行讨论：①网络经济下的垄断是否造成了效率的损失？②网络经济下处于垄断地位的企业是否存在不正当行为的可能？③网络经济下垄断和传统市场垄断的异同之处，以及政府对于网络经济下的垄断是否存在和传统市场垄断不同的原则或处理方法。

最早从经济效率的角度对垄断以及政府是否应该对垄断进行干预展开理性分析的

是以施蒂格勒为代表的芝加哥学派[①]。他们认为经济效率包括两个方面的内容：一是生产效率，指企业以最低的成本来生产。二是分配效率，是指经济达到这样一种情况，即不可能找到一种使某人变好而不会使其他人的情况变差的方式来改变资源的分配。在完全竞争市场里，每一个产品都是在边际成本等于市场价格处进行生产的，便达到资源分配效率。芝加哥学派的学者认为垄断势力的存在对生产效率和分配效率产生不同的影响。一方面，垄断力量的存在使垄断厂商有限制产量来提高价格的能力，这不仅使部分消费者福利向垄断厂商转移，也使消费者剩余与生产者剩余变少，造成无谓的损失。另一方面，从规模经济的角度上看，垄断更有利于降低生产成本，提高生产效率，也就是说，较高的市场集中度可能伴随着较高的生产效率。因此，这两个目的并不是始终一致的，它们需要被综合起来进行整体考量，进而判断垄断对整个社会福利造成的影响。

芝加哥学派的分析并非是完整的，他们并没有将技术创新包括进来，换句话说，他们更多地考虑了静态效率而忽略了对经济增长和社会福利起到更重要作用的动态效率。而在网络经济环境下，"消费者收益的关键推动力是技术进步"，这一事实表明动态效率在这些产业特别重要，同时也表明网络经济下垄断与创新的关系是我们不能不关注的。

网络经济环境下，经济政策的目的是要实现经济效率的最大化。而经济效率有三种形式，即分配效率、生产效率和动态效率（Economides，2003）。要最大化分配效率，产品必须以接近于成本的价格销售；为了最大化生产效率，产品必须尽可能以最有效的方式生产；为最大化动态效率，产业必须实现创新与增长的最大化。下面我们就从这三个方面对垄断的经济效率展开分析。

（一）网络经济下垄断的动态效率分析

从长期的、动态的角度来考察企业的垄断力量和竞争行为，实际上就是要判断垄断力量与创新之间存在一种什么样的关系。如果垄断促进创新，那么垄断就是合理的，是动态有效率的；反之，就是不合理的，是动态无效率的。熊彼特[②]在《经济发展理论》与《资本主义、社会主义与民主》中独创性地对垄断和创新之间的关系进行了分析，使人们第一次从动态的角度来看待市场结构的问题（以下想必是经济学文献中被引用最频繁的一段文字）：

"经济学家现在终于从只见到价格竞争的阶段摆脱出来。一旦容许质量竞争和销售努力进入神圣的理论殿堂，价格变量就被逐出原先它所占据的支配地位。然而，在不变的条件、不变的生产方法特别是产业组织形式的僵硬模式中的竞争，实际上仍然是人们唯一关注的中心。但在迥然不同于教科书中所描绘的资本主义现实中，有价值的不是那种类型的竞争，而是新商品、新技术、新供给来源、新组织类型的竞争……这种竞争是拥有决定性的成本或质量优势的竞争，它打击的不是现有企业的利润和产量边际，而是

---

① 芝加哥学派的观点自20世纪70年代开始影响美国反垄断政策并成为占据主导地位的经济学分析理论。不仅其观点被最高法院的判决和政府文件采纳，而且这一学派的几个代表人物，如波斯纳、伊斯特布鲁克等也成为联邦上诉院的法官。虽然这一学派的观点近年来不断受到挑战，但其对美国反垄断政策的影响至今仍未消退。

② 约瑟夫·阿罗斯·熊彼特（Joseph Alois Schumpeter，1883—1950），美籍奥地利人，是当代西方经济学界的一个自成体系的经济学家，其很多著作都成为经济学界的经典并被广为引用。

它们的基础和它们的生命。”[①]

熊彼特的理论已经问世一个多世纪，但他的想法，以及他是如何想到这些的，仍然是一个令人感兴趣的话题。下面，我们会在和熊彼特经典理论的比较过程中说明网络经济下这一问题的一些特殊性。

1. 短期垄断力量可以激励创新

网络经济下短期垄断有利于激励创新，有利于技术进步和长期的经济增长，这和熊彼特的结论是一致的。新古典经济学对垄断的分析及其结论往往是建立在静态分析基础上的，而忽略了对经济增长和人类进步更为重要的内容——创新和技术进步，因此，建立在这种静态的社会福利分析基础上的结论显然是不完整的。与新古典经济学分析模式不同，熊彼特将竞争视为非均衡的过程，从技术创新的角度为垄断力量的存在进行了“辩护”。他认为，每一时期市场被某一企业垄断，该企业可以进行垄断定价以获得垄断利润，垄断利润吸引新竞争者进入市场，当某一新企业生产出更为优异的产品时，就会取代原来的垄断企业，成为新的垄断者。这种以技术创新为动力的市场垄断企业的代代替换就是熊彼特所言的“创造性毁灭”的过程。虽然每一时期的垄断企业都能获得垄断利润，但是，技术创新为社会带来的好处超过企业兴衰替代过程中造成的社会成本。熊彼特认为，企业家基于创新而获得的垄断性质，是创新行为成功所必不可少的，并能为创新者争取到发展所需的时间和市场空间。这些人所获得的超额利润，实际上是资本主义颁发给创新者的奖金。他进一步肯定地说，如果没有各种垄断行为给大企业带来垄断利润，创新行为将不会出现，大规模的生产也无法形成。也就是说，垄断利润不是以往人们所说的一种剩余性质的报酬，而是一种激励创新的功能型报酬。

在数字产品市场，短期垄断地位的必要性显得更为突出。因为数字产品具有特殊的成本结构，开发成本很高，生产、复制成本很低，为了分析的方便，我们可以假定零边际成本，企业如果按照边际成本等于边际收益的原则来进行定价，根本无法收回前期的开发成本，这样，企业也不会有对研发进行投资的动机。如果数字产品市场是一个完全竞争市场，竞争者进出市场没有任何门槛，企业没有影响价格的能力，被动地接受市场价格，那么竞争结果必然是产品价格降到边际成本水平，盗版猖獗，投资研发的企业亏本，创新动力匮乏。因此，数字产品的定价总是远远高于完全竞争下的情形，这不仅仅是企业生存的需要，也是激励研发和创新的需要。正如熊彼特说的那样“完全竞争状态并不是创造性毁灭过程所依存的理想环境。从短期看完全竞争可能比其他市场组织更有效率，但从长期来看，它在效率上不如垄断，因为它不利于创新活动的开展”[②]。

---

① 参见 Schumpeter J A. 1943：Capitalism，Socialism and Democracy. London：Allen & Unwin，1975.

② 熊彼特在《资本主义、社会主义与民主》中指出，完全竞争不仅是不可能的，而且是低劣的，它没有权利被树立为理想效率的模范。因此，他认为，把政府管理产业的学说置于“应该让大企业像各个完全竞争类型的企业在完全竞争制度下面工作”的原则的基础上是错误的。

2. 动态无效率的可能性

网络外部性的存在带来了重新审视垄断动态效率的必要性。到此为止，我们的分析都是建立在熊彼特的创造性毁灭学说基础上的，但在网络经济环境下，客观条件产生的变化以及熊彼特那个时代所不能看到的一些新问题、新现象决定了熊彼特的创新理论并非完全不需要修正。

熊彼特一方面承认个别企业会在短期内取得垄断地位（在他看来，这种短期的垄断地位，不仅不是社会的祸害，反而是创新活动和经济增长必不可少的前提条件），另一方面他否认个别企业可以不依靠政府力量而长期保持垄断地位以致影响社会的总产量，他坚信当某一新企业生产出更为优异的产品时，就会取代原来的垄断企业，成为新的垄断者。这种创造性毁灭过程必将不断持续，以至于任何厂商都无法保持垄断地位，除非借助政府的帮助。这在网络经济下是否也是同样成立的呢？如果深究熊彼特的创新理论，我们可以发现，熊彼特的创新与生产联系是极其密切的，但与消费的结合却很淡薄。换句话说，熊彼特假定经济发展是通过新的生产方法创造生产资料，并用新的供应方法供应生产资料的途径而取得成功的。消费者只是被动地接受经济发展的影响，而不可能成为其要因。正是因为熊彼特将创造性毁灭过程建立在生产环节之上，才能得出“在企业家的带领下，新产品巨大的成本和质量优势迫使旧的垄断者退出，迎接新的垄断者进入，进而成为一个周而复始的创造性毁灭过程”的结论，而我们通过前文却可以看到，消费者在网络经济中的作用是至关重要的，甚至比生产研发环节更为关键。网络经济对于消费者的倚重使我们不得不重新考虑熊彼特的结论。

在网络经济环境下，对于消费者而言，随着网络的扩大，相关产品或服务价值也在增加，因而这也制约了用户转向其他替代品。如果使用销量最大的文字处理软件的某用户放弃目前所使用的软件，去选择另外一个软件，而且两个软件之间的兼容问题没有解决，就有可能造成和其他人文书往来的不便，因此，即使目前使用的软件价格较高，或者功能不如替代品，该用户也不太可能去选择替代品。也就是说，如果产品或服务由于先入优势或者其他原因占有了最大的市场，即使后来出现的产品比它更为先进、功能更加完善，后者也会因为网络外部性和用户锁定的存在而很难与前者竞争。因此，在传统行业里司空见惯的优胜劣汰规律，有时在新经济行业里不会发生作用。技术更加先进的、后出现的产品往往因为市场在位者（既存产品）的网络外部性和用户锁定而无法取而代之，被逼出市场。在网络经济环境下，由于网络外部性的存在和作用，企业不仅仅可以依靠创新获得短期的垄断地位，还可能依靠自己的市场份额和先发优势获得长期的垄断地位（这种垄断地位是属于某个企业，而不是某一种产品或产品的某一个版本的）[①]，打败技术更为先进的竞争者。

熊彼特的理论强调了技术发展的作用，对我们研究垄断市场有一定启发，但缺乏具

---

① 当我们说微软的Windows操作系统，始终都占据着操作系统的主流的时候，我们指的并不是Windows 98、Windows 2000或者是 Windows XP，我们指的是这样一个不断传承发展的系列，正因为它们的存在，利润才能源源不断地流入了微软的腰包，而不是 Linux、Unix，乃至其他可能存在的，或是即将出现的、更为优秀的操作系统开发商手里。

普遍性的实证支持，很显然，他眼里的垄断企业似乎并不强大，很容易被取代。然而，除了技术竞争外，的确有其他竞争和反竞争手段存在，这些也应加以分析。在网络经济环境下，企业依靠网络外部性强化的市场力量对其他企业、技术的排斥显然是反竞争的，是不利于动态效率和技术创新的。垄断不仅可能造成静态经济效率的损失，也可能造成动态的无效率，让次优技术占领市场。

3. 随机模型

前文已经介绍的随机模型可以确定“赢家通吃”是最后的市场结果，但是，究竟何种技术会最终在市场上获胜，我们无法给出确切的答案。这就是 Arthur（1989）所谓的偶然事件导致市场最终被锁定在一种技术（产品）上。

通过随机模型，我们发现，消费者在市场竞争过程中起到不可忽视的作用，随机模型中两产品之间并无优劣之分，只是不同类型的消费者对它们有不同的偏好而已，以至于出现了“一边倒”的竞争结果。而在现实的情况下，如果把企业争取市场份额的各种竞争策略（渗透定价、夸大网络规模、汽件预告等）、可能存在的先发优势或者公共政策倾斜等因素考虑进去，则次优技术完全可能通过网络效应引发的正反馈作用占领市场，让更好的技术被淘汰。因此，简单的优胜劣汰的规律在网络经济下是不成立的，获胜的可能是次优者，即使更好的产品出现了，也未必能够克服网络效应构造起来的重重壁垒，进而占领市场。正因为良性的熊彼特竞争未必能够持续下去，才有了公共政策关注垄断，关注市场动态效率，保障创新持续的必要。

（二）网络经济下垄断的分配效率分析

有关分配效率的分析总是和消费者福利联系在一起的。关于垄断消费者福利损失的量化研究，始于 Harberger（1954）在 *Monopoly and resource allocation* 一文的研究，他考察了 1924~1928 年美国制造业 73 个部门的有关证据，考察每个部门局部均衡的福利损失。与竞争企业相比，垄断者能赚取更高的利润，是因为垄断者把价格定在边际成本之上。这说明垄断权力把福利从买方转移到卖方手中。一方面根据帕累托标准，这种福利的重新分配不属于社会福利损失。但另一方面，因为垄断者通过索取高价来占有消费者剩余，所以垄断还是会造成社会福利的减少，除非需求是完全没有弹性的。

如果价格高于竞争价格，那些以高价继续购买产品的消费者所损失的消费者剩余正好等于生产者多获得的盈利，但那些因高价而停止购买产品的消费者所遭受的损失却不能被生产者的盈利所抵消。垄断高价扭曲了消费者的购买选择，产生了福利损失，这个净损失可以用图 7-1 的三角形阴影部分面积 *ABC* 来表示。这是我们在微观经济学的基础教程中已经非常熟悉的内容，它以完全竞争作为参照，得出的结论自然是：因为垄断力量的存在，企业出于利润最大化的需要，存在限产提价的可能，这会导致消费者剩余的损失，同时，也会导致社会总福利的损失，因而是不利于市场效率的。当然，事情往往并不那么简单，在网络经济下，这种只考虑既定需求下的企业短期利润，而不考虑企业之间存在的更为激烈的质量竞争和销售努力的讨论显然是不完整的，因此，有必要将讨论继续下去。

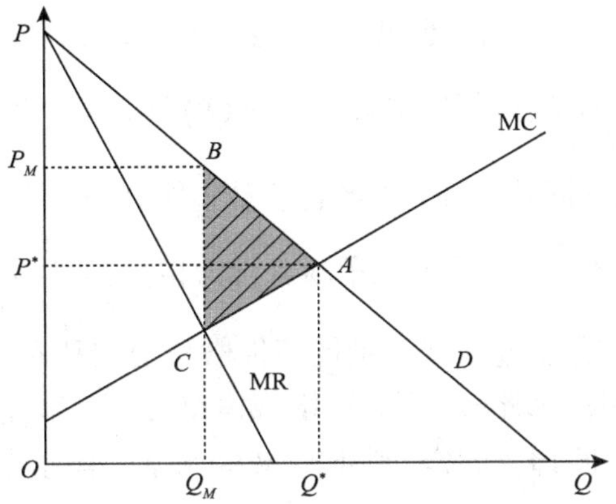

图 7-1　哈勃格三角的福利损失

1. 独立市场静态模型——模型中的垄断者没有限产提价的动机

我们先构造一个独立市场静态模型，用这个模型来说明我们的结论。回顾传统产品垄断市场，Cournot 分析了只能制定适用于所有消费者的线性价格的弱垄断的情况。他假定垄断者面对一个给定的市场需求函数，而不去考虑生产相关产品企业的潜在行为和反应。垄断者利润最大化时的定价问题就是 $\max\limits_{Q\geqslant 0}\pi(Q)=R(Q)-C(Q)$ 时产量、价格的决定。

遵循这样的思路来分析网络经济下的情况。首先我们可以假定一个独立的数字产品市场，生产者处于垄断地位，面临市场需求曲线和自身成本约束，以考察它在实现自身利润最大化时会选择怎样的产品规模，制定怎样的产品价格。其次，我们再放松假设，考虑产品间存在的竞争和生产者在争取规模经济和垄断力量时的定价政策，修正原先分析的结果，一步步地逼近网络经济中的现实状况。

在独立市场假设下，不存在来自其他可替代产品的竞争影响，所以不存在临界容量的问题。同时也暂不考虑网络规模饱和后出现的拥塞和管理成本飙升的可能性（这是由于现实中数字产品的消费规模几乎不会出现达到饱和点的情况），我们只需要考察市场需求曲线中向上倾斜的部分。假设这段需求曲线的方程式为

$$P(Q,Q^{e})=a-bQ+\varphi(Q^{e}),\quad Q^{e},\quad Q\in[1,N]\text{ 且 }Q\leqslant Q^{e}$$

其中，$P(Q,Q^{e})$ 表示产品价格；$a-bQ$ 表示边际消费者对产品偏好程度逐渐减弱；Q^{e} 表示拥有完美洞察力的消费者对网络规模的预期；$\varphi(Q^{e})$ 表示消费者为网络效应引发的协同价值而增加的支付意愿，是关于 Q^{e} 的一阶单调增函数；N 表示网络规模过大使需求曲线下弯时的值。生产者的目标是实现利润最大化，生产者的利润函数为

$$\underset{Q\geqslant 1}{\Pi}=P(Q,Q^{e})Q-C(Q)=aQ-bQ^{2}+Q\varphi(Q^{e})-C(Q),\quad Q^{e},Q\in[1,N]\text{ 且 }Q\leqslant Q^{e}$$

其中成本函数为

$$C(Q)=\begin{cases}F+O(Q), & Q\geqslant 1\\ 0, & Q=0\end{cases}$$

当企业选择不提供该产品时，成本为 0，第一份数字产品一旦产出，固定成本 F 就发

生了，而$O(Q)$是关于Q的一个无穷小量，可以忽略不计，我们可以近似地认为$C(Q)=F$。

我们来考察一下Q^e对利润函数的影响，由于$\varphi(Q^e)$是关于Q^e的增函数，$\frac{\partial \Pi}{\partial Q^e}=Q\varphi'(Q^e)$恒大于0，所以，$Q^e$越大利润就越高，生产者总希望能有一个更大的网络规模直至饱和产量。接着考察既定Q^e下的情况，这同传统垄断者行为相似，$\frac{\partial \Pi(Q,Q^e)}{\partial Q}=a-2bQ+\varphi(Q^e)$，令其等于0可知，垄断者有通过缩减产量提高价格来增加利润的意图。但这种意图是不可能实现的，因为一旦垄断者缩减产量，网络规模也将随之减小，利润必然也相应减少。图7-2形象地表现了这一原理，假定Q^e处于N的水平，需求曲线为D（$Q^e=N$），而垄断者意图根据$MR_{(N)}=MC$的传统办法制定产量和价格，则消费者对Q^e的预期就会降至图7-2中Q_1的水平，需求曲线向下移动，变为D（$Q^e=Q_1$）。很明显，在$Q^e=N$的水平上，生产者的利润为NP_N-F的部分，而在$Q^e=Q_1$的水平上，生产者的利润大大地减少了，变为Q_1P_1-F，其中，F是厂商先期投入的固定成本。因此，在静态独立市场模型上，我们通过分析得出如下结论：垄断者倾向于生产最大规模的产量并以P_N的价格向用户出售。

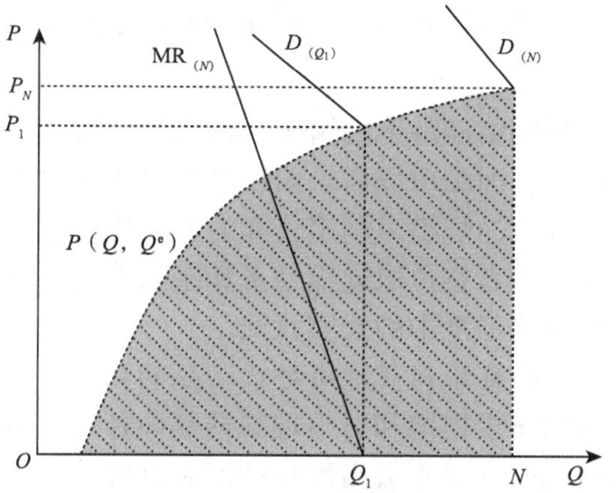

图7-2　独立市场垄断者定价

通过最基本的独立市场静态模型，我们得出：生产者倾向于使其产量不断扩大至市场饱和规模，并以最后一个进入市场的消费者的保留价格作为其定价标准。这个结果很难经得起实践的验证。在模型中，消费者对于网络规模拥有完美洞察力，结果网络外部性被内在化了，变成了生产者利润的一部分，在图7-2中表现为曲线$P(Q,Q^e)$下包含的阴影面积。但在现实网络经济中，生产者不可能维持这么高的定价，要求消费者来支付网络外部性引起的产品价值增值。更普遍的情况是数字产品常常被低价出售或者免费派送，甚至还有些企业为实际使用其产品的消费者提供补贴。分析其原因主要在于：其一，生产者实现规模经济获取垄断力量是一个动态的过程。产品推入市场初期，必须以较低的价格吸引消费者购买，引发网络外部性，产生正反馈。其二，即使生产者已经获得了垄断地位，它还必须通过限制性定价继续保持和扩大市场份额，阻止潜在竞争者的进入。其三，网络经济比之传统经济，数字产品比之传统产品都表现出更大的可变性和动态性，产品定制和服务个人化在网络经济中十分普遍，企业不必向所有的消费者索取相同的线性价格。

2. 垄断者缺乏限产提价的能力

一家企业能够限制产量并提高价格，必须是以它不会面临竞争威胁为前提的，也就是说，对产量的限制只可能发生在企业完全地拥有市场支配力之后。而网络经济下日益激烈的竞争使垄断企业的垄断地位时时受到外界的威胁。

Linux 对 Windows 操作系统垄断地位的挑战便能说明这一点。Linux 是由软件开发人员义务参加、通过互联网合作，协力开发的操作系统，在其诞生后在不到 10 年的时间已经占有了服务器操作系统市场 25%的份额。其原因主要在于该软件性能稳定并且可以免费获得。Linux 的成功说明微软的垄断地位并非是不可动摇的。打破微软垄断的关键在于克服网络外部性带来的市场壁垒，减少消费者选择其他产品时需要额外花费的转移成本。而要减少消费者选择其他产品时需要付出的转移成本的一个重要问题就是要解决各种应用软件对操作系统的依赖关系，使软件可以跨平台使用，或者至少使基于 Windows 开发出来的软件可以比较容易地移植到其他平台上面。如果用户在其他操作系统或平台上也能使用应用软件，那么微软借助各种应用软件作为互补产品产生的网络外部性就会被大大地削弱。Java 语言的出现便极大地打击了微软操作系统的垄断力量，Java 语言是由 Sun 公司开发出的一种程序语言，最初的目的是解决嵌入式系统之间软件的跨平台难题。因此，它的设计尽可能地做到和操作系统无关（Java 通过 Java 虚拟机来保证 Java 语言与硬件、操作系统无关），也就是 Java 所宣传的那句话："一次编写，到处运行。"如果说 Java 和其他新产品完全解决了与微软操作系统的兼容问题，那么微软公司操作系统用户转换的成本就会大大降低，而一旦微软的垄断力量赖以生存的网络外部性被克服，其垄断力量就会变得十分脆弱。

在新的竞争环境下，创新天天都在发生，大的市场份额和网络外部性强化的市场壁垒未必就是坚不可摧的，芝加哥学派的学者就对大企业"不可动摇"的垄断力量表示怀疑。例如，波斯纳认为，在网络经济下产品边际成本低、技术创新率高、市场进出频繁及网络外部性等特点中，有的特点加强了垄断，有的则促进了竞争，其最终的结果可能是中性的。他指出："为获得垄断而进行的竞争是一种很重要的竞争形式。成功获得垄断地位的企业越想获得更多的保障以避免竞争，而要成为那样的垄断者就越会有更多的竞争。只要获得垄断地位的行为是促进社会生产力的，那么这样的竞争也是我们社会所需要的。"企业在争取垄断地位的过程中为了尽快达到临界容量会采用很多优惠条件来吸引消费者，这个阶段的企业虽然依靠知识产权保护获得了一定的控制价格的能力，但不会有限产提价的动机，因为它的目的不能只是短期的利润最大化，如果不能获得市场，它将无法生存，在它决策的过程中质量竞争和销售努力显得更为重要。这个阶段，竞争更为激烈，消费者的福利也随之增加。当企业占有了大部分的市场份额后，它有可能收取高额的利润以补偿前期的投入，但是，波纳斯认为，这仅仅是可能而已，虽然锁定、路径依赖和消费者的转移成本导致其他企业与之竞争的困难，但同时，网络经济下更快的技术更新速度、更为完善的金融市场、更小的资本进入壁垒及其他企业采用掠夺性定价等策略使打开市场的可能增大，加大了垄断者面临的威胁。因此，网络经济中达到垄断的企业是无法免于竞争的，在竞争的压力下它不会有限产提价这种牺牲市场换取短期利润的行为。

（三）网络经济下垄断的生产效率分析

对于生产效率的分析一般和规模经济联系在一起，规模经济是指在一定的生产规模内，企业的产出量与产品的长期平均成本成反比。在传统经济模式中，因为大企业常常伴随着规模经济出现，因而一般的逻辑是大企业往往生产效率更高。

但网络经济下，企业的生产发生了质的变化，高研发成本、低边际成本的特殊成本结构使规模经济变成了一般的情况，无论企业是何种规模，其生产的平均成本都会随着产量的提高而减少，因此，规模经济很难再成为大企业有利于生产效率的依据，关于大企业是否伴随着更高的生产效率应该看其是否带来了更低的研发成本。虽然大企业可能伴随着更高的管理水平、更好的组织方式、更强的经济实力，但是，却不能得出其拥有更低的研发成本、更高的 R&D 投资效率的结论，这一点是显而易见的。

小结

结构标准、行为标准、绩效标准是评判垄断势力的主要标准，网络经济下的垄断从分配效率和生产效率上影响市场的竞争效率，并且从长期和动态的角度影响竞争效率。

概念与术语

垄断结构标准　垄断行为标准　垄断绩效标准　不正当行为　动态效率　分配效率

复习与练习

1. 简述垄断势力的评判标准。
2. 分析网络经济下企业如何动态影响竞争效率？
3. 分析网络经济下的垄断动态效率。
4. 分析网络经济下垄断对分配效率的影响。
5. 分析网络经济下垄断对生产效率的影响。

第三节　基于垄断的反竞争行为

【内容提要】

反垄断的政策执行是基于垄断企业的反竞争行为，本节以近年来的反垄断案例为基础，分析垄断厂商的反竞争行为和反垄断政策的实施。

【学习要求】

1. 了解垄断厂商的反竞争行为。

2. 掌握反垄断的基本原则。

在是否应该对网络经济的垄断企业进行垄断管制上存在两种观点：一种观点是延续传统垄断管制的思路，认为必须对网络经济下的企业的垄断地位进行垄断管制。而另外一种观点则是，网络经济下的垄断地位无须管制，需要管制的是垄断行为而非垄断地位。

在垄断案中，属于网络经济的垄断案件占了很大的比例。而争议最大，对网络经济有典型意义的就是微软垄断案。我们较为熟悉的是 1997 年 10 月，美国司法部指控微软垄断操作系统将浏览器软件与视窗操作系统软件非法捆绑销售的案件。但事实上，微软公司面临的垄断指控远远不止这一例，欧盟反垄断案调查最初集中在 Windows 98 以及后来的 Windows 2000 服务器市场的垄断上。

反垄断的典型解释常常围绕价格展开，垄断者利用其市场控制力限产提价，致使消费者遭受损失。关于微软公司的案例，一些反对者说，实质上微软公司销售的所有产品都降了价，消费者怎么会受到损害呢？得到的回答是“司法部必须面向未来”。微软公司在争夺网络浏览器市场的领导地位时，将其最新版本的 IE 浏览器和最新版本的行业领导 Windows 操作系统以及该系统以后的任何升级版本捆绑销售，司法部对此进行了阻止。不只是微软公司，苹果电脑（Machtonish）、IBM、Sun、Novell 以及其他公司也先后在各自提供的操作系统中捆绑了更多功能。1999 年，在微软公司的反垄断案审理期间，网景被 AOL 购并，不到一年时间，AOL 被时代华纳兼并。司法部担心微软“压垮”竞争对手的同时，那些竞争对手正在加快效仿微软所做的。同样，司法部起诉 IBM“破坏反垄断法”，这与微软公司的案例在理论上惊人地相似。在长达 19 年的诉讼中，司法部一直没办法准确地说明它为什么要发起该诉讼。而最后司法部要求法庭解除这场诉讼，是因为发现“没有益处”①。张五常在谈及美国的这些反垄断案例时说，它是完全没有法律的，永远都是武断。特别是对于在网络经济下的垄断问题。由于传统的经济理论并不能很好地给这些问题提供理论支持，公共政策在此遇到了决策困境。

近些年来，随着网络和计算机水平的发展，中国在网络市场也陆续发生了关于垄断的诉讼。例如，2011 年国家发展和改革委员会（简称国家发改委）针对中国电信和中国联通关于网络宽带的垄断调查。调查的主要内容是，中国电信、中国联通在宽带接入及网间结算领域是否存在利用自身具有的市场支配地位阻碍其他经营者进入市场等行为。又如，2012 年 360 公司诉讼腾讯公司滥用市场支配地位行为都是在当时轰动一时的垄断案件。

本书并不试图评述案件本身，但是，通过国内两起比较著名的垄断案，我们可以看到，网络市场中的垄断案件要与传统垄断案件存在很大的差异。

---

① 米勒 R L，本杰明 D K，诺思 D C. 公共问题经济学. 楼尊译. 上海：上海财经大学出版社，2002.

虽然在众多网络市场的垄断案中，被诉方是否具备垄断地位都是首先争议的重点，但是更多地可以理解这是法律的程序或者是辩论的需要。实际上，在网络市场中，垄断地位本身并不是反垄断的重心，而是垄断者是否基于垄断地位做出损害消费者和竞争者的行为。之前提及的，如微软垄断案，中国电信、中国联通垄断案及腾讯垄断案，被起诉的原因都是其基于垄断地位而损害了竞争者的利益。

诚然，垄断是否阻碍了竞争，这是一个在学术界仍然广泛争议的话题，但至少对于网络市场而言，网络产品天然具备自然垄断的特性，这从网络市场的市场结构分析已经说明了这点。和传统垄断最大的不同就在于，网络产品垄断并不会导致限产定价，反而网络产品垄断会带来更高的社会福利，至少从一定时间段而言是这样的。

反垄断有两个公认的基本原则，即本身违法原则与合理原则。本身违法原则是指企业的某些限制竞争行为，不论其产生的后果如何，其行为均要受到法律的惩罚。合理原则是指市场上的某些企业行为虽然存在限制竞争的事实，但经过仔细分析后，其行为对市场竞争产生的正面效果大于对竞争产生的负面效果，从而限制竞争的行为被视为合法。

这两个基本原则各有侧重，何者在政策制定和执行中居于主导地位，要视不同时期及政府政策取向而定。一般说来，本身违法原则适用简单，执行效率也比较高。合理原则涉及对限制竞争行为进行的经济分析与价值判断。经济分析的复杂性及各方立场不同导致了对价值标准上的不同看法，在适用合理原则时，反垄断诉讼往往旷日持久且容易引发争议。在反垄断政策的制定中，一般对某些本身违法的行为进行直接的规定，而对合理原则情况给予明确的反垄断豁免。从政策的执行来看，随着放松管制的浪潮和技术的快速发展以及对效率的日益重视，适用合理原则的情况正逐渐增多。

与传统经济相比，由于网络外部性的存在，网络经济下的垄断更为普遍，并且呈现出新的特点；相应地，网络经济下的反垄断政策也必须重新加以审视。

在垄断的认定上，网络经济下的反垄断政策需要同时采用绩效标准、结构标准和行为标准。第一，在网络经济中，企业往往面临高风险与高收益相伴随的市场机会，因此，如果采用绩效标准认定垄断，对在激烈的市场竞争中生存下来的企业并不公平，也不利于产业的长远发展。第二，由于网络外部性和锁定效应的存在，网络经济必然会形成占有较大市场份额的企业，如果单纯采用结构标准，以产品在市场上的占有率来判断是否形成垄断，无疑漠视了网络经济的本质特征；同时，网络经济属于德姆塞兹在不同效率假设中指出的优势厂商天然倾向于主导市场的产业，强行对这些优势企业实施反垄断政策，会损害效率和消费者的福利；另外，从潜在的竞争角度看，网络经济以技术作为其基础，而相关技术发展速度极其迅猛，正是凭借技术优势，许多小企业迅速占领市场，对暂时处于领先地位的企业形成冲击和挑战。因此，在网络经济下，单纯的以结构标准判断垄断并不科学。第三，采用行为标准判断垄断存在一定的合理性。由于激烈的竞争，网络经济中较少存在超高定价或掠夺性定价。由于数字产品很容易修改，向不同的对象出售类似但功能和价格不尽相同的产品也很难说就是价格歧视。在捆绑销售问题上，垄断企业将购买者锁定，通过搭售从竞争对手那里购买产品或服务几乎变得不可能。前文所举的微软公司捆绑销售其浏览器的做法无疑是一个经典的例子。

从反垄断的目标出发，网络经济下的反垄断政策尤其需要重视消费者福利最大化和技术进步目标。在网络中，每个节点都是中心，网络本身对其中的每个企业是公平的，网络架构本身有助于实现力量的分散。这并不是说，网络经济不存在不平等和力量的集中，事实上，由于网络外部性的作用，网络经济更容易产生大规模企业。但是，如果一种市场行为或状态没有减少消费者的福利，甚至还有利于消费者福利的增加，那么就没有充足的理由制止这种行为或强行改变这种状态。如果这种行为或状态还有助于技术的进步和效率的提高，在网络经济已经在世界范围展开竞争的情况下，更不应简单地加以否定。

从反垄断的基本原则来看，网络经济下的反垄断政策需要同时运用本身违法原则与合理原则。企业凭借其产品的成本优势或质量优势取得优势地位，其优势地位本身并不构成违法，判定垄断还需要结合其实际采取的行为。同时，即使存在某些限制竞争的事实，也需要运用合理原则，通盘考虑其对市场的整体影响，采取适当的反垄断措施。

在欧盟委员会对微软公司做出严厉的处罚后不久，2004 年 4 月，欧盟最高法院就如何判定一家公司是否存在垄断行为，确立了一套严格的判定原则。法院认为，如果一家公司拒绝将其受到专利权保护的材料授权给竞争对手使用，要判定这家公司是否违反了反垄断法律，有三个“特别的条件”需要满足。

这三个条件分别是：拒绝授权，造成一种新的产品或者服务不能问世，而且市场对这种产品或服务具有一定潜在的需求；拒绝授权没有“客观公正的理由”；授权非常关键，如果没有它，就会造成相关市场竞争的缺失。欧盟最高法院的判定原则考虑了专利制度和竞争两者之间的矛盾，从行为标准（这里是特定情况下的不作为）入手，强调垄断的认定必须置于一定的相关市场背景，进而从消费者福利角度出发予以考虑。这一原则虽然对技术保护进行了限制，但是，从长远看，有利于技术的进步。同时，这一原则也采纳合理原则，规定了一定的豁免条件。应该说，这一原则对于制定网络经济下的反垄断政策具有一定的指导意义。

小结

结构标准、行为标准、绩效标准是评判垄断势力的主要标准，网络经济下的垄断从分配效率和生产效率上影响市场的竞争效率，并且从长期和动态的角度影响竞争效率。

✲ 概念与术语

垄断管制　本身违法原则　合理原则　拒绝授权

复习与练习

1. 简述垄断势力的评判标准。
2. 分析网路经济下如何从动态上的影响竞争效率。
3. 分析网络经济下的垄断的动态效率。
4. 分析网络经济下垄断对分配效率的影响。
5. 分析网络经济下垄断对生产效率的影响。

【案例分析】

电信联通垄断案

此次两家运营商的垄断行为之所以受到相关部门的注意，是缘于部分企业机构针对2010年下半年“断网事件”的举报。

由于宽带接入的双轨价差，弱势运营商纷纷通过第三方ISP进行转接，即所谓“流量穿透”，目的在于绕过中国电信的价格门槛，以相对低廉的价格接入电信骨干网。据中国电信一份内部材料估算，当时“流量穿透”使竞争对手单个用户成本下降25元/月。

2010年8月上旬，中国电信要求各省公司对高带宽和专线接入进行清理，除骨干核心正常互联互通点外，清理其他所有运营商和互联单位等的“穿透流量”接入。这一规定迅速引发行业内的震荡。8月12日至9月9日，27天之内，仅广东铁通就爆发了37 477件用户投诉，38 443户用户拒绝缴费，并有28 210户用户面临退网。业内人士估测，这场清理波及的互联网用户可能超过1 000万。

2010年下半年部分企业机构向发改委价格监督检查与反垄断局举报2010年下半年“断网”一事，是为此次反垄断事件的起因。

2011年4月下旬发改委价格监督检查与反垄断局向中国电信和中国联通下达了调查通知。

2011年6月发改委通报初步调查结论：认定两公司在相关市场具有支配地位，涉嫌存在滥用市场支配地位的行为。

2011年10月17日发改委就有关情况征求国务院法制办公室、最高人民法院和工业和信息化部（简称工信部）意见。

2011年11月9日中午在发改委未征求相关部门和企业的意见之前，发改委价格监督检查与反垄断局副局长李青通过央视披露了反垄断调查情况。据央视报道，发改委近日已就宽带接入问题对中国电信、中国联通展开反垄断调查，并有可能对两家企业进行反垄断处罚，如果事实成立，中国电信、中国联通或将遭到数亿到数十亿罚款。两家公司的股价应声下跌。

2011年11月11日：人民邮电报头版驳斥央视对电信联通涉价格垄断报道，否认电信联通存在垄断行为。

2011年11月15日：中国网络电视台就电信联通垄断调查一事制作专题报道，并专访电信政策专家高红冰，对“目前各界众说纷纭”的问题进行解读，专题列举了中国电信与中国联通的有关文件等证据，并引述高红冰的介绍称，“电信联通垄断事实确凿”。

资料来源：中国新浪网相关专题，http：//finance.sina.com.cn/focus/yqld_2011/index.shtml

讨论：

结合本章的内容及中央电视台和人民邮电报的相关内容，就电信联通是否涉及垄断提出自己的看法。

第八章

网络经济下的政府政策

本章主要讨论互联网基础设施存在的主要问题、互联网基础设施的定价，以及网络经济条件下的普遍服务政策、知识产权保护政策、国家宏观调控政策，并对电子政府建设问题进行了讨论。

网络经济下的网络产品和市场都和传统产品及市场有着较大的差异，而这种差异无疑也会导致基于传统市场逻辑的公共政策针对网络市场有所调整。当然，这并不意味着一定需要一个全新的公共政策，不少针对网络市场的公共政策都是可以从传统的公共政策中找到共通之处的，如针对互联网的拥塞问题，完全可以借鉴公共服务中解决道路拥塞的思路。当然，由于具体的表现不同，公共政策还是存在不同之处的。知识产权也是一样，即使没有网络的存在，盗版书籍、音像制品的问题也是一直存在的，不过由于数字产品的复制成本极低以及互联网的存在，盗版数字产品的扩散更加容易，且扩散范围更广，从而网络经济下知识产权问题更加普遍且更难处理，针对网络经济下的知识产权也需要相应的调整和变化。同样，普遍服务也并非一个网络经济下全新的政策，本章只针对限定于网络经济下的普遍服务进行讨论。相比网络经济下的知识产权问题和普遍服务，电子政府可以视为一个网路经济下一个特色的问题，本章也会对电子政府的建设问题进行探讨。

第一节　网络经济环境下的互联网基础设施

【内容提要】

本节介绍了互联网基础设施存在的主要问题，并讨论了互联网基础设施的定价问题，我们着重分析了互联网拥塞问题，并指出解决网络拥塞的问题实际上就是要建立起有效的资源配置机制，这种机制要兼顾技术、工程学和经济学三方面的解决方案。互联网经济学的核心问题就是互联网基础设施的定价问题，因为在市场经济下，价格机制在配置资源方面发挥了至关重要的作用。我们首先分析了定价研究的动机，其次提出了互联网定价过程中应该遵循的若干原则，最后着重讲述了互联网基础设施定价模型与定价方法。此外，我们在定价模型与定价方法中还对特殊服务的定价问题，资源管理问题以及我国的研究现状问题进行了具体分析。

【学习要求】

1. 掌握互联网基础设施的拥塞问题，尤其是拥塞问题的经济学解决方案。
2. 理解互联网基础设施整合与竞争的原因及发展趋势。
3. 掌握互联网定价所遵循的基本原则。
4. 深刻理解书中所介绍的几种定价模型并且要掌握基本的定价方法（即统一定价、拥塞定价、结构化定价）。
5. 了解网络服务定价与资源管理的关系和特殊服务的定价。
6. 理解互联网基础设施整合与竞争的原因及发展趋势。

一、互联网基础设施存在的主要问题

（一）安全问题

随着互联网的迅猛发展，电子商务已经成为商务活动的一种新模式。电子商务包括管理信息系统（management information system，MIS）、电子数据交换、电子订货系统（electronic ordering system，EOS）、商业增值网（value added network，VAN）等。网络的开放性与共享性严重影响了网络的安全性，在开放的互联网平台上，各种犯罪和不道德行为变得更加隐蔽，监控成本也会变得更高。人们从面对面的交易和作业，变成网上互不见面的操作，没有空间、和时间限制，更大的安全隐患随之产生。尽管互联网的优点很多，但其存在的问题也不少，其中安全问题是互联网所面临的最严重的挑战。作为一种商务媒介，缺乏相关的安全措施就是一个严重的问题，与私有的 VAN 网络相比，互联网在这方面的缺陷更大。信息在传输过程中很容易被窃取，甚至有可能被改变之后再发送到另一方，这使接收方不能肯定收到的消息是否与发送方发出的消息一致。尽管互联网的不安全性源自基本协议组的设计，但还是可以在互联网通信的不同级别上实施安全措施的。

互联网传输信息的不安全性成了电子商务发展的一个瓶颈，尤其是财务支付方面的安全问题还没有让人满意的解决方案。电子商务安全交易的要求主要包括承诺、证明、完整和保密。承诺就是交易各方事后不能拒绝交易。证明就是要确认参加交易者的身份。承诺与证明加起来就是数据的不可否认性，其包含三层意思：第一，对数据和信息的来源进行验证，以确保数据由合法的用户发出；第二，防止数据发送方在发出数据后又加以否认；第三，同时防止接收方在收到数据后又否认曾收到过此数据及篡改数据。完整性用来防止非法用户对进行交换的数据进行无意或恶意的修改、插入，防止交换的数据丢失等。保密性用于防止非法用户进入系统及合法用户对系统资源的非法使用，对一些敏感的数据文件进行加密来保护系统之间的数据交换，可以防止除接收方之外的第三方截获数据同时可以令第三方即使获取文件也无法得到其内容，确保交易不被交易当事人以外的人知晓。承诺与证明需要认证技术的进一步发展，尽管这会涉及相关法律对认证行为的界定与解释，不过认证仍然是电子商务中的一个重要中介领域。

目前对网上计算机访问的控制可以通过设置访问密码，运用防火墙或者在不使用的时候断开连接的方法来实现。为了确保传输信息的安全，数字签名技术①已得到了广泛的应用。此外，传输基础设施也可以被保护，下一代的互联网通信协议将在 TCP/IP 层面上包含安全机制，以确保传输管线的安全。

（二）拥塞问题

与现实世界拥挤的交通状况类似，互联网也面临着数据传输过程中的拥塞问题。拥塞是指通信网络中的一种状态，到达各网络通信输入站的呼叫数量超过了网络处理的容量或能力，即到达通信子网络中某一部分的分组数量过多，该部分网络来不及处理，以致引起这部分乃至整个网络性能下降的现象，严重时甚至会导致网络通信业务陷入停顿，除非协议软件能检测拥塞而减少数据包的发送率，否则网络就会因拥塞而瘫痪。显然，呼叫数量（或者说用户需求）超过网络的承载能力是产生拥塞现象的主要原因。此外，传输线路的带宽和信息的交换方式也与互联网上的拥塞问题密切相关。

1. 网络拥塞产生的原因

尽管数据包交换技术更好地利用了现有的网络带宽资源，但是，这种交换方式的缺陷也是显而易见的。数据包交换方式使网络带宽在某种程度上类似于经济学意义上的公共产品。我们知道非竞争性②是公共产品的一个重要特征。也就是说，在网络带宽达到拥塞临界点之前，任何人在进行信息交换的时候，都不会影响其他人利用相同的网络带宽资源进行交换信息的工作。只要不产生拥塞，网络设备传输一个数据包和传输一百个数据包的成本是一样的，即从第二个数据包开始，传输所耗费的边际成本为零。

在这种情况下，个人效用最大化将驱使网络用户充分利用分配到的带宽资源，并尽可能占用这些资源获取网上信息，当多数人都采取这样的策略时，就导致了集体的非理性——拥塞。人们在避免拥塞问题时所采取的方法要么是等待，要么是信息丢失。可见，网络拥塞问题其实就是个人在追求自身效用最大化的过程中所产生的负外部效应（即行为人没有因其行为给别人造成的附带损害而给予相应的补偿）。

除此之外，还有以下几点也会导致互联网上的拥塞问题恶化。首先，上网人数每年都在翻番，而且随着多媒体应用的飞速增长，对带宽的需求也将远远超出目前的使用水平，尽管带宽容量增长很快，但还是不能满足人们的需求。其次，定价策略运用不当，由于没有充分考虑拥塞问题，致使互联网创造的社会价值大打折扣。最后，系统资源的

---

① 数字签名技术，即进行身份认证的技术。在数字化文档上的数字签名类似于纸张上的手写签名，是不可伪造的。接收者能够验证文档确实来自签名者，并且签名后文档没有被修改过，从而保证信息的真实性和完整性。

② 非竞争性即一个人在消费某公共产品时并不妨碍其他人同时消费该产品，或者说提供公共产品所花费的成本在一定程度内不随着消费人数的增加而增加。

配置是根据用户的忍耐而不是社会价值，这种配置机制不能保证高价值的用户享有优先权。面对拥塞的发生，用户除了等待或者放弃没有其他更优的选择。

从长远发展的角度来看，网络传输设备的私有化进程必定有助于互联网自身的发展和相关问题的解决。从目前的情况来看，拥塞问题还不能在短期内得到妥善地解决，因为网络资源相对于用户的需求仍然是稀缺的，但是，人们仍然可以借助于某些配置稀缺资源的机制（往往是价格机制）来缓解网络拥塞问题。

2. 网络拥塞的解决办法

解决网络拥塞的问题实际上是解决稀缺资源以什么样方式在需求者之间进行分配的问题，也就是要建立起有效的资源配置机制。解决方案包括技术层面、系统工程学和经济学三方面的策略。

1）技术层面的解决方案

为了将往来通信和网络互联这一复杂的问题变得较为简单，国际标准化组织（International Organization for Standardization，ISO）提出了 OSI（open system interconnection，即开放系统互联模型）模型，它将网络分为 7 层，即物理层（phisical）、数据链路层（data Link）、网络层（network）、传输层（transport）、会话层（session）、表示层（presentation）和应用层（application）。网络分层的意思是指将网络节点所要完成的数据的发送或转发、打包或拆包，控制信息的加载或拆出等工作，分别由不同的硬件和软件模块去完成。安全控制主要在数据链路层、网络层和传输层实施。其中数据链路层可采用的策略包括重传策略、乱序缓存策略、确认策略和流控制策略；网络层可采用的策略包括子网内部的虚电路与数据报策略、分组排队和服务策略、分组丢弃策略、路由算法和分组生存管理；传输层可采用的策略包括重传策略、乱序缓存策略、确认策略、流控制策略和确定超时策略。

2）系统工程学的解决方案

系统工程学的解决方案主要依赖于网络的系统配置和通信量的控制。例如，电话公司打算为 10 位用户建立专线，那么它就需要铺设 100 条端到端的专线才能确保每个用户都可以与其他用户连接。这样的系统不存在拥塞问题，但却造价昂贵而且社会资源被不合理地配置到这些多余的并且很少使用的电话线路上。因此，电话网络利用共享线路和交换设备，使从铺设线路系统中产生的效用达到最大化。

工程解决的具体措施包括运用各种办法增加通信瓶颈的容量。这些通信瓶颈包括超载的路由器、区域网、互联网访问节点、调制解调器和本地电话线。这种措施立竿见影，但成本高昂。长期来看，带宽的需求是没有上限的，基础设施的升级换代总也赶不上需求的增长，而低效率的定价机制则会导致不当的基础设施投资没有回报。

3）经济学的解决方案

经济学的解决方案是以有效的定价策略为基础的，这些定价策略要符合可以利用的资源及其用途。在经济学上，价格机制被认为是解决稀缺资源分配最为有效率的一种方式。然而对于网络接入，互联网上还不存在一个能够解决网络拥塞问题的价格机制，实际上采用的是类似于排队使用（即先到先用）的一种资源分配方式。现行的网络接入收费方式通常有两种：一种是根据接入的网络带宽大小按照包月制或包年制进行一次性收费，用户的使用不受限制，发达国家由于网络基础条件较好大都采取这种收费方式；另一种是按照接入的时间进行收费，用户可以在接入的时间内无限制使用所分配到的一个通道（在我国，对通过拨号上网用户的收费采取的就是这种方式）。这两种收费方式都有个共同的特点，即在资源的分配上采用的是两种方式：在接入方面，采用的是价格机制；而在网络通道资源的分配方面，采用的是排队机制。前者很容易理解，而后者是因为互联网上 TCP/IP 传输协议对信息包的传输依照的是“先到先服务”原则，一旦拥塞产生，信息包或者被延迟发送，或者被滞留在网上某地的路由器里，只有当网络拥塞情况缓解时，这些信息包才会被依次发送出去。

在排队使用的资源分配方式下，用户更多的是通过支付等待成本而不是支付现金的方式来获得他们的资源。然而不同的网上用户对等待成本的评价却各有不同，有些人会觉得支付的等待成本要远远大于可能的现金支付。即使他们宁愿用现金而不是等待来支付使用网络通道的费用也是不可能的，因为现行的收费制度否决了用户的这种选择机会。这样，排队机制下的资源配置就不可能是最优的。另外从网络提供商的角度来看，当人们所支付的等待成本没有转化为网络提供商的收入时，网络提供商就可能没有足够的动力，去增加投入来扩大网络的带宽。因而对于网络资源的分配，一种比较合理的价格机制就是按照信息传送的流量进行收费。这种价格机制在一定程度上可以有效地解决拥塞问题，最重要的还在于它能够使资源得到有效的配置。就像实行收费的高速公路，收费站一般是按照汽车通行的次数、载重的大小进行收费的，这种收费制度的好处是不仅在短期内可以缓解拥塞问题（因为出价高者先行），而且从长期来讲，道路拥塞问题越严重，收费也就可能越高，其他经济主体在道路邻近地区建造公路的激励也就越大，尽管现实中并不全是如此。针对排队机制现存的问题，下一代的互联网通信协议则通过为不同应用类别设定优先级，以优先级来差别化通信流量。

3. 我国网络拥塞的现状及对策

目前，我国的网络拥塞问题已经十分严峻。从对网络带宽的需求方面来看，这个问题还可能日益恶化。首先是互联网用户人数的迅速增加。以我国为例，网上用户几乎是以指数般的速度增长。到 2008 年，我国以互联网为主的用户已经突破 2.53 亿，而 1997 年年初国内上网人数只有十几万。其次，网络技术的发展对网络带宽的需求也有增无减。早期互联网上传输的文件大都是文本格式，这种格式所需字节数较少，因而在传输过程中占用的网络带宽资源也较少。随着软件技术的发展，网上传输的文件格式愈加复杂，传递的信息除了文字内容以外还有声音、图像，甚至是高清视频，这些内容所包含的字节数要比文本格式大得多。尤其是现在还出现了动态传输形式的网络电话、网络电视及网络会议等，这些信息传输所需占用的网络带宽资源更是大得惊人，对传输线路的质量要求也更加苛刻。最后，随着网络商业化程度的提高，最为引人注目的电子商务也对网络带宽提出更高的要求。电子商务的顺利开展主要取决于网上用户的规模，如果没有网络供给能力的相应提高，则用户规模的扩大是不可能的。即使网上用户有较大的规模，如果网络拥塞问题过于严重，用户无法在网上顺利地获取商务信息，电子商务要想发展也是不可能的。总之，从长期来看，网络拥塞仍将是一个不可忽视的重要问题。

由于网络基础建设起步较低，相对于发达国家，我国的网络拥塞问题要严重得多。近几年来，我国的网络基础建设规模虽有很大的增长，但由于网上用户的迅猛增加，网络拥塞问题并没有得到明显的改善。特别是我国网络拥塞问题的严重还可归结为体制上的原因，即国内还未形成一个具有充分竞争性的网络供给市场。由此也就不难理解，上网资费高和上网速度慢是国内互联网发展的两大难题。但是，也应注意到，人们多数只重视上网资费的下调，而忽视了由此带来的网络拥塞问题。从短期来讲，在网络供给没有明显改善的情况下，资费的下调只能导致网络拥塞问题的恶化，因为资费下调的直接后果可能是上网人数的迅速增加，或者是用户在网上的滞留时间变长。因而，问题的关键是如何在网络供给方面形成一个竞争性市场，只有网络供给能力的不断提高才是解决各种问题的一个治标治本之策。

（三）基础设施的整合与竞争

尽管互联网和电话分别采用不同的数据交换方式（互联网采用数据包交换，电话采用电路交换），但这两者的基础设施都要使用物理电线和电缆，而且随着数字化技术的进步，同一个网络设施可以同时处理互联网、电话和电视等多种数据。也就是说，由于技术的进步，原来处理不同类型数据的基础设施之间已经存在不同程度的相互替代性了。这种替代性必然会导致基础设施之间的整合与竞争，基础设施的整合会降低信息传输服务的总体价格，参与这一整合过程的主要竞争者包括电话公司（在美国分为市话公司 RBOC 和长话公司 LPC）、有线电视公司 CSO、无线服务商、ISP 及计算机软硬件销售商。

在美国，私有的主干网承载着大部分互联网通信量，而且在主干网与局域网之间还产生了区域网，区域网主要为 ISP 提供访问主干网的服务。当然，主干网商和区域网商也可以向消费者提供互联网接入服务。因此对于消费者而言，互联网接入服务基本上可以分为两类：一类是从用户计算机到互联网访问节点的“最后一公里”服务，另一类是余下的长途服务。如果用公路比喻的话，“最后一公里”指的是住宅周围的通道和社区内的街道，而 ISP 和区域网则可以看做城市主干道，互联网主干网则近似于我们的国道，也就是连接不同城市的网络。

目前，为了更快地接入互联网需要同 ISP 进行物理连接，不过下一代的互联网设施可能会抛弃传统的电话、电缆，转而使用卫星设备。这种无线通信技术将广泛地应用于商业领域。长话公司 LPC 可能用卫星来代替区域交换网，甚至本地交换网也可以建为蜂窝电话网。多种多样的互联网访问方式客观上也证明了基础设施整合的合理性与必要性。就带宽而言，有线电视公司 CSO 的优势明显，同轴电缆所提供的巨大容量足以解决多媒体文件和数据的传输。另外，电话公司可以通过采用压缩技术和重新铺设网线等技术来解决带宽问题。但不管怎样，基础设施整合的压力最终会导致一个具有强大垄断力量的“电信巨无霸”的出现，这个“巨无霸”所拥有的基础设施可以处理任何类型的数据信息。在这场竞争中，有线电视公司 CSO 依靠的是带宽优势，而电话公司则可凭借交换技术和双向通信技术进军 ISP 市场和有线电视市场。

二、互联网基础设施定价与资源管理

经济学解决资源配置问题的方针就是建立市场，让价格来分配有限的资源。与互联网基础设施相关的学科之所以要把经济学理论引入设计资源分配的机制中来，绝不仅仅是把它作为平衡负荷的机制予以参考,而是要通过经济学的相关理论解决资源配置问题。

当然，互联网所涉及的经济学问题是较为复杂的：第一，由于大部分成本都投在基础设施上，互联网数据传输的边际成本几乎为零，所以，如果互联网是私人财产，传输价格就应是零。第二，互联网资源是公共财产，因此，拥塞是一种潜在的消极外部性，公共财产的边际成本定价会导致资源的过度利用。如果消极外部性表现出来，那么拥塞造成的边际社会成本会使价格上升并且超过边际成本。只有在消费者获得的好处超过使用的社会成本时，消费者才会使用这个资源。消极外部性是采用合理（基于经济学理论）资源分配方式的一个障碍。时间对用户而言是极为宝贵的，多数用户都愿意为减少等待时间而付费。因此，只要组织合理，人们更倾向于根据价格而不是等待时间来配置互联网资源。

经济学中对拥塞问题的研究主要还是局限于传统经济，其中比较著名的就是 Pigou 等对拥塞公路的研究案例。为了简化起见，在这个案例中，假设每个居民每天出行一次，则 A 城和 B 城之间的旅行时间是车流量的增函数，并且越接近公路的容量极限，车流量增加越快。从个人的角度看，要衡量出行的收益增量与耗费时间的增量，只有在前者大于后者的时候，该居民才可能会在高峰期出行。从社会的角度看，社会的总耗时是每个人的耗时之和。如果某居民多出行一次，则增加的社会总耗时就包括所有人的额外耗时之和，而不仅仅是该居民的耗时增量。在高峰期出行的人只有在获利增量超过社会总耗时（而非个人总耗时）增量的情况下才应该出行，否则就应该把行程推至非高峰时间。可见，如果公路的使用价格在时间上没有差异，就必然会导致更多的人在高峰期出行，因为他们不用考虑社会总耗时。而最优拥塞定价则是根据社会总耗时来设定高峰期的公路使用价格。通过比较出行收益和总成本（包括支付的公路使用价格和耗费的时间），个人就可以自觉地做出最优决策。由于在互联网上计算和评估收费是可行的，而且几乎不存在管理费用（管理费用会抵消拥塞定价带来的减少拥塞的好处），所以这是一个非常适合运用拥塞定价的领域。

（一）互联网定价研究的动机

互联网定价研究的动机来自两个方面。一方面，是为用户提供良好的服务质量的需要。随着互联网用户数和各种多媒体应用的急剧增长，互联网越来越拥塞，许多用户无法获得满意的服务质量。针对这种状况，需要通过网络服务定价，利用价格机制的作用来调控网络资源与网络用户之间的供需关系，在保证网络资源利用率达到最大的同时，最大限度地满足用户对服务质量的要求。这里，服务质量（quality of service，QoS）是指用户要求网络传输系统所必须保证的关于信息传输的质和量的特征集，它反映服务提供者（系统）和服务使用者（用户）之间的能力和需求关系。例如，数据传输时的数据包丢失率，声音传输时的失真度，动态图像传输时的每秒传输帧数，等等。

另一方面则是基于互联网的商业需要。随着互联网向商业网络的转变，作为提供互联网各类服务的 ISP，需要通过计费进行商业运作。如何考虑到网络运营和发展的需要，并为用户提供尽可能多的服务，使 ISP 获得尽可能大的用户市场，是网络服务定价所必须解决的问题。同时，计费管理也是 Intranet，Extranet 的重要组成部分，它为企业内部各部门或相关企业之间信息共享和传输的财务结算提供依据。

（二）互联网定价的基本原则

网络服务定价的基本原则是既要充分考虑网络服务成本，又要能通过服务定价提高网络资源利用率。而且，服务定价系统必须尽可能地具有通用性和开放性，以支持各种不同类型的互联网应用。

1. 反映成本构成

互联网服务的成本构成如下：①提供网络基础设施的成本。包括网络的线路租金（国际联网费用、国内主干网费用和电话中继线费用）、节点（构成 ISP 所需软件和硬件设备）成本以及支持人员的薪金等。②入网时的一次性成本。新用户入网需支付的接入线和交换设备费用。③传输的外溢成本。这包括拥塞效应和连接效应两方面的等效成本。拥塞效应是指当存在拥塞时，一个用户发送的数据包对其他用户的数据包造成延迟或丢弃；连接效应是指如果在某条链路上已经有用户建立了网络连接，则对用户新建立的网络连接可以少收费。④扩容成本。这是指必要时添置新的路由器、线路和支持人员所必需的成本。

一般地，前两部分在一定时期内对某确定的 ISP 来讲大致不变，是静态的。而后两部分则与所采用服务定价策略有关，随着用户发送数据包的过程而发生变化，是动态的。

2. 保证资源得到有效利用

互联网服务定价应促进资源的有效分配和利用。在一定的资源、技术和用户需求条件下，资源的最优配置和有效利用是达到最佳的经济效率，使尽可能多的用户获得满意的服务质量的必然要求。实际上，可以将互联网看做一个巨大的经济体系，把互联网中的网络资源看做商品，ISP 是商品的提供者，用户是商品的购买者，相应建立等效的经济学模型，采用数学规划等方法，合理地确定价格机制，以达到最佳的经济效率，从而保证尽可能多的用户获得满意的服务质量。

3. 支持互联网各类应用

互联网服务定价必须支持尽可能多的互联网应用。合理的网络服务定价方案应能支持组播（multicast）、VoD（video on demand，即视频点播）、电视会议、E-mail、Web 查询等各类应用。这些应用可能要求由发送方、接收方任何一方付费或者由第三方付费，因此，服务定价应能提供多种定价方式。

（三）互联网基础设施定价模型

几种代表性的服务定价模型是：优先级定价模型（priority-based pricing model）、灵活市场模型（smart market model）、基本服务级模型（basic level of service model）、边界定价模型（edge pricing model）。

优先级定价模型基于经济学和对策论中的纳什均衡概念，假定不同的网络应用有不同的优先级，系统则根据不同优先级分配网络资源并制定相应的价格。如何确定网络应用的优先级和分配资源，则是用户和网络系统之间协商的纳什均衡问题。纳什均衡是指在一个对策问题中，在其他成员都已做出决定的情况下，如何使新加入的成员所做出的选择成为最佳。当前，有关纳什均衡的研究主要集中在优先级的划分、最佳判断准则的设定以及如何获得最大用户满意度等方面。

灵活市场模型则要求网络用户在传送数据前报出自己愿意支付的价格。网络为报价超过了一定阈值的分组提供服务，并对这些分组以该阈值收费。有关该模型的研究当前主要集中在如何确定适当的阈值，使其能反映网络的动态负载情况以及网络资源利用率最大等方面。

基本服务级模型则重点解决享受服务的用户公平性和使网络资源利用率最佳之间的均衡问题。该模型先定义各种应用所应获得的基本服务级别，然后确定系统传输各类应用的次序。在确定系统提供传输服务次序时，以优先为普通应用服务为原则制定价格和分配资源，使获得服务的用户数量尽量多。该模型的研究重点是如何确定哪些应用只需要基本服务，以及什么服务是基本服务上。因为在网络系统中，应用所需要的服务类型，以及需要不同类型服务的用户数都是不断变化的，保证尽可能多的用户获得尽可能满意的服务是基本服务模型的关键。

以上三种模型虽然各有区别，但都是以市场经济学为基础的，即将互联网看做一个全球性的市场经济体系，将网络中的各种资源看做商品，而将各种网络应用看做顾客。然后，确定相应的价格体系进行市场调节，使其达到供需平衡，优先级定价模型、灵活市场模型及基本服务级模型的主要区别在于它们如何确定价格体系和分配资源。

还有一种定价模型是边界定价模型。该模型与以上三种模型不同，它将互联网划分为多个不同的局部网，而且不同局部网拥有自己的定价系统。不同局部网中的用户之间在通过互联网传输或共享信息时，根据局部网间边界处的双边协定协商进行服务定价。边界定价模型的重点是：如何根据网络的资源使用情况确定局部网络的应用服务定价，以及怎样在不同的相邻局部网络之间选取最佳路径（费用最省）来满足用户的应用需求。

（四）互联网基础设施定价方法

基于上述定价模型，互联网的定价方法可分为以下三种，即统一定价法（又称包价收费法）（flat pricing）、拥塞定价法（congestion pricing）和结构化定价法（structure-based pricing）。

1. 统一定价法

统一定价法是互联网最早使用且至今仍有许多 ISP 沿用的服务定价方法。该方法的服务价格由两部分组成：①用户一次性支付的费用，包括入网时的一次性成本和用户设备的成本。②固定的连接成本，即根据用户占用的最大带宽等资源或发送/接收的字节数定价。

其优点是定价方法简单、管理方便。目前互联网上大多采用统一定价法。例如，美国 PSINET 公司、Sprint 公司即采用这种定价方法；而 BBN Planet 公司、UUNET 技术公司采用的则是该定价法的一种变形。国内外广泛使用的按小时、月或年方式定价的方法，本质上也是统一定价。

但统一定价法存在以下缺点：①对所有用户平等，从而无法利用价格杠杆调节用户的资源要求，这不利于资源的有效利用，容易导致网络拥塞；②当发生拥塞时，无法根据价格杠杆对用户进行控制和重新分配网络资源，以减轻拥塞；③定价未考虑用户的不同服务质量需求，收费不合理。事实上，统一定价法是上述几种服务定价模型的特殊应用。

2. 拥塞定价法

拥塞定价法也称基于使用情况的定价法（usage-based pricing），其价格由固定连接成本和根据网络被使用时的状态所进行的动态定价两部分组成。这里，网络使用时的动态定价价格称为拥塞价格。在网络传输状态未达到某一阈值时，拥塞价格被定为一个较低的数值；当超过该阈值时，所传输的每个数据包将根据网络的拥塞情况、用户所要求网络提供的服务质量等因素，对网络传输数据包所经过的有关路径上的资源使用情况进行计算，以用户总体满意度最大和资源利用率最优等为目标，计算出相应的拥塞价格。其定价模型可以是优先级定价模型、灵活市场模型或基本服务级模型。

拥塞定价法的优点是网络资源的利用率较佳，可以实现公平性。智利、新西兰以及美国的 MCI 通信公司都采用这种定价法。

3. 结构化定价法

结构化定价法基于边界定价模型，是一种允许网络的各局部采用不同的资源分配和价格控制策略的，并支持各种互联网特殊应用的定价方法。其主要特点是：①允许价格的局部控制；②支持组播等应用；③允许接收方付费。

此外，Hal Varian 等还提出了另一种实现最优拥塞定价的方法，这种方法没有运用计量经济技术去评估拥塞的社会成本，而是通过一种动机一致性的拍卖方式来实现最优拥塞定价，这种方法能够使用户为了获得更快的服务而自觉表达他们的愿望。假如用户打算在一定时间内处理若干任务，那么处理顺序该如何安排？服务提供商可以让用户竞买任务处理权，然后根据用户对任务的出价，对上述任务从大到小进行排列并且按照这个顺序依次处理。当然，如果任务可以在分配的时间段内全部完成，那就不用再支付费用。ISP 可以在可能出现拥塞的站点上运用这个办法，用户在每个数据包的开头都加上标记，由网关定期排序。因为数据包要排序，所以在送出路由和传输之间就会有延时。

这种方法除了会造成时间损耗之外，还存在其他的一些问题。

动机一致性的拍卖方式与静态环境有关，这种方式是否有效依赖于三个假设条件：首先，用户要么关注任务是否会被处理，要么关注任务何时被处理，而不是对两个问题都关注；其次，所有潜在用户都在拍卖现场；最后，任务的价值不随市场变化。很显然，这些假设在动态随机的网络上都不满足：第一，潜在用户把任务价值和时间延迟分开考虑，因此，用户对两个问题都关心。第二，为了满足实时性，出价应在固定时间段内完成，因此，后来的任务都不会对价格产生影响。第三，发送一个数据包的任务价值与发送的相关数据包都有关。

（五）网络服务定价与资源管理

网络服务定价的目的之一是通过价格杠杆调节带宽、缓冲区等网络资源的使用状态，以减轻网络的拥塞状况和提高资源利用率。显然，如果用户在申请网络服务时，只获得部分资源，系统仍无法按要求的服务质量完成信息通信和共享的任务。只有在获得连接两通信端的所有请求资源后，用户才能获得网络提供的服务。另外，多媒体应用要求网络提供服务时，大都有一个允许的相对服务质量范围。例如，远程会议系统的图像传输速度可能是每秒 10~20 帧，而 E-mail 的延迟时间可能是几秒到几个小时不等。如何使用价格杠杆调节分配资源，使用户达到所要求的服务质量和网络资源利用率最佳，必须解决以下几个问题：

（1）端-端用户之间通信路径上的资源申请和预约。申请和预约资源是为了建立端-端之间的数据传输通道。该通道被称为实时通道（real-time channel），建立实时通道需要资源预约协商协议。R. Braden、L. Zhang 等提出的资源预留协议（resource reservation protocol，RSVP）已正式成为 RFC（request for comments）标准，这必将推动资源管理和网络服务定价模型的研究。

（2）如何动态调整网络负载和分配资源，使网络用户数量增多时，系统可以在满足用户要求的基本服务质量的同时，容纳尽可能多的网络用户。

（3）用户和系统的协商。当系统使用价格参数和用户进行协商时，可能出现如下情况，即尽管价格已经非常高，但用户仍愿意支付高额费用以便获得互联网服务。在这种情况下，如果没有其他用户愿意退出互联网的话，将会导致网络拥塞和所有用户服务价格上涨。为防止这种情况，系统会在价格涨到一定程度后，限制新用户或老用户的使用。有两条协商途径，即对所有用户限额使用和终止最低价格用户的使用。限额使用法是在价格升高到某个极限值时，终止所有新用户的该类服务要求；终止最低价格用户使用的方法是在价格升高到极限值时，允许新用户使用的同时，终止为那些价格较低的用户服务，从而获得系统资源。

（六）特殊服务的定价

互联网服务定价研究的另一个重点是特殊服务的定价。这些服务包括点对多点的组播（如 MBone）、VoD、接收方付费、第三方付费及信息内容的定价等。

点对多点的组播不同于传统的点到点传输，它必须建立多条实时通道，并在每个参加组播的用户都获得了足够的资源之后才能开始组播。特别是在新用户要参加组播时，需要重新分配网络系统的资源。在如何利用价格参数调节和控制资源分配的问题上，点对点的组播方法是不同于点到点传输的。另外，VoD 的服务定价也是需要特殊研究的。接收方付费和第三方付费是随着互联网的商业化而必将出现的新服务定价方式。有关这些服务定价方法的研究正处于起步阶段。再者，信息内容的定价与内容本身密切相关，且在实际系统中，信息内容的定价与网络服务的定价往往同时进行，如何进行信息内容的定价也是研究的重点之一。

除以上问题外，与网络服务定价问题密切相关的计费安全问题也引起了越来越多研究者的关注。随着网络多媒体应用的增加和电子商务的发展，今后的付费方式都是通过网上直接进行，这就涉及用户口令的认证、保密及资源的盗用和计费账号的盗用等互联网计费管理系统的安全性问题。例如，用户享受高价服务后如果将服务费用计入其他无关用户，将使其他用户蒙受损失并导致网络资源使用状况的进一步恶化。

（七）中国互联网定价研究的现状与展望

互联网服务定价是一个跨学科的研究领域，是计算机网络技术、经济学与数学方法的有机结合。随着互联网向商业网络的转变以及互联网多媒体应用的急剧增长，互联网服务定价问题正变得越来越重要。传统的平坦式定价显然无法适应互联网这一特殊经济系统的要求，拥塞定价和结构化定价方法为解决互联网服务定价问题提供了重要的思路，但仍有许多问题需要进一步研究解决。至今为止，还未见到中国开展有关互联网服务定价问题研究的报道。我们认为，应加强以下几方面研究，以促进互联网在我国的快速发展。

1. 建立符合中国国情的服务定价模型

互联网服务定价问题涉及多方面的因素，而建立合理的系统模型是其中的关键所在。然而，现有服务定价模型并未完全反映实际系统的要求。应结合计算机网络技术的特点，充分利用经济学中消费者理论、一般均衡理论等方法，以及数学最优化、对策论、动力系统理论等分析和研究工具，建立切合中国实际的互联网服务定价模型。

2. 合理核算网络成本

如何核算网络成本，特别是通信成本，是影响中国互联网发展的关键。

3. 资源的最佳利用和用户满意度

中国目前的网络速度普遍较低，如何提高资源利用率并尽可能为用户提供满意的服务质量，是中国网络技术研究的重点。清华大学、东南大学、东北大学等在这方面已开始了有关研究，并取得了初步成果。

4. 记账与安全

如何为接收方和发送方共同承担费用的情况记账、如何实现逻辑链路上组播成本的记账、如何对面向无连接的 UDP（user datagram protocol，即用户数据报协议）流量记账，以及如何解决账号的安全将是一个实际互联网计费管理系统所必须解决的课题。

小结

1. 解决网络拥塞问题实际上是稀缺资源以什么样的方式在需求者之间进行分配的问题，也就是要建立起有效的资源配置机制。

2. 经济学的解决方案是以有效的定价策略为基础的，这些定价策略要符合可以利用的资源及其用途。

3. 由于技术的进步，原来处理不同类型数据的基础设施之间已经存在不同程度的相互替代性，这种替代性必然会导致基础设施之间的整合与竞争，基础设施的整合会降低信息传输服务的总体价格。

4. 互联网定价研究动机来自两个方面：一方面是为用户提供良好的服务质量的需要，另一方面则是基于互联网的商业需要。

5. 网络服务定价的基本原则包括注重网络服务成本，能够通过服务定价提高网络资源利用率，而且要使服务定价系统尽可能具有通用性和开放性。

6. 拥塞定价法制定的价格由固定连接成本和根据网络被使用时的状态所进行的动态定价（即拥塞价格）两部分组成。

7. 结构化定价法基于边界定价模型，这是一种允许网络的各局部采用不同的资源分配和价格控制策略，并支持各种互联网特殊应用的定价方法。

8. 网络服务定价的目的之一是通过价格杠杆调节带宽、缓冲区等网络资源的使用状态，以减轻网络的拥塞状况和提高资源利用率。

✲ 概念与术语

网络拥塞　带宽容量　互联网基础设施定价　资源有效利用　优先服务　灵活市场　边界定价　结构化服务

复习与练习

1. 网络拥塞产生的原因有哪些，通过哪些途径可以解决拥塞问题 ？

2. 经济学解决方案的出发点是什么？它的理论依据是什么？针对中国的网络拥塞现状，请从经济学角度谈谈自己的看法。

3. 互联网基础设施整合与竞争的客观环境是什么？其发展趋势怎样？

4. 互联网服务的成本由哪些部分构成？

5. 优先级定价模型的理论基础是什么？假设条件是什么？

6. 基本服务级模型重点解决了什么问题？

7. 边界定价模型与其他三种定价模型的不同之处在哪里？
8. 统一定价、拥塞定价、结构化定价服务各自的特点（优点和缺点）有哪些？

第二节　数字鸿沟

【内容提要】

自20世纪90年代开始，随着以国际互联网为代表的新兴信息通信技术出现的爆炸式的增长，全球出现了一种新的贫富差距，即日益扩大的数字鸿沟。本节对数字鸿沟这一网络经济下引发的公平问题进行详细探讨。

【学习要求】

1. 掌握数字鸿沟的概念。
2. 了解国家间、一国内的数字鸿沟问题。
3. 了解数字鸿沟的影响因素。

一、数字鸿沟的概念

数字鸿沟这一术语最早是由美国Markle基金会总裁Lloyd Morrisett在20世纪90年代中期提出的，用来表达人们在信息通信技术（information and communication technologies，ICT）享用机会上的差别。早在此术语问世之前，有很多类似的概念用来表示这种现象，如信息不平等、信息差距及知识沟（Tichenor et al.，1970）等。1995年7月~2000年10月，美国国家远程通信和信息管理局（National Telecommunications and Information Administration，NTIA）先后四次发布了美国国内的数字鸿沟问题报告，把数字鸿沟列为美国首要的经济问题和人权问题。中国对数字鸿沟的研究是从2000年开始的，虽然比其他国家晚，但一经引入，便得到社会各界的广泛关注，与此有关的新闻报道、学术论文及专家论坛一时间层出不穷。

虽然数字鸿沟这一名词频频出现在各种场合，包括各种学术性文章中，但它的含义和所指却一直是混乱而随意的，人们仿佛只是使用这一概念，却不去理会这一概念的具体含义，似乎其含义是众所周知似的（金兼斌，2002）。而其结果，不但造成了研究和讨论中许多不必要的混乱而且无法对在一个社会内不同时点之间，或在各社会同一时点上的差别进行比较（祝建华和何舟，2002）。金兼斌（2003）从数字和鸿沟两个角度对这些不同的理解进行了梳理：从数字角度而言，狭义上数字鸿沟即指互联网普及和使用上的差别，广义上则包括除互联网外其他的信息传播技术，如电话、有线电视、计算机、传真机、手机等。从鸿沟角度，正是由于其暗喻本身的先天性不足，理解上的差异就更大了，如发达国家和发展中国家之间的宏观比较，社会中不同职业的人群之间的比较，社会中不同教育程度、性别、年龄群之间的比较，根据技能不同而划分的社会中不同群体间的比较，等等。

通过对多种有关数字鸿沟研究的整合，van Dijk 提出一个衡量数字鸿沟的四维度框架定义，在他的框架下所谓的数字鸿沟实际上包括四个层次的鸿沟，就互联网技术而言，第一层次是意愿接入（motivational access），是指在实际接入互联网之前想要拥有计算机并接入互联网上的动机；第二层次是设施接入（material access），是指拥有全套设备和连接可以接入到互联网上；第三层次是技能接入（skill access），其又分为三个方面：首先是操作技能，其次是知识技能，最后是战略技能（指人们在社会中为某一特定目标利用计算机和互联网技术的能力）；第四层次是应用接入（usage access），是整个技术接入过程的最后一环也是接入的目的所在，关注的是人们对互联网的实际使用情况。

二、互联网上的数字鸿沟

OECD 认为，由于互联网在发达经济中的普及至少在技术创新活动、企业重组和提高整个社会的全要素生产率（total factor productivity，TFP）方面发挥着非常巨大的作用，互联网给发达经济带来的高效能已然是不容争辩的事实。例如，在 2007 年，美国的每笔柜台交易平均成本为 1.07 美元，而电话银行、ATM 和网上银行的成本分别为 0.015 美元、0.27 美元和 0.01 美元。又如，OECD 各成员信息处理费用的下降趋势尤为明显（表 8-1）。

表 8-1 1999 年 OECD29 国平均信息处理费用的下降情况（单位：美元）

年份	1970	1999
1 兆赫信息处理费用	7 601	0.17
1 兆位信息存储费用	5 257	0.17
1 万亿位信息传递处理费用	150 000	0.12

资料来源：http://www.oecd.org/oedidirect

因此，固定电话和移动电话的普及率只是数字鸿沟的基本表象，我们不能因为电话普及率提高了，就自我陶醉地以为消除鸿沟已为期不远了，自 20 世纪 90 年代的最后几年开始，以国际互联网为代表的新兴信息通信技术出现了爆炸式的增长，数字鸿沟更突出地表现在互联网普及率上（表 8-2）。

表 8-2 全球互联网用户分布（占人口的百分比）（单位：%）

年份	1998	2000
美国	26.3	54.3
高收入 OECD 国家（除美国以外）	6.9	28.2
拉丁美洲和加勒比地区	0.8	3.2
东亚和太平洋地区	0.5	2.3
东欧与独立国家联合体	0.8	3.9
阿拉伯国家	0.2	0.6
撒哈拉以南的非洲地区	0.1	0.4
南亚	0.04	0.4
全世界	2.4	6.7
高收入 OECD 人口占全球人口的百分比		14
高收入 OECD 互联网用户占全球互联网用户的百分比	88	79

资料来源：《2001 年人类发展报告》

三、国家间的数字鸿沟

世界各国的人均收入水平的差距是十分显著的，然而各国间在互联网普及率上的差距远远高于收入水平上的差异。以下我们将从南北差距、南南差距、北北差距这三个角度对国家间的数字鸿沟问题进行解析。

南北国家间的数字鸿沟主要是指高收入国家与低收入国家国际互联网普及水平的差异性。图 8-1 的数据可以充分说明南北国家间的数字鸿沟问题。据统计，2001 年全球收入最高的 1/5 人口中，互联网网民占 93%，而收入最低的 1/5 人口，网民仅有 0.2%。从互联网建网上看，这种南北数字鸿沟表现得更加明显，发达国家拥有的互联网主页数是发展中国家的 50 倍，如果直接比较 OECD 国家和非 OECD 国家，差距更加悬殊。再从世界国际互联网主机数量看，其总量的 95.16%分布于 OECD 国家，只有 4.84%分布于非 OECD 国家。这些数据都表明了在这场以互联网为代表的新兴数字革命中，发达国家遥遥领先于绝大多数经济发展水平落后的国家。这些发达国家成为数字富国，相反，这些发展中国家沦为这场新兴数字革命中的数字贫困国家，甚至是数字赤贫国家。

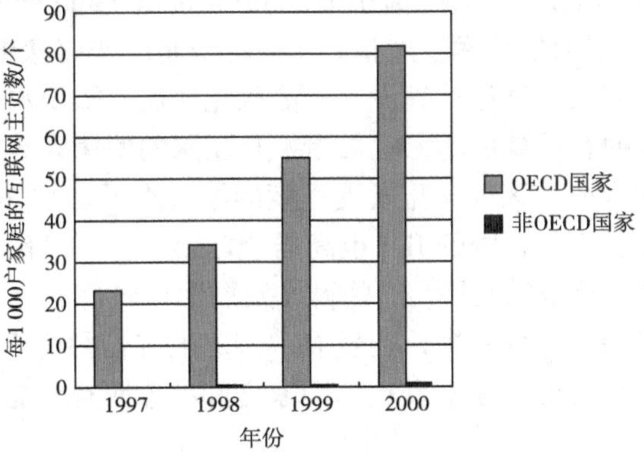

图 8-1　南北数字鸿沟

资料来源：OECD. Understanding the digital divide，2001

北北国家间的数字鸿沟是指发达国家间国际互联网普及水平的差异。OECD 国家之间的收入水平差异很小，但它们之间的数字鸿沟问题却很明显，作为国际互联网发明国的美国在互联网普及上也是主导国，它远远领先于其他发达国家，1998 年 7 月美国千人口主机数为 179 台，而 OECD 国家平均为 62 台。2000 年 7 月，美国千人口主机数已经超过了 230 台，与此同时，OECD 国家平均为 88 台，欧盟平均为 42 台。这种发达国家间的国际互联网普及水平的差异说明了影响数字鸿沟的因素不仅仅涉及收入水平，数字鸿沟的影响因素应该是多方面的。

南南国家间的数字鸿沟是指发展中国家之间在国际互联网普及水平上的发展不平衡。在非 OECD 国家中，国际互联网主机也主要分布在中国台北、新加坡、中国香港及以色列这些较高收入水平的地区，它们的主机数约是非 OECD 国家国际互联网主机数的 52%。这种南南国家间差距出现的根本原因在于发展中国家采取不同的经济发展战略，确切地说，从 20 世纪 60~70 年代起，发展中国家之间的差距便开始显现。到了 80 年代，随着一批新兴工业化国家的崛起，情况就更为明显。这些崛起的国家都赶上了第二次世界大战后的第三次科技革命。一方面，它们抓紧从国外引进先进的科学技术以发展自己的出口型技术产业；另一方面，发达国家进行结构调整时，它们成了转移的目的地，加工工业因此获得了极大发展。发展至今天，这些新兴国家虽然面临着诸多问题，但相对于另一些还未发展起来的国家来说，它们已经积累起了相当的经济和科技实力，为它们发展知识经济并进一步提升综合国力奠定了一定的基础。同时，为了促进科技，特别是高新技术的发展，提高国家竞争力，它们也积极推行发展科技的政策措施，改革国家科技体制，重新确定国家研究开发重点，加强科技创新，加大对研究开发的支持力度，大力培育高级科技人才。韩国是其中的典型，其当时的目标是在 2002 年跻身世界基础科研的前 10 名，为此，它提出了将科技开发由过去的跟踪模仿向拥有创造性的一流科学技术转变，并为此制定了《科技创新五年计划》，在大力增加科研经费的同时，提高基础科研的经费比例。显然韩国发展知识经济和科技立国的战略是卓有成效的，市场调查专门机构（AC 尼尔森韩国）发表的《2006~2007 年媒体指数调查》结果显示，2006 年韩国电脑普及率和互联网使用率分别达到 88%和 80%，均位居世界首位。当然，衡量一个国家的信息化水平不仅仅是电脑和互联网的普及率。国际电信联盟发布的 IDI（information and communication technology development index，信息与通信技术发展指数）是由全面反映信息化发展水平的 11 个要素合成的一个复合指标，涉及信息化基础设施、信息化使用、知识水平、发展环境与效果和信息消费各个方面，如拥有计算机的家庭数量、互联网的使用人数以及掌握的水平等，用以衡量全球、区域、国家或地区信息化发展程度的综合水平。在 2015 年国际电信联盟发布的年度互联网调查报告中，韩国的 IDI 也高居全球第一。可以预见，由于有相对强大的经济实力支撑，随着知识经济的发展，这些科技发展形势较好的国家必将更进一步把那些较不发达的国家抛在身后。这样一来，在发展中国家的阵营内将出现越来越明显的分化，较富、较发达的国家与较贫穷、较不发达的国家之间的差距也将越来越大。

四、一国内的数字鸿沟

中国科学院–清华大学国情研究院院长胡鞍钢于 2002 年发表《新的全球贫富差距：日益扩大的“数字鸿沟”》，他认为，数字鸿沟的本质是以互联网为代表的新兴信息通信技术在普及和应用方面的不平衡现象，这种不平衡既体现在不同地理区域之间和不同人类发展水平、不同经济发展水平的国家之间，同时也体现在一个国家内部的不同地区、不同人群之间。具体而言，一国内的数字鸿沟表现在以下几个方面：第一，地域条件。在中国，15 个后进省的 6 亿人口，互联网用户仅有 400 万；上海、北京人口为 2 700 万，却有 500 万网民。多米尼加共和国首都圣多明戈集中了 80%的网民。印度有 140 万网民，但 130 万以上分布在经济较发达的 5 个邦（德里、卡纳塔克、马哈拉施特拉、泰米尔纳德和孟买）。第二，教育条件。智利网民 89%受过高等教育；斯里兰卡为 65%，中国为 70%。第三，年龄条件。澳大利亚 18~24 岁的网民 5 倍于 55 岁以上的；智利小于 35 岁的网民占 74%，中国占 84%。第四，性别条件。大多数国家的网民以男性居多，如埃塞俄比亚男性网民比例为 86%、塞内加尔为 83%、中国为 70%、法国为 67%和拉美为 62%。但这种差距正在逐年减小，如泰国女性网民 1999 年占比为 35%，到 2000 年已增至 49%；美国 1996 年女性网民占比为 38%，到 2000 年已达 51%。

五、中国的数字鸿沟

中国数字鸿沟宏观上可以概括为与世界的差距、城乡之间的差距和地区之间的差距。

（一）中国与世界的差距

根据国际电信联盟发布的 IDI，中国从 2010 年的第 87 位（3.69）上升到 2015 年的第 82 位（5.05），略高于全球平均值（5.03）。其中 IDI 接入指标中国为 5.25，全球为 5.53；IDI 使用指标中国为 3.84，全球为 3.64；IDI 教育指标中国为 7.07，全球为 6.81。而我们的邻近国家韩国的 IDI 在 2010 年以 8.64 高居世界第一，到 2015 年为 8.93，仍然为世界最高。韩国的 IDI 接入指标为 9，IDI 使用指标为 8.42 而 IDI 教育指标为 9.82，均远高于中国的水平。从 IDI 可以看到中国和其他发达国家的差距还是非常明显的，这也是中国与其他国家数字鸿沟的一种主要的表现形式，它将影响中国综合国力的提高，并不利于国际竞争力的提高与加强。

（二）城乡之间的数字鸿沟

国家信息中心《中国数字鸿沟研究 2013》课题组的调查，截至 2012 年年底，中国网民规模达到 5.64 亿人，互联网普及率达到 42.1%（图 8-2）。

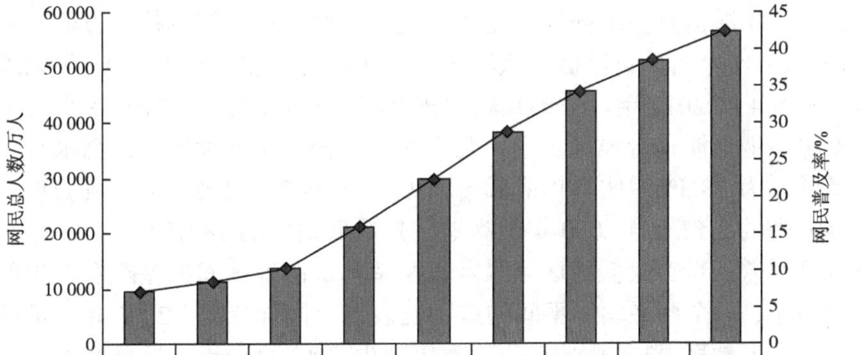

	2004年	2005年	2006年	2007年	2008年	2009年	2010年	2011年	2012年
网民总人数/万人	9 400	11 100	13 700	21 000	29 800	38 400	45 730	51 310	56 400
网民普及率/%	7.23	8.6	10.5	16	22.6	28.9	34.3	38.3	42.1

图 8-2　2004~2012 年中国网民数量及互联网普及率变化

城乡互联网差距是指城市居民与农村居民在互联网应用方面存在的差距。以城乡互联网指数为例，2012 年城市网民普及率达到 57.3%，农村网民普及率达到 24.3%。从绝对差距看，2012 年城市网民普及率高出农村 33 百分点，比上年减少 0.9 百分点。这也是城乡互联网绝对差距首次出现缩小。从相对差距看，2012 年城市网民普及率是农村网民普及率的 2.36 倍，城乡之间互联网相对差距指数为 0.58（即农村落后于城市 58%），比 2011 年（0.62）缩小了 7%，表明中国城市和农村之间在互联网应用方面仍存在明显数字鸿沟，但缩小速度在加快。城乡互联网差距加速缩小的主要原因有两个：一是伴随城镇化进程加快，城乡收入差别开始减小；二是智能手机迅速普及，使农村居民使用手机上网的人数呈爆发式增长（图 8-3）。

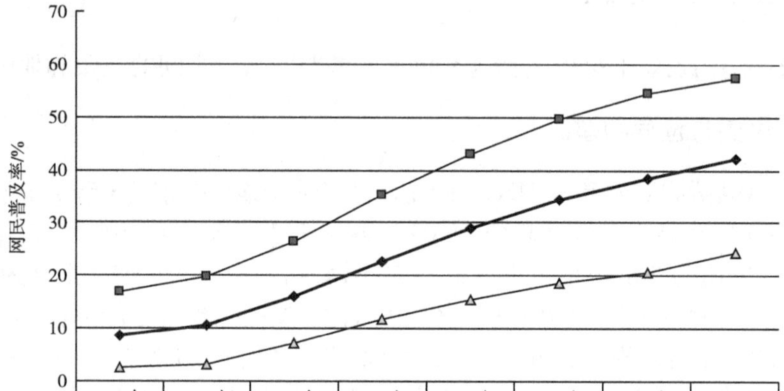

	2005年	2006年	2007年	2008年	2009年	2010年	2011年	2012年
—◆— 全国	8.6	10.5	16	22.6	28.9	34.3	38.3	42.1
—■— 城市	16.9	19.7	26.5	35.2	43.0	49.6	54.6	57.3
—△— 农村	2.6	3.1	7.2	11.7	15.5	18.6	20.7	24.3

图 8-3　2005~2012 年中国城乡网民普及率

注：城市和农民网民普及率采用当年网民数（中国互联网络信息中心提供）与当年实际人口数（国家统计局提供）测算

（三）地区之间的数字鸿沟

地区数字鸿沟是指不同地区之间在拥有和使用现代信息技术方面存在的差距。考察对象是中国 31 个省（自治区、直辖市，不包括港、澳、台地区）。仍以地区互联网指数为例（图 8-4），2012 年，中国互联网普及率达到 42%。在中国 31 个省（自治区、直辖市，不包括港、澳、台地区）中，北京互联网普及率继续保持最高水平，达到 72.2%；云南最低，为 28.5%，比上年最低地区（贵州 24.2）提高了 4.3 百分点。北京互联网普及率是云南的 2.52 倍（2000 年最高地区是最低地区的 78 倍）。

从绝对差距看，最低地区互联网普及率与最高地区间的差距在上年首次出现缩小之后继续缩小，与全国平均水平间的差距也表现出同样趋势。2012 年，最低地区互联网普及率落后最高地区 43.7 百分点，比上年减少 2.45 百分点。这种情况的出现有两个方面的原因：一方面，领先地区（如北京）互联网普及率已超过 70%，扩张幅度和增长速度开始减弱；另一方面，最落后地区已进入快速扩散期，扩张幅度明显增大。最低地区互联网普及率与全国平均水平的差距为 13.6 百分点，比上年减少 0.5 百分点。

地区互联网相对差距继续大幅度下降。2012 年地区互联网相对差距指数（地区 DDI[①]-

① 2005 年起，国家信息中心组建“中国数字鸿沟研究”课题组，本着数据完整、理论通用、内涵直观的原则，建立了“相对差距综合指数法”及其分析模型，对数字鸿沟指数进行跟踪测算和研究。

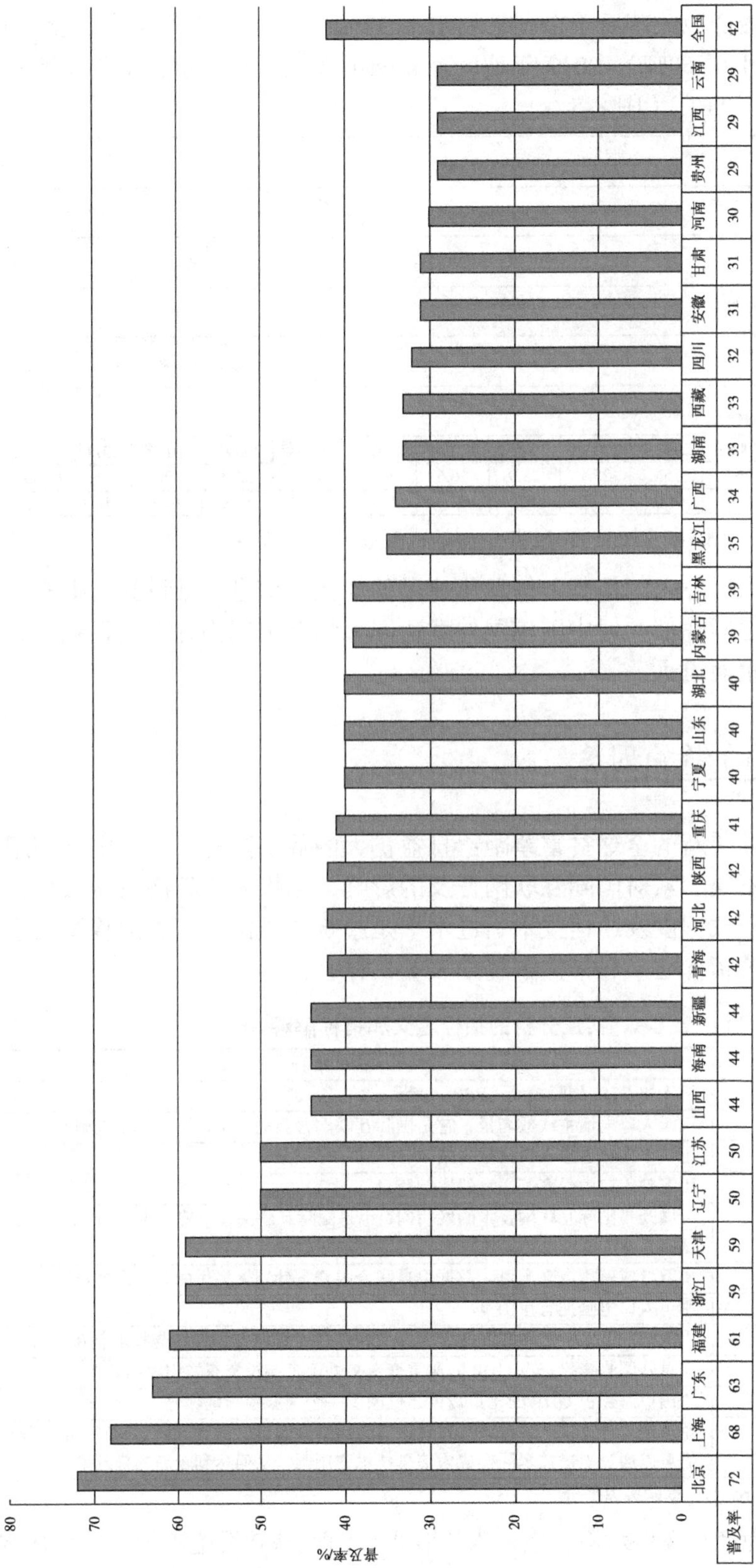

图8-4　2012年中国各地区互联网普及率分布

互联网）为 0.32（即最低地区落后于全国平均水平 32%），比上年下降 12%，比 2001 年下降了 60%（差距缩小了 60%）。2012 年地区互联网最大相对指数也比上年有所降低，但仍保持在较高水平（0.61）（图 8-5）。

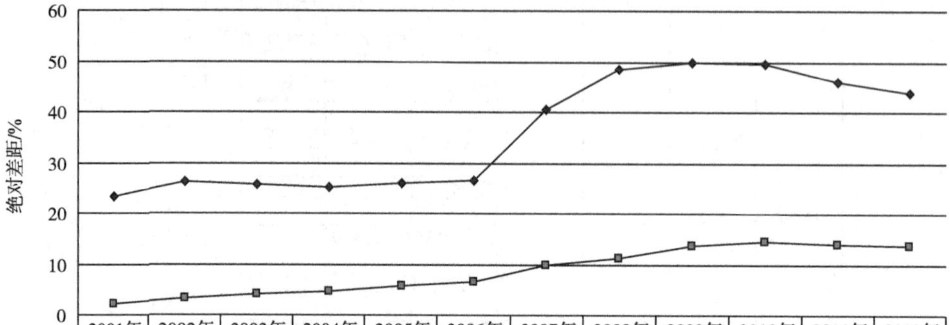

	2001年	2002年	2003年	2004年	2005年	2006年	2007年	2008年	2009年	2010年	2011年	2012年
全国-最高	23.3	26.2	25.8	25.1	25.9	26.6	40.6	48.5	50.0	49.6	46.1	43.7
全国-最低	2.1	3.4	4.0	4.7	5.8	6.7	10.0	11.1	13.8	14.5	14.1	13.6

图 8-5　2001~2012 年中国地区互联网绝对差距

总的来说，随着人民收入的提高，信息化建设的加快，信息基础设施的提升，中国国内的数字鸿沟正在逐渐降低；但中国较国外发达国家的数字鸿沟并未明显缩短，中国的信息化发展仍然任重而道远。

六、数字鸿沟的影响因素

胡鞍钢和周绍杰在《新的全球贫富差距：日益扩大的数字鸿沟》一文中，利用主成分分析的方法分析了不同因素对国际互联网普及的影响，结果表明经济发展水平、国家知识发展能力、对外开放程度及通信技术引进水平是影响一国国际互联网普及水平的重要因素。其实证分析的指标定义和指标解释如表 8-3 所示。

表 8-3　实证分析的指标定义和指标解释

指标定义	指标解释
人均收入	用人均 GDP 国际美元（PPP）表示
信息基础设施水平	用千人口电话主线数衡量，它是国际互联网普及的一个重要的基础设施条件
城市化水平	用城市人口占总人口比重衡量
劳动力素质	用劳动人口中受高等教育的比例衡量
虚拟变量	美国既是国际互联网技术的发明国，也是国际互联网技术普及主导国，设为 1；其他国家为 0
教育水平	用教育成就指数来衡量，数据引自联合国开发计划署提供的人类发展指数
国家创新体系装备情况	用千人口电脑拥有量衡量
R&D 投入水平	用 R&D 投入占 GDP 的比重衡量，它反映一个国家知识创新与技术创新潜力
吸引外资能力	用总外国直接投资占 GDP 的比重衡量，外国直接投资有知识溢出效应
贸易依赖度	进出口总额占 GDP 的比重衡量，反映了一个国家参与国际分工的程度
信息技术引进水平	用通信及计算机产品占服务贸易进口的比重来衡量，一个国家不一定是信息发明国，但可以通过引进技术同样成为信息技术使用国，从而达到较高的普及率

注：PPP：purchase power parity，即购买力平价

第一主成分定义为经济发展水平，它由人均收入、信息基础设施水平、城市化水平、

劳动力素质和虚拟变量这 5 个指标组成，它是影响国际互联网普及的首要因素，其贡献率为 44.35%。第二主成分定义为国家的知识发展能力，它是由教育水平、国家创新体系装备情况和 R&D 投入水平 3 个指标组成，它对国际互联网普及水平的贡献率为 19.41%。从对前两个主成分的分析来看，经济发展水平和知识发展能力是影响国际互联网普及水平的两个最主要因素，它们的累积贡献率达到 63.76%。而且，它们之间也存在一定的相互关系。一般来说，经济发展水平高的国家往往也是知识发展水平高的国家，对于国际互联网技术应用的购买能力也较强；而高水平的知识发展在促进经济发展的同时，也对以国际互联网为代表的信息技术产生了较高的需求。第三主成分定义为对外开放水平，它是由贸易依赖度和吸引外资能力指标组成的，其贡献率为 19.41%。第四主成分定义为信息技术引进水平，它是由通信技术产品进口水平来衡量的，其贡献率为 9.73%。而上述研究结果和 Francesco Caselli 和 Wilbur John Coleman II 的研究有着相似的结论，2001 年在 *Cross country technology diffusion: the case of computers* 一文中，他们研究发现计算机产业在国际分工中的产业集中度越来越高，少数主要计算机生产国提供了绝大部分的计算机及其元器件的生产，对于大多数国家而言，计算机产品的进口与计算机投资紧密相关。他们同时发现，计算机应用水平与对 OECD 国家在制造业上的贸易开放度有密切的联系，对 OECD 国家制造业进口每提高 10%，每个工人的信息技术投资将提高 6%，这表明发展中国家加大对 OECD 国家的制造业进口和信息技术产品的引进有助于这些国家分享发达国家的知识外溢效益。

也有学者采用主成分分析法、聚类分析法对中国 31 个省（自治区、直辖市，不包括港、澳、台地区）的互联网普及的差异及其与经济发展水平之间的关系进行分析（王青华和陈棣，2006），结果表明互联网发展水平与经济发展水平在数量表现上有着高度密切的线性正相关关系。实质上，互联网的建设和应用，虽然会在一定程度上受到科技水平、政治环境、国民观念和文化素质等诸多因素的影响，但最主要的影响因素是经济实力。

从以上分析，我们可以得出以下结论：数字鸿沟实际上是一种创造财富能力的差距。当这种差距表现在国家之间时，无疑会对一个国家、民族的发展构成一种威胁。当这种差距出现在一个国家内部时，会导致不同地区之间、不同行业之间、不同阶层之间的发展不平衡，整个国家、民族的整体素质难以提高，会延缓国家信息化发展的总体进程，甚至会影响国家的安定团结，因此，如何跨越数字鸿沟就成为一项艰巨的任务。政府必须充分认识数字鸿沟的本质和程度，确立利用知识和信息促进发展的国家战略，制定全面普及信息技术，人人享有信息服务的国家信息政策，加速向信息社会和知识社会转型。具体到信息服务上，目前很多国家采取了普遍服务原则，这在一定程度上有助于人口密度低的地区跨越数字鸿沟。在后文中，我们会详细介绍普遍服务原则的概念、原因、经济学分析、实现机制以及该政策在中国的实施情况。

小结

1. 数字鸿沟这一术语最早是由美国 Markle 基金会总裁 Lloyd Morrisett 在 20 世纪 90

年代中期提出的，用来表达人们在信息通信技术享用机会上的差别。

2. 世界各国的人均收入水平的差距是十分显著的，然而各国间在互联网普及率上的差距远远高于收入水平上的差异。

3. 一国内的数字鸿沟表现在以下几个方面：第一，地域条件。第二，教育条件。第三，年龄条件。第四，性别条件。

4. 中国的数字鸿沟宏观上可以概括为与世界的差距、地区之间的差距和城乡之间的差距。

✲ 概念与术语

数字鸿沟　OECD　北北差距　南南差距

复习与练习

1. 什么是数字鸿沟?
2. 国家与国家间的数字鸿沟有何表现？请对其成因做出解释。
3. 试分析数字鸿沟的影响因素。

第三节　普遍服务政策

【内容提要】

政府出于社会公平的考虑，往往在互联网基础设施行业实行普遍服务原则。在普遍服务原则这部分内容当中，主要介绍了普遍服务原则的概念，提供普遍服务的原因，普遍服务在中国实际应用遇到的困境，以及完善普遍服务政策的思路。解决普遍服务财力不足、资金困难问题的主要方法包括：建立普遍服务基金，进行财政转移支付，以及引入私人参与提供网络基础设施。

【学习要求】

1. 掌握普遍服务原则的概念。
2. 了解提供普遍服务的具体原因。
3. 了解中国信息技术基础设施产业现存的问题。
4. 能够结合基础设施产业的特征，辨别公共产权与私有产权各自的优势与劣势。

网络经济发展刚刚兴起，即使是经济发达地区也还处在起步阶段，这给原本经济比较落后的地区提供了一个相对平等的竞争环境，以及一个发展和赶超的可能性。但是，互联网上电子商务的迅猛发展与信息爆炸导致现有与信息工具、信息媒介密切相关的信息技术基础设施过度超载和拥塞的状况反过来制约了互联网商务的发展和信息的传播。这种状况又反过来加剧了经济落后地区信息技术基础设施相对薄弱的"瓶颈"状况。如果现有的普遍服务政策陷入困境而不能起到应有的作用，由于落后地区的基础设施相对更加薄弱，其网络经济发展造成的不利影响就更大，落后地区就有可能错过这一发展机会，继续陷入落后—投入低—落后的怪圈。显然，这与中国经济发展的总战略目标不符，也与普遍服务政策本身要求的社会公平不符。

一、普遍服务原则的概念

普遍服务原则是以社会公平为出发点，由于该原则能够带来较高的社会效益，所以许多国家都把它作为信息技术基础设施产业的一项重要公共政策。由于受到各自客观环境条件的限制，所以不同国家对普遍服务具体内容的理解也不尽相同，但是，基本上所有的普遍服务都满足以下几点：首先，普遍服务必须是针对所有的（或者绝大部分）用户；其次，普遍服务的价格是可以接受的；最后，普遍服务要有一定的质量保证。综上所述，普遍服务是指以可以承受的资费水平向包括低收入消费者在内的所有用户，以及包括农村地区、边远地区或其他高成本地区在内的所有地区提供有质量保证的通信服务。

一般来说，基础设施的提供商或是运营商在诸如边远地区或者农村地区等典型的高成本地区往往是入不敷出的，高成本地区的特点就是经济欠发达，这使基础设施的利用率过低，从而导致服务提供商很难收回投资。由于回报率低，所以高成本地区的基础设施发展十分落后，基础设施的落后又反过来制约了经济发展，而经济越落后就越不能吸引基础设施方面的投资，这就形成了一种基础设施投资的恶性循环。考虑到经济的协调均衡发展，政府有必要采取一定的措施来避免这种不利的后果。要求网络基础设施的提供商和运营商实行普遍服务就是一项切实可行的措施，提供普遍服务要求提供商和运营商不但不能拒绝为高成本地区的用户提供服务，而且还不能根据投入和运营成本而采用相应的高资费定价策略，并且要保证一定的服务质量。

二、提供普遍服务的原因

普遍服务能够带来非常显著的社会效益，主要原因如下：

首先，提供普遍服务有助于网络积极外部性的发挥。简单地说，当网络的价值随着加入这个网络的用户数量增加而增大时，就存在网络外部性。连接到互联网上的人越多，则互联网所产生的价值（无论是社会价值还是商业价值）就越大。可见，消费者个体是否入网以及基础设施提供商是否愿意建网的决策会直接影响到网络中所有其他用户的福利，但无论是消费者还是提供商或运营商都不会从社会福利的角度看问题，他们只关心自身的收益如何。因此，政府需要采取措施来弥补可能会出现的市场失灵。就中国目前的情况来说，政府已经逐步意识到采取对互联网的接入服务提供补贴的政策，有助于网络规模的迅速扩大。

其次，普遍服务还可以看成一种特殊的再分配方式，即用定价而不是税收的形式影响再分配。把低收入阶层确定为再分配的对象，保证他们享受到一定的基本服务，避免资费调整对他们产生不利的影响。

最后，普遍服务有助于实现政府的地区发展规划。尤其是在中国，地区间的发展极不平衡，因此，很有必要借鉴普遍服务的公共政策来协调地区间的发展。这样既缓解了落后地区的基础设施瓶颈问题，又不需要政府耗费大量的财政资金。

三、普遍服务政策困境

目前中国的信息技术基础设施产业正处于关键的转型期，特别是所有制结构和企业治理结构的调整，出现了市场多元化并导致了竞争加剧的局面。一系列相关基础设施领域的市场化改革引发了中国网络经济下的普遍服务政策困境。引入新的竞争者破坏了原有的交叉补贴机制，普遍服务的基础遭到损害。尽管政府改革的意图主要是提高该领域内企业的效率，但决不能因此而忽视了网络基础设施产业对社会整体效益基础性的重要作用。

在中国传统计划经济体制下，通过对基础设施企业的交叉补贴来实现普遍服务，由大用户或工商用户对居民用户提供补贴，政府将自身在这方面的职责转移到了需要支付较高价格的大用户或工商用户身上。由于这些用户基本上是国有企业，而政府和国有企业在本质上是合而为一的，所以，事实上仍然是由同时作为国有资本所有者和社会管理者的政府承担了为普遍服务提供资金的职能，与西方国家在实行价格补贴机制时由市场承担这一费用不同，这一行为更具有其内在合理性。但是，随着经济体制的变革和所有制结构的多元化，在引入竞争机制的同时却仍然保留交叉补贴的传统做法，这就与西方国家的改革背道而驰了。由于支付高价、承担普遍服务义务的用户不再仅限于国有企业（即使是国有企业也因为政企分开具有了独立的经济利益），必然要将这一义务最终转移到消费者身上。

中国普遍服务政策困境产生的根本原因在于：中国经济转轨过程中，政府与市场职能的界定不清。基础设施产业具有很大的外部性，往往关系到国计民生，历来是市场经济国家政府公共投资的重点之一。在放松管制的浪潮下，发达市场经济国家实行大规模的私有化政策，同时在基础设施领域引入各种竞争机制。在这一背景下，曾作为普遍服务融资机制而被各国采用的交叉补贴机制，其不合理性逐渐暴露，最终遭到摒弃。为了继续推行普遍服务的政策理念，政府在进行价格上限等制度改革的同时，也承担起了提供普遍服务所需要的部分成本，为基础设施企业提供补贴，使其能以较低的价格提供产品和服务，并仍可继续维持生存。普遍服务具有较强的外部性，也可以看做一种公共产品，由政府提供符合其公共产品的性质，也是市场经济下政府与市场明晰承担自身职能的要求。

政府与市场关系界定不清造成了政府职能的缺位，因此，要从根本上走出普遍服务政策困境，必须让政府承担其应有的责任。在网络经济的发展背景下，中国应当继续推行普遍服务原则，转换思路，化解目前存在的政策困境。

四、完善普遍服务政策的思路

政府在承担提供网络基础设施普遍服务所需要的资金上，遇到的最大问题是财力不足、资金困难。事实上，这也是制约中国政府在普遍服务领域发挥作用的重要因素。解决这一问题，可以从以下三个方面进行思考。

（一）建立普遍服务基金

普遍服务基金来源于向网络基础设施行业内所有运营商征收的费用，以及政府预算、国际机构拨款、特许权收费等。之所以在政府之外将运营商收费也作为基金的重要来源，主要是考虑到中国网络基础设施行业的运营商基本上还处于垄断地位，其利润水平较高，并且超过一般利润率的这部分利润并非来源于其自身的努力，而是来源于其所占据的垄断地位。建立普遍服务基金，还应该明确网络基础设施行业普遍服务的范围，确定组织实施普遍服务的机构，由其制定相应的规划，明确基金筹资的规模，同时建立公正、透明、有效约束的基金运作程序，分阶段有步骤地实施普遍服务义务。

普遍服务基金有两个使用渠道：一是对已经在提供普遍服务的基础设施企业进行补贴，二是对为基础设施服务缺乏地区的网络建设投资的企业进行补贴。其补贴额的确定，既可以由管制机构直接核算，也可以利用拍卖机制。后者的优点在于可以在较大程度上解决信息不对称问题，在不存在串标的情况下，大大减少管制机构为获知企业成本而付出的费用。在拍卖过程中，竞标者应用自己的模型和方法来计算投标的补贴数额，管制机构从中选取补贴数额最低的竞标者来实施普遍服务。

（二）财政转移支付

中国信息技术基础设施建设整体还比较落后，尤其在经济不发达地区更是如此。对于地区之间的这种不平衡，政府可以采取转移支付的形式给予补助。这种转移支付可以是纵向的，即由中央政府以专项补助的形式拨给满足一定条件要求的地方；也可以是横向的，由经济发展较快的地区直接对口支援相对落后的地区。应该说，随着分税制财政体制的改革，财政收入，尤其是中央政府财政收入有了较大幅度的增长，而协调地区社会经济平衡发展，正是中央政府的职责要求。发达地区则往往在发展过程中享受了较多的政策优惠，客观上也汲取了相对落后地区的财力，当其发展到一定阶段以后，也具有反哺落后地区的义务。此外，在中国目前财政体制下，由于地方政府不能发行债券和举借债务，由中央政府代落后地区发行较长时期的特种国债，或者由政府担保，发行贫困地区网络基础设施建设的企业债券，既不增加中央政府和其他地区的负担，又能筹得发展信息技术基础设施亟须的资金，也不失为一可行之策。

（三）引入私人参与提供网络基础设施

私人参与网络基础设施的提供能够缓解政府财力的困难，但是，正如前文所论证的，提供普遍服务是政府的义务，政府不能将其推到其他经济主体身上。一个可行的方案是由政府向提供普遍服务的私人企业提供补贴，由企业在市场上展开平等的竞争。基础设施产业往往是关系到国计民生的支柱性产业，在国民经济中具有举足轻重的地位。在人类社会从后工业时代向信息时代转变的过程中，与信息工具、信息媒介密切相关的信息技术基础设施产业就显得极为重要。特别是在网络经济下，互联网上的电子商务的迅猛发展与信息爆炸导致了现有基础设施的超载和拥塞，这种状况制约了互联网商务的发展和信息的传播。中国由于经济基础比较薄弱，在改革开放 20 多年后信息技术基础设施的建设仍然不容乐观。所以，改善信息技术基础设施的供给就成为政府产业政策的一项重要内容，而改善供给的关键就是要引入竞争机制，允许私人资本参与基础设施的建设。

1. 网络基础设施产业存在的问题

改革开放以来，中国信息技术基础设施产业的发展是有目共睹的。正是由于政府在价格、经营机制、投资体制以及转变政府职能等方面进行了一系列的改革，才使信息技术基础设施的供给能力有了显著的改观，同时供给结构和供给效率也大为改善，但其存在的问题也不少，主要表现在以下几个方面：

首先，信息技术基础设施企业的经济效率不高。经济效率低下主要表现为服务定价不合理，从而造成资源配置缺乏效率。其实政府为了调动企业的积极性，提高资源配置效率，已经对服务价格水平和结构进行了不断的调整。例如，为了加快电信产业的发展，1980 年政府允许电信企业收取初装费，这一政策直到 2001 年才取消，而随着供给状况的改善和技术的进步，政府又不断调低电信服务的资费水平，但定价扭曲没有得到根本性的解决。定价过多地受到政府的行政干预，导致许多服务定价不反映服务的真实成本，价格机制的导向作用发挥不出来，资源浪费严重。造成企业经济效率低下的原因是多方面的，最重要的一点就是产权制度改革不到位。尽管政府在转变经营机制，实现政企分开，建立现代企业制度方面做了许多努力，但是，信息技术基础设施企业仍然缺乏明晰的产权关系或者产权处于虚置状态。况且虽然绝大多数企业是国有的，但对资产的实际控制权则分散在不同层次、不同部门的政府管理机构手中，这种多头管理格局使企业在经营中无所适从。明晰产权是商业化或公司化的基础，明确控制权的分配是保证私人参与程度不断深化的必要条件。产权关系不明晰，自然就不能避免政企不分问题的出现。中国基础设施产业的主体是垂直整合的国有企业，基础设施企业不仅是追求商业利益的经济实体，同时又是一个兼顾社会目标的政府组织。企业在这种制度安排下被迫要实现多重目标，但目标之间的相互冲突，致使企业的绩效难以衡量，也无法提供合理的激励。在市场经济体制下，政府不应该通过直接控制企业的办法来避免多重目标之间的冲突，应该尽量维护企业的经营自主权，采取间接的调控手段诱导企业实现政府的意图。

其次，信息技术基础设施产业的投融资体制不完善。这主要表现在：地方政府滥用投资权，对待私人资本（主要是外资方面）过于保守，没有充分发挥资本市场在融资方面的功能。政府为了改变对基础设施包揽过多的做法，已经采取了多项改革措施，如下放投资权，减少投资审批程序，鼓励地方政府和私人资本的参与，等等。现已逐步形成了以国家为主体，包括集体、民间私有资本及外资在内的多元投资格局。企业的融资渠道也逐步拓宽，除了财政拨款、银行借款以外，还积极利用资本市场发行企业股票或债券。投资体制改革的最大特点就是将投资权下放给地方政府，采取谁投资谁收益的原则。尽管这样调动了地方政府参与基础设施建设的积极性，但地方政府缺乏投资约束，而且只追求局部利益、短期利益，这一方面破坏了产业发展的整体规划，另一方面也挤出了可能参与投资的私人资本。由于信息技术基础设施产业在国民经济中的地位非常重要，所以，政府在引进外资或民间私人资本方面极为慎重，客观上抑制了私人资本的参与。此外，从资本市场上看，企业债券市场不发达，债券流动性差；而股票市场的进入门槛又太高，地方企业或规模较小的企业根本达不到上市的资格要求。

最后，普遍服务仍然不足，服务质量不高。应该承认，政府经过多年的努力，在提供普遍服务方面已经取得了显著的成就。但是，边远地区、农村地区的通信基础设施建设仍不乐观，基础设施依然是这部分地区的发展瓶颈。特别是在转轨时期，企业更加强调经济效益，往往忽视了这些地区对通信服务的需求。这就要求政府从社会公平的角度出发对原有的政策进行调整，并且制定出符合实际情况、具有可操作性的普遍服务原则。服务质量问题的解决，关键是在于引入竞争机制。

2. 网络基础设施产业的特性

从传统经济学的角度来分析，基础设施产业往往具有很强的正外部性，属于市场失灵的范畴，所以只能由公共部门来提供，而私人部门是不愿意提供此类具有公共产品特点的服务的。那么具体到通信基础设施产业来说，提供通信（当然也包括互联网）服务的最好形式应该是由政府投资还是由私人投资呢？

要弄清这个问题，需要对通信基础设施产业进行技术特征方面的分析。从供给的角度看，规模经济使该产业具有自然垄断的特征。也就是说，在市场中只存在一家企业或者几家企业竞争并存的情况下，如果前一种情况能够以更低的成本提供产品（或者服务），那么自然垄断的条件就成立。当然，企业具有成本优势并不代表这种自然垄断是一种合理的存在，社会成本才是衡量合理与否的真正标准。引入竞争固然会增加由于重复建设所引致的成本，但同时却增加了资源配置的效率，并减少了政府行政管理所付出的成本，所以政府应该从整个社会福利的角度去衡量垄断与竞争的成本与收益。另外，这类服务通常是不可储存的，也是很难细分的。这就在很大程度上减少了市场容量，从而减少了市场竞争的可能性，因为低于一定的经济规模就面临着生存的威胁。从消费者需求的角度看，此类服务的需求弹性很小，而且只有通过直接接入网络才可以享受到服务，这意味着服务提供商相对于消费者占据着市场主导地位，因此，这也是政府加强管理，甚至直接提供此类服务的重要原因之一。

3. 公共产权的优劣分析

公共产权的优点主要有两个：一是公共所有可以使政府实现社会福利的最大化，而不仅仅是国有企业的利润最大化；二是通过集中控制可以有效地进行协调。当然，公共产权的缺点也是很明显的。首先是缺乏有效的监督，特别是缺乏来自资本市场的监督，而资本市场对于建立现代企业制度发挥着极为重要的作用：一方面，国有企业经营激励机制落后、呆板（如缺乏上市公司的股票期权激励机制），经理人员往往不能站在企业长远发展的角度去思考问题，尤其在长期投资方面常常表现出一定的盲目性；另一方面，国有企业缺乏来自外部的制约，主要是来自资本市场的监督制约。其次是政府缺少可以信赖的承诺，这主要体现在以下几个方面：一是没有一个明确、硬性的预算约束。众所周知，国有企业既不怕破产，也不怕负债，因为它们知道国家会出于社会稳定的考虑而帮助遇到困难的国有企业渡过难关，这必然会降低经理人员改进经营管理的积极性。二是政府对国有企业所经营的特定资产投资的侵占，因此，国有企业在进行投资的时候往往顾虑重重，担心政府会侵占这些资产的收益。三是国有企业要肩负多重目标，而这些目标又是自相矛盾的，这使企业的绩效难以考核。可见，多重目标既是公共部门的优势，同时也会带来诸多问题。

4. 私人投资的参与和自由化

其实，公共部门自身存在的这些缺点在私有企业中也可能会有不同程度的体现，而且只要通过合理的机制设计，私有企业也同样可以实现多重目标（既要实现自身的利润，也可以取得一定的社会效益）。这说明，私人投资可以有条件地取代公共投资，这也就是公共产权与私有产权之争的主要原因所在。

根据现代产权理论，产权之所以有意义，从本质上说是因为合同的不完备性，囿于客观条件的限制，许多非经济因素和不确定因素很难明确地列入合同。由于合同的不完备，剩余控制权的分配就显得十分重要。产权制度不同，剩余控制权的分配也不同。公共产权的优点就是在出现不可预见的情况时，政府能够通盘考虑并做出有利于社会整体福利的调整，然而政府有可能利用这种调整的机会侵占国有企业管理投资的收益，这就必然减少了企业在事先进行管理投资的积极性，从而最终在整体上降低了社会福利。换一个角度说，如果合同是完备的，那么这两种产权制度安排都能够达到同样的效率。因此，两种所有权结构的差异最终应该反映到合同的不完备上来。但不管怎样，公共产权制度本身在组织安排和激励提供方面的缺陷是很明显的，因此，要从这些制度的缺陷出发去寻找问题的解决方法。

为了解决公共部门在提供基础设施服务方面所产生的种种问题，许多国家都已经开始了对基础设施产业的改革进程，改革的主要内容包括鼓励私人投资和自由化。比较典型的做法就是将基础设施企业公司化，使其成为追求商业目标的经济实体，同时引入竞争机制，这种改革的实施往往是与私人资本的参与甚至私有化同时进行的。通过鼓励私人资本的参与，一方面基础设施类企业获得了新的投资来源和相应的专业技术知识，符合企业长远发展的要求；另一方面，投资主体多元化引致的竞争机制还提高了服务质量和运营效率，不但更好地满足了消费者的需求，而且还减轻了政府的财政负担。

私有资本的参与形式是多种多样的，包括管理合同、租赁、特许经营及直接的资产出售等，不能一提到私人资本参与就只想到资产出售这一种私有化的形式。当然，不同的参与形式意味着投资者要承担不同的商业风险和投资责任。私人参与可以使企业受到各种外部力量的制约，促使企业降低生产成本，努力提高服务质量。在硬预算约束下，企业要结合自身的抗风险能力谨慎地进行投资和其他生产经营活动。不过，仅靠私人资本参与并不一定能保证企业有足够的激励去提高运营效率，必须还要引入竞争机制，改变具有垄断色彩的市场结构。在市场竞争机制还不够完善的情况下，政府仍有必要利用管制和反垄断的手段对企业实施有效的产业监控。

小结

1. 普遍服务原则是以社会公平为出发点，注重社会效益，是政府对信息技术基础设施产业实行的一项重要公共政策。

2. 普遍服务实际上又属于一种再分配方式，即用定价而不是税收的形式影响再分配。

3. 从实施效果上看，普遍服务原则类似于补贴政策，它造成了大用户或工商用户对居民用户的补贴，或者使低收入用户得到不同形式的补贴。补贴资金并不是直接来源于财政资金，而是来源于在某些服务上设立的专项收费。

4. 补偿的具体方式通常是预先规定好的，一般采取交叉补贴机制，也就是在没有补贴的服务上允许垄断企业制定较高的加价。

5. 公共产权的优点主要有两个：一是公共所有可以使政府实现社会福利的最大化，而不仅仅是国有企业的利润最大化；二是通过集中控制可以有效地进行协调。公共产权的缺点也有两个：首先是缺乏有效的监督，特别是缺乏来自资本市场的监督；其次是政府缺少可以信赖的承诺。

6. 只要通过合理的机制设计，私有企业同样可以实现多重目标（既可以实现自身的利润，又可以取得一定的社会效益），可见私人投资可以有条件地取代公共投资。

概念与术语

普遍服务　社会公平　社会效益　普遍服务基金财政转移支付　公共产权

复习与练习

1. 普遍服务原则的基本概念是什么？

2. 普遍服务能够带来非常显著的社会效益，其主要原因是什么？

3. 在基础设施产业方面，公共产权与私有产权各自的优缺点有哪些？如何看待目前私人投资参与的趋势？

4. 中国信息技术基础设施产业投融资体制不完善主要表现在哪些方面？

第四节　数字产品知识产权保护政策

【内容提要】

公共物品是指公共使用或消费的物品。严格意义上的公共物品具有非竞争性和非排他性。公共物品的特殊性，导致市场机制决定的公共物品供给量远远小于帕累托最优状态。既然市场机制在提供公共物品方面是失灵的，政府的介入就成为必要。本节主要讨论网络经济中下数字产品的公共性问题，并以此为基础分析数字产品公共性问题的解决办法——知识产权法的设计和技术保护措施。

【学习要求】

1. 掌握公共产品的概念。
2. 能够分析说明数字产品的公共性。
3. 能够分析知识产权法的经济效率，并解释其利弊。
4. 了解数字产品的技术保护手段。

纯粹意义上的公共产品，应该具有两个重要的性质：在消费上的非竞争性和在使用上的非排他性。非竞争性（non-competition）即消费者消费某产品时并不影响其他消费者从该产品中获得利益。这种性质源自于产品的不可分割性。由于产品不可分割，所以所有的消费者可以共同消费同一个产品。每一个消费者均可从该产品中获得利益，在自己获得利益的同时，并不妨碍他人从中获得利益，消费者之间不存在利益上的冲突。换言之，该产品消费者的增加并不引起成本的任何增加，其边际成本为零。非排他性（non-exclusion）即在产品消费中，很难将其他消费者排斥在产品的消费利益之外。这种性质首先应从技术上来加以理解。当一种产品从技术上来说无法进行排斥时，即意味着所有消费者都可以不费任何代价、不受任何限制地获得该产品的消费权。其次，可以从成本上来理解非排斥性。当一种产品从技术上来说是可以排斥的，但排斥的成本大于排斥所带来的利益时，这种排斥从经济上来说是不可行的，因而我们仍然认为这种产品具有非排斥性。但凡具有非竞争性，同时在技术不可排斥或排斥成本过大的产品即为公共产品。在网上无限制传播的数字产品具有显著的公共产品性质。

一、数字产品的盗版

自从有数字产品开始，盗版问题就一直是数字产品研发和生产面临的最大的问题，其原因有以下几点：

（1）数字产品的最大价值在于数字产品的内容，而数字产品的内容和数字产品的载体如果不经过特殊处理的话，两者是极其容易分离的。数字产品的盗版只需要针对数字内容盗版而不需要考虑载体本身。

（2）数字产品的成本主要体现为数字产品的研发过程，数字产品的最重要的价值在于数字产品本身蕴含的信息价值或者知识价值，厂商为了生产这些信息或者知识花费了大量的人力、物力，而生产的边际成本是近乎为零的，而且生产的固定成本也极低，这些使数字产品盗版的收益极大而成本很低。

（3）数字产品具有非竞争性。数字产品不是物质性的，不会因为额外的使用而被磨损、发生拥挤或者受到其他损害。数字产品具有高固定成本、低边际成本的成本结构，当数字产品被生产出来以后，由于复制容易，增加一份拷贝的边际成本几乎为零，所以，其供给是无法耗竭的。同时，一个消费者对数字产品的使用不仅不会对其他消费者造成损害，反而会因为网络外部性的存在而增加数字产品对网络中其他消费者的价值。非竞争性是数字产品的自然属性，是不能通过制度设计或者技术保护等人为方式改变的。

（4）未经保护的数字产品具有非排他性。也就是说，在没有特定的技术保护或者法律保护的前提下，是难以阻止搭便车行为发生的。在互联网上，任何用户都可以将数字化的文件传送给其他用户或是将其上传到网络上与其他用户共享，如果有一份复制品而言在非著作权人的手中，那么在网络上就可以出现千千万万份复制。这一方面是由数字产品的自然属性决定的，另一方面也是因为网络从一开始就有资源与信息共享的天性。同时，对数字产品而言，阻止他人越权使用所要付出的成本很高。对传统的实体形式的产品而言，被赋予财产权的所有者很容易可以发现侵权行为并加以阻止。数字产品在发现未经许可的使用方面难度却很大。例如，假设甲偷了乙的电脑，那么乙很快就会发现这一点，因为甲的行为使乙使用电脑的权利受到了损害，那么乙就会采取行动来找回自己的电脑；而假如甲复制了乙享有著作权的软件，乙可能很长时间都无法发觉，因为甲并没有损害乙使用软件的权利，而只是剥夺了乙对软件享有的排他性使用的权利。

因为数字产品具有公共产品的性质，所以必然存在一些与之相关的市场失灵方面的讨论。与公共产品相关的市场失灵方面的讨论主要是集中在市场对公共产品供给不足上面，也就是说，市场在提供私人物品时是有效的，但在提供充分的公共物品时是无效的。数字产品是否也存在市场供给不足的问题呢？在对数字产品进行排他性设计之前，答案是肯定的。例如，一家厂商正在考虑是否要开发一个它不能取得著作权的软件，显然，一旦源代码公开，那么竞争对手无须承担任何开发费用，即可对他人的产品进行复制，这样的竞争环境将最终迫使生产者以边际成本提供产品，开发者的开发费用无法回收，在竞争中处于不利地位。这种预期的前景使市场提供数字产品的激励不足。

要解决公共产品市场供给不足问题，有两个途径：一是由政府来提供公共产品，就像国防、基础教育、基础设施这些公共物品一样；二是对公共产品进行排他性设计。由政府来提供数字产品显然是不理智的，政府无法获得市场需求的完整的信息，无法满足消费者对数字产品个性化的需求，也无法避免可能存在的政府失灵这个让人更为头疼的危险。因此，我们的选择只能是对数字产品进行排他性设计，使其在某种程度上具有可排他性，进而使数字产品的开发者能够以付款作为消费者使用它们的条件。

二、知识产权保护的必要性

对网络经济环境下的企业来说，创新是它可以不断发展，并且持续繁荣的唯一原动力。由于正反馈和网络外部性的存在，站在金字塔塔尖的企业一定是凤毛麟角的，而且领军者与失败者之间的转换频率非常快，拥有持续、强劲创新能力的企业才算拥有真正的核心竞争力，才能成为网络经济的弄潮儿。因此，网络经济环境下的企业都将创新视为其在竞争中生存与发展的重要策略，它们投入了大量资源用于 R&D 项目。知识产权保护对于网络行业来说十分重要。知识产权问题是先进复制技术、读写方式及市场盈利动机催生的副产品①。

在以物质资源为基础的生产中，产权的界定一方面保护了所有者的利益，另一方面也使物质资源的使用更加有效率。公地的悲剧②正是因为没有清晰地界定产权导致的资源滥用。

由于知识产品不同于一般的物质产品，具有高固定成本、低边际成本的特点，一旦生产出来就可以轻易地进行复制和传播，知识产权问题更加严重。对于从事知识产品生产的企业来说，硬件设备的丢失（如计算机被盗）对它的损失虽然是直接而明显的，但这并不如它的一项先进技术被盗严重。尽管技术被盗不会造成直接经济损失，其他企业知道此项技术也不会影响它自身的使用，而且可能的结果是大家的生产力都得到了提高，这是物质产权与知识产权的最大区别，但技术创新者会因此丧失一项核心竞争力，丧失一项相对竞争优势，对其长期的经济利益会有很大的影响。毫无疑问，知识的传播与共享比限制使用具有更高的效率，但如果知识产权得不到保护，就会影响企业创新的积极性，从而影响知识自身的生产以及整个产业的发展。

在网络经济环境下，R&D 投资生产的智力成果是以知识资源为基础的生产中最重要的因素。非授权使用者不需要支付原创期间投入的 R&D 成本而直接利用原创者智力成果，会侵蚀到原创者的市场利益。为了保护知识产权所有者的利益不被侵蚀，就必须通过人为限制市场进入或设定其他影响买主与卖主行为的外部机制，给予其相应的排他性力量，保护原创者投入 R&D 研发的积极性。

三、数字产品的技术保护

随着数字产品市场上的各种侵权行为日益严重，企业也开始使用技术手段来保护自己。目前著作权人广泛采用的保护著作权的技术手段包括访问控制措施和使用控制措施。

---

① 转引自 Choi S Y. 电子商务经济学. 张大力，刘维斌，等译. 北京：电子工业出版社，2000.

② 就产权没有清晰界定的公共资源来说，一方面，它具有非排他性：想使用公共资源的任何人都可以免费使用；另一方面，它又具有竞争性：一个人对公共资源的使用减少了其他人对它的享用。其结果是，公共资源经常被开发和使用。这一现象被称为“公地的悲剧”（tragedy of the commons）。

访问控制措施主要有口令加密技术，插入验证硬件才可进入等；使用控制措施则包括电子文档指示软件、加密、电子签名以及电子水印等。这些技术手段的合理使用是必要的，如果没有任何技术保护，数字产品的公共产品性质将会使著作权人的权利无法得到保障，他无法得知数字产品正在何处被使用、被谁使用、使用了多少次、复制了多少份，即使法律承认著作权人的权利，极高的交易成本也使这些合法权利的充分维护变得很难。而上述技术手段的应用，可以使数字产品容易被复制的自然属性受到限制，从而使数字产品购买者对其购买的产品进行复制的成本大大提高。这可以在很大程度上减少侵权行为的发生，保护著作权人的权益。

当然，数字产品的技术反盗版，也是一个动态的过程，在数字产品的生产者不断加强盗版的难度的时候，盗版者也不断采用各种新的技术来破解数字产品的加密措施。可以看到的一个趋势是，数字产品的生产方更多地采用网络认证的方式来避免盗版，很多单机游戏向网络游戏的转移就是如此。

当然，数字产品的技术保护并不能够仅仅局限于企业和盗版者之间，政府必须采取一系列的政策措施来保护是数字产品生产者的著作权。

四、数字产品的著作权保护

数字产品著作权[①]保护使数字产品具有了一定的排他性，著作权人不用因为担心数字产品被肆意复制而无法收回研发的成本，这是对数字产品研发这种创造性活动的激励；但与此同时，针对复制的法律保护又使数字产品的研发者拥有一定的垄断力量，能够对数字产品收取高于边际成本的价格，从而阻止那些对该产品估价高于其边际成本，但低于所定价格的消费者购买、使用该产品，这又带来了消费者福利的损失。对数字产品的著作权保护应当如何设定，才能既保护了创作者的利益，保持必要的激励，同时又能实现和鼓励数字产品的发行与传播，使整个社会都能最大限度地从数字产品的发明中受益，正是目前数字产品著作权保护中讨论得最为激烈的一部分。图 8-6 和图 8-7 形象描述创新激励与垄断福利损失的关系。

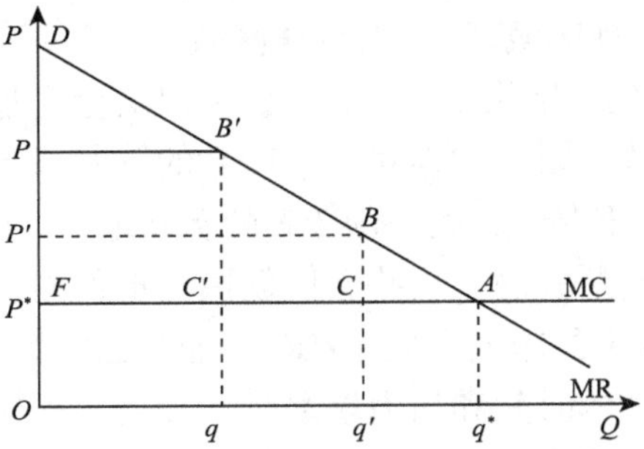

图 8-6　数字产品市场

① 有的地方称为版权，如 2001 年 10 月 27 日修订后的《中华人民共和国著作权法》第五十六条。

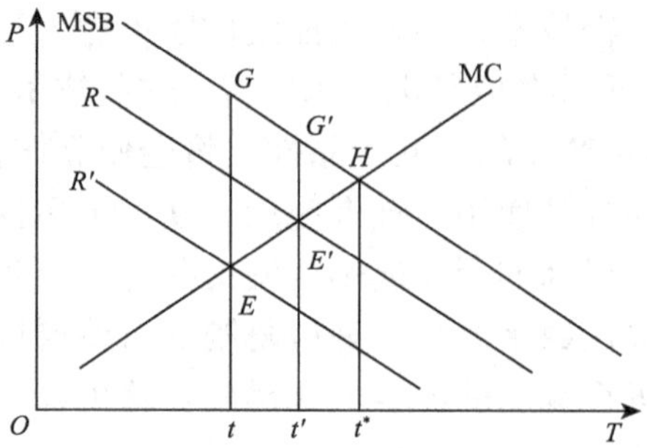

图 8-7　创造力市场

图 8-6 描述的是受到著作权保护的数字产品市场，其中横坐标是指数字产品的数量，纵坐标是价格。图 8-6 中的边际收益曲线（MR）是这种产品对消费者的边际收益，也就是该产品的需求曲线（在针对某一固定产品的静态假设下，需求曲线是成立的）。MC 曲线表示生产该种数字产品的边际成本，假定使著作权所有者利润最大的最初价格是 p（同时相应的产出数量是 q），这个价格产生了如图 8-7 所示 △AB′C′ 的社会净损失，因为如果按照 MC=MR 的最优原则，创造性活动的产出应当以边际成本价出售，最优价格应当是 p^*，这时消费者获得最大的消费者剩余 △ADF。

图 8-7 表示创造力市场。创造性努力的供给或是边际成本（MC）是指作者或发明者在生产第一份数字产品时所花费的时间和精力成本，是递增的。MSB 则代表从某一创造性活动中所能获得的最大社会净收益。在创造性活动的产出以边际成本出售的条件下，最大净收益就是最大消费者剩余，也就是在图 8-6 中所示的△ADF。

图 8-7 中的直线 R 是创作者的期望利润曲线，因为并非所有的收入都可以转化为利润，所以创造性活动中的期望利润线低于边际收益曲线。给定创造性活动的期望利润 R 以及作者、发明者的时间和精力的边际成本 MC，就会有一个如图 8-7 所示的均衡点 E，在这点上，t 小时被用来创造知识财产。但是，正如我们所看到的那样，t 在数值上小于社会有效率的时间数 t^*。用△EGH 区域表示产生的净损失。在这种情况下，为了提高社会效率，知识财产的创作者必须获得更多的利润。通过加强著作权保护可以使创造者获得更多的利润，在图 8-7 中表示为期望利润线从 R 移至 R'，为创造性活动所花费的时间由 t 增至 t'，净损失从△EGH 区域减至△E′G′H 区域。

但是，保护力度更大（或者说过大）的知识产权法会增加作者和发明者的垄断性利润，延长著作权保护的有效时限，加强对数字产品的管制或者增加现有法制的强制力以禁止对数字产品的非法复制和传播。因为创造者的垄断地位，他提高价格不会失去所有的消费者而可以获取额外的垄断利润。这些会使创造者把价格从 p' 提高到 p，将产出的出售量从 q' 减少到 q。这时社会的净损失从△ABC 增加至△AB′C′，如图 8-6 所示。在图 8-7 中，如果相应地创造性活动的时间和精力增加时，社会净损失将相对减少，如果创造者减少了创造性活动产出量，净损失将增加。

因此，加强著作权保护，在促进创造性努力的同时，也增加了垄断剥削的能力。相反，削弱著作权保护可以通过降低价格和生产替代品，提供给消费者更多的获取信息的方式，但同时却会减少作者和发明者花费在创造性活动上的时间和精力以及创造性产出的数量。这是一个两难的命题，它要求最适宜的著作权保护必须平衡对创造者的补偿和消费者的获益。

毋庸讳言，技术保护与著作权法二者之间从来都是相辅相成的，在传统的经济环境下，企业通过防伪商标等较为简单的技术手段来保障自己的权利，而在网络经济环境下，技术保护措施更是得到了大展拳脚的空间。但是，在各种技术保护措施成为著作权人打击侵权行为的有力武器的时候，对它的种种批评也随之涌来，焦点之一就是技术保护措施与合理使用制度冲突。技术保护措施为数字产品加上了一把无形的锁，只有付费的用户才能得到开锁的钥匙，其他的用户则被拒之门外，即使用户是出于教学、学术研究等非营利性目的的少量引用和复制都遭到拒绝。这显然扩张了法律赋予的著作权人的权利，而公众合理使用的权利则受到挤压。

五、知识产权保护的成本

智力成果的所有权往往通过知识产权保护的法律制度将非原创者排除在外。设计这种排他性的法律制度，其成本主要包括以下两个方面。

（一）显性成本

显性成本①是指计入账内的、看得见的实际支出，如支付的生产费用、工资费用、市场营销费用等，因而它是有形的成本。一般成本会计计算出来的成本都是显性成本，销售收入减去显性成本以后的余额称为账面利润。从某种角度讲，显性成本反映的是实际应用成本，可以在产品价值中得到反映并具有可直接计算的特点，也可以说是企业从事一项经济活动时所需要花费的货币支出，包括雇员工资、购买原材料、燃料、添置或租用设备的费用、利息、保险费、广告费及税金等。

各种与版权、专利等知识产权归属确认相关的管理费用，制止和纠正非授权使用等侵权行为的费用构成了知识产权保护可以直接观察的显性成本。根据一个计算机软件组织的估计，发生在互联网上的盗版费用每年高达几十亿美元，而制止和纠正这种猖獗的盗版行为所需要的成本就可想而知了。

（二）隐性成本

隐性成本①是一种隐藏于企业总成本之中、游离于财务审计监督之外的成本。是由于企业或员工的行为而有意或者无意造成的具有一定隐蔽性的将来成本和转移成本，是成本的将来时态和转嫁的成本形态的总和，如管理层决策失误带来的巨额成本增加，领导的权威失灵造成的上下不一致，信息和指令失真，效率低下等。相对于显性成本来说，这些成本隐蔽性大、难以避免、不易量化。

智力成果的排他性使用限制了其扩散和发展创新，损害了公众的福利。如果将智力成果作为公共产品实现非排他使用，那么这种成果就能在更广泛的领域内发挥作用，并

① 高鸿业. 西方经济学（微观部分）. 第六版. 北京：中国人民大学出版社，2014.

加快社会生产力的提高和技术更新的速度。Varian 和 Shapiro 指出互联网的共享文化和组合式创新、技术扩散是引发网络经济“爆炸式”增长的主要动力。当莱特兄弟将风筝、脚踏车和内燃机技术组合在一起使人类实现翱翔蓝天的梦想时，他们面临来自手工制造部件非标准化难以接合的问题，面临获取组合式创新组件的高额成本约束，因此那个时代技术进步的速度受到了很大的限制。而在网络经济下，产品和技术的标准化和易获得性（免费共享和开放）使技术组合式创新和扩散的速度大大加快，生产者和消费者之间的界限变得模糊。MITs 的工程师们运用 Intel 设计的用于科学计算等专业性领域的 8008 芯片技术制造了第一台个人计算机——Altair，而就连当时的戈登·摩尔也认为个人计算机技术是没有前途的。可见，技术扩散所引发的效果是难以预料的。TCP/IP、HTTP、HTML、CGI 等技术组件，经由组合式创新，形成了 WEB、即时通信，在线拍卖、在线交易和搜索引擎等新技术，而这些技术又被广泛地应用在各个领域，推动了网络经济的高速发展。可见，智力成果排他性使用的隐性成本是十分高昂的。

六、知识产权保护的政策选择

知识产权保护要面对的是两个层面的问题：是否需要保护知识产权；如果要保护的话那么知识产权保护和垄断管制应该如何平衡和协调?

（一）是否需要保护知识产权

尤其在网络经济时代，信息以数字的形式日益成为社会生产的重要资源和产品，信息产品的生产主要是来自人类的思想。因此，人类的思维也成为重要的经济因素，它需要消耗大量的资源和时间，因而也成为需要回报的投资。投资如果得不到相应的回报，缺乏必要的激励机制，再生产过程必然减少甚至消失，那么网络经济存在的本源也就相应枯竭了。同时，这类数字产品的特点决定了它无法和其他产品一样，在普遍的市场机制中得到回报，它的公共物品性质、可复制性和可变性导致人们必须以一定的版权保护的形式，保护知识产权所有者本身的应有权利。

知识产权需要保护，似乎是一个毋庸置疑的观点，但是，如果仅从经济学的角度来分析，在知识产权保护方面，其实还存在一些争议，当然，这些争议都是基于中国的现实国情的基础之上的。袁克（2003）指出，以中国现实的情况，为了达到社会福利最大，最佳的知识产权保护水平可能是很低的，甚至是对知识产权不加保护的。同时在网络上，也一直存在一个观点，即早期数字产品的盗版是不仅对于数字产品直接相关的产业，如计算机业、软件业、音像制品业，而且对于所有需要信息化的产业都是有帮助的。

就以计算机业和软件业为例，正因为有了盗版的 Windows 操作系统的存在以及其他盗版软件的存在，大部分消费者才能够用较低的价格使用计算机，计算机的普及范围和速度肯定要优于只有正版软件的市场，而正因为如此，中国才能够以最快的速度来普及计算机知识，才为中国后来的信息化发展提供了基础。

单纯从中国信息化初期的情况来看，这种观点的确有合乎道理的地方。以1997年的数据为例，当时一台家用电脑的价格是8 000~10 000元。根据《1997年家用电脑市场调查报告》，消费者对于家用电脑接受的价格区间比例如下：5 000~8 000元为25%，8 000~10 000元为36%，10 000~13 000元为22%。而根据统计局1997年全国职工平均收入的统计，位列全国最高的北京、上海和西藏，其平均职工年工资也未超过12 000元。可见，对于当时中国居民来说，购买一台家用电脑，已经属于一种奢侈的高消费行为。但这仅仅还是硬件的价格，同样1997年的主流操作系统微软公司的Windows 95系统的售价为1 995元。如果消费者根据自身的需要购买正版软件的话，这笔开销甚至有可能高过购买计算机的价格。

因而就客观的现实而言，正因为盗版的存在，很多家庭和企业、机构能够以相对低的价格使用电脑，这对国民的计算机应用水平和企业信息化水平的提高是直接而且显著的。当然，从网络经济学的角度分析，好处不仅仅如此，因为盗版存在，社会对于计算机和软件需求的增加，形成了间接网络外部性，这样刺激了国产计算机及相关行业的发展，进一步降低了计算机的价格，并且伴随着技术进步导致的价格下降，又反过来促进了计算机的普及，形成了正反馈效应。

这种观点并不仅仅局限于计算机的普及，在互联网的发展中，这种观点也是有一定的市场的，正因为互联网上存在大量免费资源，如免费的软件破解和下载（实质上也是一种盗版行为），才促进了互联网的发展。甚至不少人都认为，免费就是互联网文化的一个主要的组成部分。暂不考虑这种观点在法律上的不正确，我们可以从经济学上对这种观点进行分析。

（1）这种观点有一个隐含的前提：当时大部分的软件都是国外厂商的产品，因而持有该观点的人认为盗版只是损害了国外厂商的利益，而非国内厂商的利益。且不说这种观点本来就是一种狭隘的民族主义观点，但是说没有损害国内厂商的利益也并非现实。早期的国产软件如WPS、KV杀毒软件也都因为盗版问题在收益上受到很大的损失，WPS的创始人求伯君曾经说过："我们国家对信息产业制定了很多优惠政策，但这些对软件企业无关痛痒。只要盗版问题解决了，其他所有的问题就都不成问题了。WPS卖1套正版有10套盗版。假设10套里面，少盗1套，1∶10变成2∶9，对盗版来说，少了1套，对我来说，则是收入增长了1倍。我如果有了1倍的增长，根本不需要免什么税。"可见，如果说国外的软件虽然无法从中国市场获得足够的利益，但至少可以从国外市场获得收益，反之，国产的软件因为市场全部为国内市场，所以受到了更大的冲击。

然而更糟糕的是，盗版实际上是国外软件以一种极低的价格进行销售，只是受益者不是软件厂商。但其直接的结果就是国外软件以最快的速度占领了中国市场，如果该软件是具有网络外部性的软件，如操作系统、字处理软件这类，那么国产软件面对的问题已经不仅仅是因为盗版没办法赚钱，而是因此失去了整个市场，导致失去了和国外软件竞争的能力的问题了。

同时，虽然国外厂商被盗版的软件的总价值或者说国外厂商因为盗版而损失的总金额，普遍高于国内厂商，但是由于软件产品是一种低边际成本甚至边际成本近乎为零的产品，厂商维系一个市场的成本是很低的，只要软件厂商能够从其他市场获得收益的话，无论一个市场盗版多严重，他们都没有退出该市场的必要，因为只要多卖一件产品，他们总是能够赚钱的。这样，随着盗版的存在，他们的产品在中国市场形成了垄断，并借助其垄断地位获得更多的利益。

（2）认为盗版能够降低产品价格的观点忽略了经济本来就是一个动态的过程，如果没有盗版的出现，同样可能会出现两种情况：一是国外厂商因为其正版价格过高无法占领中国市场的话，那么他们会对价格体系进行调整，通过降价、两段收费、改销售为租用等方式来获得市场，甚至通过改变营利模式的方式（产品免费，但通过互补品或者其他手段来盈利，我们熟悉的 QQ、新浪网、百度正是这种营利模式）来获得市场。二是如果国外产品的价格昂贵，同样也给了国内软件厂商足够的经济刺激去开发相应的软件，以低廉的价格占领市场，这个何尝不是中国软件业的一个发展契机？而随着国产软件的发展，在这种竞争市场，国外软件的价格也必然会相应调整。也就是说，软件的高价格可能只是一种暂时的现象，随着企业动态的调整和市场的竞争，软件价格自然会下降到一个用户可以接受的程度。

或许会有人认为，微软的软件价格一直保持着较高的水平，也并未有明显的价格调整。笔者认为，原因在于：一是微软系统没有面对竞争，处于垄断地位；二是由于盗版的大量存在，正版再怎么降价，都不可能降到盗版的价格水平，维系高价格主要是从必须使用正版的软件客户中获得最大的收益。

同样的反例也正是出现在微软的 Windows 操作系统的价格，最新的 Windows 10 的售价要远远低于过去 Windows 系列的售价，从以前近 2 000 元的价格降到现在不到 1 000 元的价格，而且对于 Windows 7 和 Windows 8 的正版用户，升级还是免费的。其原因是苹果的操作系统和安卓系统已经对 Windows 系统产生了很大的冲击。而且，虽然 Windows 的售价一直维系一个稳定的价格，但是，随着人民收入水平的提高以及通货膨胀的因素，软件售价和居民收入之比与 1997 年已经有了很大的降低，购买正版软件也不再是一种奢侈的消费行为。

（3）或许有观点认为，毕竟国内的软件业发展还是需要一定的时间的，盗版的出现即使导致了国产软件业的损害，但是因为数字产品的外溢性，同样提高了其他行业的信息化水平，提高了企业的工作生产效率。这种逻辑从短期来看，的确如此。但是从长期来看，结论可能就不一样了。因为这样无疑帮助了国外软件占领了中国的其他行业，而对行业用户产生了锁定，既加大了行业用户的后期成本，同时也对未来国产软件的进入树立了一个很高的进入壁垒。

（二）知识产权和垄断管制

虽然对知识产权进行保护会导致垄断，但并非必然。因为知识产权保护还是存在不同产品或者不同技术层面的差异的。对类似于音乐、电影等知识产权的保护不会导致垄断问题，即使对于数字产品也并不见得会导致垄断，如对于游戏软件等。

导致垄断的往往是基于技术层面的知识产权保护，如果某技术符合以下条件：①该技术现阶段无合适的替代技术；②该技术是某类产品必不可少的关键技术；③包含该技术的产品无替代产品。那么对该技术的知识产权的保护可能会导致垄断。当然垄断的程度又和与知识产权相关产品的特性有着密不可分的关系。如果包含该知识产权的产品属于高网络外部性产品，那么垄断程度会很高，而且还会存在路径依赖，导致该技术的下一代技术继续处于垄断地位；而如果包含知识产权的产品不具备网络外部性，则这种垄断很容易因为新的技术出现而被打破。

即使把讨论的范围限制到知识产权导致的垄断，产权导致的垄断同样面对着保护创新和垄断剥削之间的平衡问题，这个和前面章节讨论网络产品垄断的思路是一致的，这里不再赘述。但是必须指出的是，知识产权的垄断和网络产品的垄断还是存在其他方面的差异的。

之所以存在差异，是因为网络产品的垄断是产品的网络外部性导致的，而知识产权保护导致的垄断是法律所赋予的权力赋予的。从我国 2007 年颁布的《中华人民共和国反垄断法》（简称《反垄断法》）可以看到这个差异的存在，《反垄断法》第五十五条规定：“经营者依照有关知识产权的法律、行政法规规定行使知识产权的行为，不适用本法；但是，经营者滥用知识产权，排除、限制竞争的行为，适用本法。”也就是说，知识产权的保护存在一个产生于知识产权法与反垄断法的交叉的知识产权滥用的问题。王先林（2013）认为，滥用知识产权不一定构成垄断行为，但构成垄断行为的行使知识产权行为则一定是滥用知识产权。因而，政府对知识产权的重点在于所有者是否滥用该知识产权。当然，至于何种行为属于滥用，这个属于法律层面的问题，本书不作进一步阐述。

另一个差异在于，由于知识产权导致的垄断是政府法律给予的，那么政府也必须对这种权力赋予一定的限制，如对于知识产权排他性的时限规定。

（三）排他性的时限

对智力成果的知识产权保护会阻碍组合式创新和技术扩散，但不赋予智力成果原创者排他性权力更会遏制创新的原动力。那么，折中的办法就是设定一个期限，这也是各国在知识产权保护上普遍采用的方式。对不同性质和不同程度的创新提供的排他性权力期限也是不同的，如版权保护一般为 20~75 年，但是其保护范围是相对狭小的；专利权的保护范围较广，但保护时限较短。

关于合理保护期限的研究取得了丰硕的成果。Nordhaus（1969）实证检验了最优的专利保护期限，他认为 20 年是一个合理的选择。Scotchmer（1991）指出，发明创新通常是积累性的，虽然缩短专利保护期限可能降低 R&D 投资激励，但会有更多的基于开放的智力成果而引发的创新出现，因此，专利保护期限应该尽可能地缩短到企业能够容忍的水平。而 Dasguptat 和 Stigliz，Gilert 和 Newbery 也认为过长期限的专利保护会引发市场垄断力量造成的效率损失超过创新激励带来的收益。

计算机软件是一种非常典型的数字产品，为了保护计算机软件著作权人的权益，调整计算机软件在开发、传播和使用中发生的利益关系，鼓励计算机软件的开发与应用，促进软件产业和国民经济信息化的发展，2002 年 1 月 1 日开始我国实施《计算机软件保护条例》。虽然软件的更新速度非常快，但为了保护开发者的利益，法人或其他组织的软件著作权的保护期限也长达 50 年。

小结

1. 网络经济环境下的生产是以知识为基础的生产，知识产品不同于一般的物质产品，它具有高固定成本、低边际成本的特点，一旦生产出来就可以轻易地进行复制和传播，知识产权对保护创新者的激励是非常必要的。

2. 知识产权保护的成本分为显性成本和隐性成本两个部分。各种与版权、专利等知识产权归属确认相关的管理费用，制止和纠正非授权使用等侵权行为的费用构成了知识产权保护可以直接观察的显性成本。智力成果的排他性使用限制了其扩散和发展创新，损害了公众的福利，是一种隐性成本。

3. 知识产权保护的排他性可能造成垄断，对智力成果的知识产权保护会阻碍组合式创新和技术扩散，而不赋予智力成果原创者以排他性权力更会遏制创新的原动力。那么，折中的办法就是设定一个期限，这也是各国在知识产权保护上普遍采用的方式。

✲ 概念与术语

非竞争性　非排他性　知识产权　盗版　著作权保护　显性成本　隐性成本

复习与练习

1. 为什么网络经济环境下知识产权保护是非常必要的？
2. 知识产权保护的成本构成是怎样的？
3. 知识产权保护的政策选择面临什么样的问题？
4. 简述不保护知识产权可能出现的问题。

第五节　网络经济环境下的政府宏观调控

【内容提要】

政府宏观调控已经是现代经济的一个重要组成部分，网络经济时代来临之后，政府宏观调控仍然不可或缺，本节主要讨论了网络经济环境下政府宏观调控的对象、依据和手段。

【学习要求】

1. 掌握网络经济环境下政府宏观调控的对象。
2. 理解网络经济环境下政府宏观调控的依据。
3. 掌握网络经济环境下政府宏观调控的手段。

从亚当·斯密开始，很多经济学家都提倡市场机制，反对人为干涉经济，主张限制政府在经济事务中的操控，让市场机制发挥调节资源的作用。亚当·斯密的《国富论》认为，在商品经济中，每个人都以追求自己的利益为目的，在一只“看不见的手”的指导下，即通过市场机制自发作用的调节，各人为追求自己利益所做的选择，自然而然地会使社会资源获得最优配置。

1929~1933年资本主义世界大危机也使经济自由主义陷入了一次严重的危机，凯恩斯国家干预主义开始取代经济自由主义而占据统治地位。美国总统罗斯福采纳了凯恩斯主义，实行罗斯福新政，开始国家干预经济，取得了很好的效果，同样德国和日本在第二次世界大战前的发展模式也是国家宏观调控，发展速度也快于其他资本主义国家。苏联的社会主义措施（宏观调控）使苏联在短短十多年时间国力达到欧洲第一位，世界第二位。

宏观调控是指国家运用价格、税收、信贷、汇率等经济手段，法律手段以及行政手段对国民经济总量进行的调节与控制，是保证社会再生产协调发展的重要条件。其目的主要是弥补市场调节的不足。我国宏观调控的主要任务是：保持经济总量平衡，抑制通货膨胀，促进重大经济结构优化，实现经济稳定增长。

在网络经济环境下，市场特征出现了一些新的变化，经济的自我调节能力得到了加强，传统经济条件下政府对经济活动的直接干涉可以进一步减少，但政府的宏观调控依然是必不可少的，网络经济的出现也对政府管理提出了一些新的要求。

一、网络经济环境下政府宏观调控的对象

在网络经济环境下，实体经济与虚拟经济并存，其中虚拟经济所占的比重越来越大。因此，政府宏观调控不仅要关注实体经济，更要把越来越多的注意力集中到虚拟经济上来。

实体经济是指物质的、精神的产品和服务的生产、流通等经济活动。包括农业、工业、交通通信业、商业服务业、建筑业等物质生产和服务部门，也包括教育、文化、知识、信息、艺术、体育等精神产品的生产和服务部门。

网络经济的虚拟性主要包括虚拟企业与电子商务两方面的内容，虚拟企业是指经济组织形式的虚拟性，电子商务是指经济活动的虚拟性。

虚拟企业处于由计算机及其应用的影响所带来的知识流的汇集处，目前缺乏一个能被普遍接受的定义。虚拟企业代表了在21世纪构建组织以及使组织重获新生的企业模式。1991年，美国艾科卡研究所为国会提交了一份题为《21世纪制造企业战略》的研究报告，里面的虚拟企业是指在企业之间以市场为导向建立动态联盟，以便能够充分利用整个社会的制造资源，在激烈的竞争中取胜的企业模式。达维多和马隆于1992年在《虚拟公司》一书中首次对虚拟企业的思想进行了系统的阐述。他们认为，虚拟企业是由一些独立公司组成的临时性网络，这些独立的公司包括供应商、客户，甚至竞争对手，他们通过信息技术组成一个整体，共享技术、共担成本并可以进入彼此的市场。虚拟企业没有办公中心，也没有组织章程；没有等级制度，也没有垂直体系。伯恩（1993年）认为，虚拟企业是一个利用内部和外部的协作来配置超出它自身所拥有的资源的企业。它

需要运用信息技术来实现一个大范围的联盟，共同抓住特定的市场机遇。阿诺尼莫斯（1994年）认为，虚拟企业是一个为了特定的商业目标而组成的服务于生产和管理的网络或松散的联盟，并在达到目标后解散。

电子商务是一种新型的商业运营模式，是指以网络交易为基础，借助网络化、信息化的技术手段进行的商务贸易活动，其买卖双方并不需要谋面，通过网络实现消费者的网上购物、商户之间的网上交易和在线电子支付以及各种商务活动、交易活动、金融活动和相关的综合服务活动。与传统交易相比，电子商务的虚拟性在于其交易是在网络的虚拟环境中进行的，信息的流动代替了实物的流动。

网络经济环境下，政府宏观调控的对象增加了虚拟企业与电子商务活动，在调控传统的经济活动的基础上，一种新的企业组织形式和一种新的交易方式（即传统实体企业之间、实体企业与虚拟企业之间、虚拟企业之间的网络交易活动）的虚拟性给政府制定宏观调控政策增加了新的难度。

二、网络经济环境下政府宏观调控的依据

政府宏观调控的前提就是掌握完整、及时、准确的国民经济信息，在网络经济时代之前，要想获得这些信息几乎是不可能，信息往往不够全面、详尽，而且通常具有很长的滞后性。政府要依据估计与预测做出宏观调控政策，但经济系统却是非常复杂的，现实社会生活中的变数也很多，这使政府很多时候都出现了估计偏差，做出了错误的经济决策。

在网络经济环境下，信息获取变得容易起来。相对于传统经济环境，网络能使信息获取变得更高效、更及时、更全面，成本也更低。政府可以通过网络对社会经济活动进行监控，获取宏观决策所需要的数据，以便做出更准确的决策。但网络经济环境下，信息垃圾也更多了，在利用所获取的信息数据之前，一定要做精确地处理，否则可能反而被搜集的信息误导，使出台的方案更加失真。

所以，利用网络获取信息作为宏观调控的依据也是一把 "双刃剑"，虽然获取的信息多了，政府决策的时候可以减少经验判断，不再需要那么多的估计与预测，但也不能说得到了完全正确的信息，并完全依据这些信息进行决策。如果政府具有很好的信息处理能力，依据优化与筛选的数据制订决策方案，相信政府决策的科学性会大大提高，失误会大大减少。

三、网络经济环境下政府宏观调控的手段

在传统的经济条件下，政府采用的宏观调控手段通常包括法律手段、经济手段和行政手段。法律手段是指国家通过制定和运用经济法律、法规来调节经济活动的手段；经济手段是指国家运用经济政策和计划，通过对经济利益的调整来影响和调节经济活动的措施，主要包括财政政策和货币政策的调整、制定和实施经济发展规划、计划等；行政手段是指国家通过行政机构，采取带强制性的行政命令、指示、规定等措施，来调节和

管理经济，如利用工商、商检、卫生检疫、海关等部门禁止或限制某些商品的生产与流通。其中行政手段是直接手段，法律手段和经济手段是间接手段。

经济手段是国家运用经济政策和经济计划，通过对经济利益的调整而影响和调节社会经济活动的措施，它的实施主要是通过制定经济政策和经济计划，引起经济活动主体的利益关系变动来实现的，最终要通过市场机制来起作用。经济手段一般不直接作用于经济活动主体，而是通过对经济利益的调整来调节市场供求关系，促进资源的优化配置，其调节是一种间接调节，是一种温和的引导性质的调节。虽然经济手段具有一定的滞后性，但是它不会破坏经济运行的内在秩序，副作用比较小，应该是宏观调控的主要手段。经济手段包括价格、税收、信贷、利率和汇率等经济杠杆。

法律手段包括经济立法和经济司法两个方面。经济立法主要是由立法机关（在我国一般是全国人大以及得到授权的国务院）制定各种经济法律、法规，保护市场主体权益；经济司法主要是由司法机关按照法律规定的制度、程序，对经济案件进行检察和审理的活动，以此维护市场秩序，惩罚和制裁经济犯罪。市场经济作为高度发达的商品经济，就其自身的复杂构成，以及其存在与发展的必然要求而言，它就是法制经济，也必然是法制经济，而法制经济即经济关系广泛法制化的经济。

行政手段是经济手段和法律手段的补充，它的运用一般不通过市场机制起作用。由于行政手段是通过国家政权的力量对经济进行调节的，国家调节经济的指示、命令、规定一经发布，所有的经济活动主体就必须执行，不能自由挑选，具有强制性，而且可以直接作用于调节对象而不必通过市场机制，能较快地实现预定的目标效果。

在网络经济环境下，传统的宏观调控手段依然有效，而且仍需使用。但随着网络的发展，政府可以通过网络手段与微观经济主体之间进行沟通，减少行政手段，使经济手段与法律手段这两种间接方式真正成为政府宏观调控的主要手段。

小结

1. 网络经济环境下政府宏观调控的对象既包括传统的实体经济，也包括虚拟经济。网络经济的虚拟性主要包括虚拟企业与电子商务两方面的内容，虚拟企业是指经济组织形式的虚拟性，电子商务是指经济活动的虚拟性。

2. 网络经济环境下政府宏观调控的所需要获取的信息变得容易，但由于大量信息垃圾的存在，政府需要更强的信息处理能力。

3. 网络经济环境下政府宏观调控的手段和传统经济条件下一样，包括经济手段、法律手段和行政手段。

✲ 概念与术语

宏观调控　实体经济　虚拟经济　经济手段　法律手段　行政手段

复习与练习

1. 网络经济环境下政府宏观调控的对象是什么？
2. 网络经济环境下政府宏观调控的依据是什么？
3. 网络经济环境下政府宏观调控的手段有哪些？

第六节 标 准 政 策

【内容摘要】

经济学家证实过，如果市场只存在一个标准的话，社会福利是最高的，因而标准竞争的存在，反而导致了社会效率和社会福利的损失。那么如果由政府直接干涉标准竞争是否更加有利于市场的发展?本节主要讨论政府在市场标准竞争中所应该扮演的角色以及政府标准政策的相关知识。

【学习要求】

1. 了解政府介入标准的两种情况。
2. 了解政府设置技术标准存在的问题。

必须指出的是，本书大部分的讨论都假设不同的网络产品是互不兼容的。如果一个网络产品的市场是具备统一的标准的话，那么网络市场的垄断和传统市场的垄断差异性就要小得多。因为我们前面讨论了消费者的效用函数，消费者效用来源于两个方面，自有价值和网络价值。我们假设不同的产品拥有不同的自有价值，如果消费者的偏好是有差异的，那么不同偏好的消费者使用不同产品，自有价值也是存在差异的。

在传统市场中，一般假设商品只有自有效用，假设消费者分为两类，一类偏好A商品，一类偏好B商品，那么如果A商品出现垄断的话，偏好B商品的消费者的效用是降低的，所以竞争会优于垄断。但是在网络市场，如果A、B两种商品同时存在且不兼容，那么偏好B商品的消费者获得的是B商品的自有价值，以及B商品的网络价值。而如果A商品垄断的话，偏好B商品的消费者获得的是A商品的自有价值和整个网络的网络价值，对于偏好B商品的消费者而言，虽然使用A商品的自由价值要低于使用B商品，但是整个网络的网络价值是明显高于单独使用B商品的网络价值的，而且一般认为，网络价值的增加额要远高于自有价值的降低。

如果A、B两个商品是兼容的话，那么意味着消费者无论使用何种商品，其网络价值都是相同的，那么差异只在于A、B两个商品的自有价值，这种情况和传统市场已经没有太大的差异。

如果说传统市场是防止垄断，鼓励竞争的话，网络市场则恰恰相反。网络市场垄断并不见得会阻碍创新和降低消费者福利，更不会限产定价，而网络市场的竞争反而有可能降低生产者福利和消费者福利。这里会出现以下几种情况：

（1）消费者选择一个产品，那么只能获得该产品的网络价值，如果消费者需要获得更多的网络价值，则需要购买更多的产品，但无论何种方式，对消费者而言，都是低效率的。

（2）对于网络产品的互补品生产者来说，问题也是相似的。如果只针对一个网络产品生产，可能获得的市场是有限的，但针对多个网络产品生产，生产成本和库存风险都会相应提高。

（3）消费者或者厂商很有可能选择一个失败的产品，当这个产品最后退出市场时，消费者和厂商都会蒙受相应的损失。

（4）由担心可能选择一个未来会失败的产品，部分消费者厂商会选择不购买该产品，而停留在旧的产品市场，这样也导致社会整体的低效率。而由于这种选择，新的网络产品因为缺乏足够的消费者支持而无法形成规模，甚至出现次优技术获胜的结果，这对于社会的发展和社会福利的增加都有负面作用。

因而和传统市场比较，网络市场的竞争并不一定是有效的，政府也同样需要采用一定的政策措施进行引导甚至管制。要既保证网络市场存在足够的竞争，又避免出现以上的几种情况，最好的办法就是标准的确定。让商家在同一的标准下进行竞争，这样避免了网络产品因为互不兼容而出现上述的种种情况。因而和政府反垄断相对应的是政府的标准政策。

对于政府如何介入标准，一般存在两种情况：①政府推出标准，并强制要求市场跟随政府标准。②政府推出标准，并和市场上已存在的标准进行竞争。

一般来说，政府强制性标准是普遍存在的，但基本上都集中在诸如对卫生、安全等方面的强制性标准，又可称为质量标准。而我们讨论则是技术标准。从表面上来看，政府强制设立技术标准是有不少优势的，如政府能够集中更多的财力物力来设立标准。虽然强制标准（也称为唯一标准）可降低企业在标准研发中的投入和相应的风险，但事实上，政府设立强制性技术标准存在很多问题：

（1）即使我们假设政府建立的技术标准在技术上会优于企业的标准，但技术标准本身并不是单纯的技术。技术的先进性只是市场考虑的一个因素而已，标准产品的生产成本、消费者的使用成本、市场对于标准产品的接受程度，甚至标准未来的发展等因素都影响着标准在市场的发展。

一个标准联盟在推出标准的时候，要结合自身情况和战略目标来设计标准，而不是仅仅研发一个更好的技术。从市场的角度来看，他们推出的标准都不是一个空中楼阁式的选择，而是混合了大量的环境、技术、成本和战略的考虑。当政府推出一个新的标准的时候，他们无法像企业或者标准联盟那样考虑市场，因而这种背景下推出的标准往往会导致社会福利降低。例如，一个新的标准的设立时，企业要尽量降低厂商生产新标准产品的成本，同时他们也希望旧的消费者能够在最小的成本下过渡到新的产品。如果一个政府的标准没有做到这点，无论生产者和消费者都要抛弃以前的投入而重新花费成本来使用新的标准产品，这明显是不合理的。

（2）当政府提出一个新的标准，并且要求强制实行的时候，很难避免这个标准对某些企业来说适合，而对于其他企业来说，成本和费用更高的情况，这导致政府行为的不公平，即使这种不公平不是政府刻意形成的。

（3）标准作为一个技术和专利的集合，往往不会局限于一个国家或者区域，而是一个世界性范围的使用，因而这里涉及更多的国与国之间的博弈。当一个政府强制实施某个标准，而这个国家的外资企业本身准备实施其本国的标准时，这里无疑会面对更多政治上的问题。

（4）企业对技术标准的研发本身也是一个学习、成长的过程，但若政府承担这个任务，这无疑对企业的发展壮大并无好处。

如果政府不是强制实施技术标准，而是推出技术标准和企业的技术标准相竞争，是否效果更好？答案也是否定的。首先，很难保证政府在标准竞争中能够保持中立的立场，其次，正如前文分析的，标准获胜不仅仅是技术的先进与否，还涉及很多市场层面的因素，而这个恰恰是政府标准所欠缺的。从历史来看，大多都是政府的标准失败，因而政府不去直接干涉标准已经成为大多数学者的一个共识。

但是，这并不意味着政府对于标准竞争听之任之，因为过度的标准竞争会降低社会福利，也不利于科技技术的发展，政府对于标准竞争的介入是以协调者的身份，而不是管理者或者参与者的角色。

政府介入标准竞争最合适的时机是两个或更多的标准竞争到僵持阶段，并没有哪个标准有明显获胜的机会，同时标准竞争的僵持导致大量的消费者和厂商都采取观望的态度，整体网络规模不足，且所有竞争者都缺乏足够的网络支持的时候。因为在这个时候，标准竞争者陷入了标准竞争的困局，都具备了合作实现一个标准的动力。如果政府在这个时候能够介入，引导和协调标准竞争者从竞争转向合作，无疑有助于打破标准竞争的僵局。当然，在现实市场上，情况要复杂得多，因而大部分时间，政府的工作还是局限于将标准竞争维系在一个公平、有效的市场竞争之中，而不成为标准直接的制定者和推广者。

小结

1. 对于政府如何介入标准，一般存在两种情况：第一，政府推出标准，并强制要求市场跟随政府标准。第二，政府推出标准，并和市场上已存在的标准进行竞争。

2. 技术的先进性只是市场考虑的一个因素而已，标准产品的生产成本、消费者的使用成本、市场对于标准产品的接受程度，甚至标准未来的发展等因素都影响着标准在市场的发展。

3. 标准作为一个技术和专利的集合，往往不会局限于一个国家或者区域，而是一个世界性范围的使用。

4. 企业对技术标准的研发本身也是一个学习、成长的过程，但若政府承担这个任务，对企业的发展壮大并无好处。

✲ 概念与术语

标准政策　消费者偏好　强制性标准　标准竞争困局

复习与练习

1. 标准政策的制定情况是什么？
2. 政府制定标准政策面临什么问题？

第七节　电子政府的建设

【内容摘要】

网络经济的发展使政府职能也发生了改变，发展电子政府成为了一种不可逆转的趋势。本节主要讨论网络经济对政府职能的要求、电子政府的概念、电子政务的主要模式、国内电子政府建设的主要问题、代表性国家电子政府建设的概况，以及电子政府在我国的发展。

【学习要求】

1. 了解网络经济对政府职能的要求。
2. 掌握电子政府的概念。
3. 掌握电子政务的主要模式。
4. 了解国内电子政府建设的主要问题。
5. 了解代表性国家电子政府建设的概况以及电子政府在我国的发展。

一、网络经济对政府职能的要求

随着网络技术的快速发展和上网成本的下降，民众通过网络获取信息与表达意见的渠道更方便了，网络舆论在社会舆论形成和传播中发挥着越来越重要的作用。据中国互联网络信息中心 2008 年 7 月份发布的《第 22 次中国互联网络发展状况统计报告》，截至 2008 年 6 月底，我国网民数量已达 2.53 亿人，首次大幅度超过美国，跃居世界第一位，并且这个群体还在以每月几十万的速度剧增。作为整个社会舆论的重要组成部分，网络舆论也已成为一种不可忽视的力量，渐渐显示出其不可替代的社会作用。

（一）政府决策需要更加民主

在我国传统的决策体制中，政府一直是政策制定以及资源配置的主导者，一般涉及广大民众利益的重大政策，都是通过政府自上而下的推行来实现的。改革开放以来，随着社会的转型，利益的多元化趋势使民众表达利益诉求、维护自身权益的需求越来越强烈。政府在进行公共问题决策时，必须改变过去完全以政府为主的决策习惯，听取民意，这样，才能建立有效的公共政策体系。随着我国互联网的飞速发展，我国网民数量逐指数级递增，网络的开放性、互动性使其成为我国民众表达民意、讨论公共事务、参与社会、政治、经济以及进行舆论监督的重要公共平台，这使民众一定程度上掌握了对公共政策的话语权，对政府的公共决策也产生了一定的影响。网络舆论作为新生事物，其对公共政策的作用和影响在现实生活中正逐步体现出来。对网络舆论的重视，事实上是政府更加贴近基层、贴近群众、贴近生活的体现，是使决策的科学化民主化程度更高的表达。

网络使原先垂直型的“金字塔式”的政府组织结构趋向扁平化，减少了信息传播的路径，提高了行政效率，关键是随着政府信息对社会的开放，权利也会随之分散，民主决策的可行性进一步增强。

（二）政府决策需要更加公开

网络经济对政府决策的公开性和透明性比以往有更高的要求，政府为了更好地向人民群众提供权威并且有说服力的政府信息，也需要提高政府工作的透明度，这样才能充分发挥政府信息对人民群众生产、生活和经济活动的服务作用。如果政府信息不公开，公众对政府信息了解不足，其真实性、权威性就会大打折扣，相关政府的政策或决策可能也达不到理想的效果。所以政府要主动与社会人民大众进行有效沟通，重视政务公开，积极寻求信息反馈。

政府寻求与社会沟通的渠道很多，可以通过传统的公告、报纸、电视进行信息发布，也可以通过网络公布政府信息，网络可以进行双向互动，可以及时从人民群众那里得到反馈信息。

并不是所有的政府信息都适合公开，涉及国家秘密或公开后可能危及国家安全、公共安全、经济安全和社会稳定的政府信息就不适合公布。政府需要公布的信息范围主要涉及群众切身利益、需要群众广泛知晓或参与的事项，以及法律和国务院规定需要公开的其他事项。网络的传播速度非常快，在提倡政务公开的同时，也要注意机密信息的安全问题。

（三）政府决策需要更加高效

相较于传统媒体舆论而言，网络舆论更加敏捷、更加快速，这对政府制定公共政策的效率提出了更高的要求。互联网能让人民群众把社会生活存在的问题快速地反映出来，并质询政府。面对质询，政府必须具备更快捷的反应能力和更高效的行政效率，及时公布有关信息，制定相应的政策，采取相应的措施，对民众所关心的社会问题予以反馈，以消除民众的疑惑。一旦一个公共事务或者公共政策中的问题在网络上迅速传播并得到公众的广泛支持，成为网络热点，往往说明民众对这些问题高度关注，而这些问题也很可能是影响公众生活的热点问题，特别是一些网络上热议的突发事件，往往能改变政府的议程设置，成为政府政策的推手，为公共政策的制定者提供研究的方向，促成政府公共政策的制定和完善。

二、电子政府的概念

网络经济时代，政府已经从管理型政府向服务型政府转变。政府组织结构从传统工业社会的“金字塔垂直结构”向信息时代下“扁平的网状结构”转变，公众对政府的要求也越来越高，要求政府更有效率、更以客户为中心、更加一体化。此外，政府又是全社会最大的信息拥有者、使用者，以及最大的信息技术用户，商业界希望通过电子政府工程推动新经济信息技术企业的发展，进而带动整个经济的发展。政府组织结构和职能的转变使电子政府的发展成为必要。

电子政府已经是一个耳熟能详的名词，但至今仍然没有一个统一的定义。OECD 关于的电子政府的定义为，“电子政府是指政府将新的信息和通信技术（ICTs）运用到政府的全部职能中，特别是利用互联网及相关技术的网络化潜能来改革政府的结构和运作”。世界银行对电子政府的定义为，“电子政府是指政府机构使用信息技术（广域网、互联网、移动通信），改造政府与公众、企业、其他政府机构的关系。这些技术可以服务于下列目标：更好地向公众提供公共服务，改进政府与产业界的互动关系，通过使公众更方便地获得信息来增加公民权利，实现更有效率的政府管理。通过电子政府的构建，政府可以减少政府腐败、提高政府透明度、增加政府收入和节约成本”。

提及电子政府，很多人会将电子政府等同于政府上网，认为电子政府就是在互联网上提供政府服务。当然，政府上网是电子政府中很重要的环节，也是公众能够直接感受的环节，但电子政府的实际含义远不止于此。它包括 E-服务、E-民主、E-商务和 E-管理四个方面的职能。其中 E-服务是指以电子形式发布政府信息、计划及服务，常常通过（但绝不是全部）互联网来实现；E-民主是指采用电子通信手段帮助市民参与公共决策过程；E-商务包括实物和服务的电子交换，如政府通过网络购买供给物品和拍卖剩余设备；E-管理是指利用信息与技术改进政府管理，从流线化业务流程到维护电子记录，改善工作流程并对信息加以整合的方式。

虽然关于电子政府的定义各不相同，但也有一些共识：第一，电子政府是以新的信息技术与网络技术为基础的；第二，电子政府不仅仅是传统政府管理方式的电子化，还是信息时代下政府模式的重塑，是信息技术进步牵引的政府管理方式的深刻变革；第三，电子政府既包括政府机构内部的运作，也包括政府机构与外部（公众、企业、其他政府机构）的互动，这是电子政府发展的主要趋势。

三、电子政务的主要模式

目前电子政务的主要模式有 G2G 模式、G2E 模式、G2B 模式和 G2C 模式四种。G2G 模式电子政务，即政府（government）与政府（government）之间的电子政务，它是指政府内部、政府上下级之间、不同地区和不同职能部门之间实现的电子政务活动。G2G 模式是电子政务的基本模式，主要内容包括政府内部网络办公系统、电子法规、政策系统、电子公文体统、电子财政管理系统等。

G2E 模式电子政务是指政府（government）与政府公务员（employee）之间的电子政务。G2E 模式电子政务是政府机构通过网络技术实现内部电子化管理的重要形式，也是 G2G、G2B 和 G2C 模式电子政务的基础。G2E 模式电子政务主要是利用 Intranet 建立起有效的行政办公和员工管理体系，为提高政府工作效率和公务员管理水平服务，主要内容包括电子办公、电子培训、公务员业绩评价等。

G2B 模式电子政务是指政府（government）与企业（business）之间的电子政务。企业是国民经济发展的基本经济细胞，促进企业发展，提高企业的市场适应能力和国际竞争力是各级政府机构共同的责任。对政府来说，G2B 模式电子政务的主要内容包括政府电子化采购、电子税务系统、电子工商行政管理系统、电子外经贸管理、中小企业电子化服务等。

G2C 模式电子政务是指政府（government）与公民（citizen）之间的电子政务，是政府通过电子网络系统为公民提供各种服务。G2C 电子政务所包含的内容十分广泛，主要包括电子身份认证、电子社会保障服务、电子民主管理、电子医疗服务、电子就业服务、电子教育、培训服务等。

四、中国电子政府建设的主要问题

（一）对电子政府建设的认识不深入

虽然国内对电子政府各种概念不停地进行炒作，各级政府对电子政府建设的重要性有不同程度的认识，也普遍将电子政府建设提升到抓住机遇，转变政府职能，改善政府服务的高度来认识。但是，人们对究竟什么是电子政府，电子政府应该怎样实施的认识并不清楚，有的地方仅仅是进行硬件投入，将政府部门实行计算机化，并不重视政府业务流程的整合。

（二）电子政府建设工作机制不健全

在推行信息化过程中，各级地方政府基本都成立了电子政府建设领导小组，以指导本地电子政府建设，也有相应的信息中心承担具体的项目建设，但由于工作机制问题，电子政府建设进行得并不顺畅，原因主要是：第一，体制的问题，各地电子政府建设小组权责不统一；二是职能不清，政府对公众的电子政府和政府对企业的电子政府服务等没有对应的部门统筹管理。

（三）行政体制改革的进度不够

电子政府建设并不等于计算机硬件设备的配备，而是要转变政府服务方式，解决如何将技术与政务有机结合的问题。如果还是传统的政府管理方式，是不可能建设好电子政府的，因为提高电子政府水平的关键不在于技术，而在于对政府行为、公共管理行为的研究和改进。

（四）信息资源共享的基础薄弱

在我国，各个部门信息共享不够，条条分割、块块独立的问题很严重，政府信息采集、信息登记、信息交换、信息发布等政务信息流过程中的一系列体制问题必须得到改变，形成与信息化相适应的政府行政办公机制。从根本上解决部门和领域信息割据、网络不能互联互通、信息不能共享、低水平重复建设、信息安全隐患等要害问题。

五、代表性国家电子政府建设的概况及电子政府在中国的发展

（一）美国的电子政府

美国的电子政府起源于20世纪90年代初。1993年，克林顿政府成立了国家绩效评估委员会（National Performance Review Committee，NPR），NPR经过大量的调查研究后，递交了《创建经济高效的政府》和《运用信息技术改造政府》两份报告，提出应当用先进的信息网络技术克服美国政府在管理和提供服务方面所存在的弊端，这使构建电子政府成为美国政府改革的一个重要方向，也揭开了美国电子政府建设的序幕。

1994年12月，美国政府信息技术服务小组（Government Information Technology Services，GITS）提出了《政府信息技术服务的前景》报告，要求建立以顾客为导向的电子政府，为民众提供更多获得政府服务的机会与途径。1996年，美国政府发动重塑政府计划，提出要让联邦机构最迟在2003年全部实现上网，使美国民众能够充分获得联邦政府掌握的各种信息。

1998年，美国通过《文书工作缩减法》，要求各部门呈交的表格必须使用电子方式，规定到2003年10月全部使用电子文件，同时考虑风险、成本与收益，酌情使用电子签名，让公民与政府的互动关系电子化。

2000年9月，美国政府开通第一政府网站（WWW.Firstgov.gov），这个超大型电子网站，旨在加速政府对公民需要的反馈，减少中间工作环节，让美国公众能更快捷、更方便地了解政府，并能在同一个政府网站站点内完成竞标合同和向政府申请贷款的业务。从内容分类来看，该网站一方面按地区划分，囊括了全美50个州以及下属地方县市的有关材料及网站链接；另一方面又按农业与食品、文化与艺术、经济与商业等行业来划分，各行各业的有关介绍及网站也是随点随通。此时，美国政府的网上交易也已经展开，在美国全国范围内实现了网上购买政府债券、网上交纳税款以及邮票、硬币买卖等。

为保障政府信息化发展，美国还制定了《政府信息公开法》《个人隐私权保护法》《美国联邦信息资源管理法》等一系列法律法规，这些都对政府信息化发展起着重要的保障和规范的作用。

由于努力推行电子政府，仅1992~1996年，美国政府员工就减少了24万人，关闭了近2 000个办公室，减少开支1 180亿美元。在对居民和企业的服务方面，政府的200个局确立了3 000条服务标准，作废了1.6万多页过时的行政法规，简化了3.1万多页规定。全国雇主税务管理系统、联邦政府全国采购系统和转账系统等网络的建立，不仅节

省了大量的人财物，而且提高了政务透明度，堵住了徇私舞弊的渠道。

（二）欧洲的电子政府

2008年年初，联合国经济和社会事务部发布的《2008年度全球电子政府调查报告》显示，在全球电子政府发展水平排名中，欧洲力拔头筹，尤其是北欧三国（瑞典、丹麦、挪威）包揽了前三甲，从而打破了过去几年美国、澳大利亚、新加坡等国占据前几位的格局，渐趋成为世界范围内电子政府潮流的新引跑者。

自2000年来，欧盟基于顶层设计的理念，着眼整体，顾及个别，提出并实施了三项卓有成效的电子政务行动计划，即eEurope 2002、eEurope 2005、i2010。欧洲委员会1999年提出、2000年通过的eEurope确定了未来十年欧盟信息社会政策的发展基调。随后欧盟委员会制订了第一次eEurope行动计划，即eEurope2002。主要目标有三个：提供低价、快速且安全的网际网络；加强欧洲公民对信息社会的参与及相关的训练；网际网络的推广普及。尽管某些政策并未真实落实，但总体态势良好。

2002年，欧盟委员会通过了eEurope 2005行动计划。它是eEurope 2002行动计划的延续，主要目标在于提供私人投资及为就业创造较佳的环境、提升生产力、实现公共服务部门的现代化、使欧洲公民都有参与全球性信息社会的机会。

随着eEurope2005行动计划的顺利完成，为力争2010年实现电子政府，2005年4月25日，欧盟委员会发布《“i2010”电子政务行动计划：加速欧洲电子政务，使所有人受益》计划，该项计划主要着眼于全民参与、提高效率、执行电子采购、欧盟范围内的安全接入和电子民主五大方面。其发布实施标志着泛欧层次的电子政务建设步入系统化发展的轨道。

电子政务一体化指政府部门之间信息系统的一体化及中央与地方政府之间信息系统的一体化。要实现一站服务和无站服务，涉及跨部门和跨地区的政府业务处理就必须实现一体化。相互协调的系统一体化问题是其中一个焦点。欧洲主要是在电子政务互操作方面做了努力。在此领域的工作主要围绕建设完善欧洲互操作框架这一中心展开，主要涵盖三个方面内容，即机构互操作性（又称行政流程互操作性）、语义互操作性和技术互操作性，具体如下：

（1）电子市长（emayor）项目。为克服中小城市政府开展电子政务建设面临资金短缺、政策法律环境不完善、安全技术支持力量不强等制约因素和提高城市间互操作性，欧盟开展了电子市长项目，涉及领域有税收、认证和授权、跨境服务等。“电子市长”平台采用XML和网络服务标准以及开放源代码工具和软件，能够在Unix、Linux、微软、苹果等多种环境下运行，并能兼容新的安全认证设备，如数字认证卡和基于PKI的软件证书等。2005年，一批试点项目在德国的Aachen，意大利的Bolzano、Siena和西班牙的Seville等城市开展，颇有成效。

（2）泛欧电子服务项目（eTEN）。该项目始于2003年，2003～2006年共投入17亿欧元资金，用于支撑建设欧洲包容型信息社会的跨区域互操作泛欧电子服务项目。服务涵盖电子政务、电子医疗、电子包容、电子学习、安全和征信、中小企业服务六个领域，重点是建设包容型社会，建设无缝隙和包容的电子政务服务，力争实现欧盟所有政府部门、企业、非政府组织和其他公共团体间的高效互动和便捷沟通。

（3）泛欧电子身份认证计划。2007 年，欧盟推出一项由英国身份和护照服务局（Identity and Passport Services，IPS）牵头的名为“STG14 百万计划”的泛欧电子身份认证计划，旨在测试能否跨国界为欧盟公众和企业提供电子政务服务，从而最终实现电子身份认证的泛欧识别。该项目为期 3 年，通过对现有电子化渠道进行测试，确定在建设各国电子身份相互识别认可的安全系统方面需要做的改进，解决技术和业务流程问题，从而提供跨国界的电子政务服务。

（4）共享环境信息系统（Shared Environment Information System，SEIS）项目。2008 年，欧盟委员会拟建设一个共享环境信息系统。它是欧盟委员会和欧洲环境署联合实施的一项互操作优先计划，该项目联合欧盟各成员建设一个集成的数据库，收集天气、水质、土壤等各方面的环境信息、数据分析、政策和立法颁布情况。系统使用通用且免费的开源软件，支持多国语言，并和国际环境相关组织连接，可提供欧洲 70% 左右的环境报告。并面向欧洲国家不同层级的行政部门、企业和公众，使之平等地享有环境相关信息。

（三）新加坡的电子政府

新加坡的电子政府发达程度举世瞩目，1981 年新加坡就开始发展电子政府，如今已成为世界上电子政府最发达的国家之一。现在，甚至连美国宾夕法尼亚州和加拿大的一些省都以新加坡为样板来建设自己的电子政府。新加坡在推动政府信息化方面有许多成功经验，其电子政务系统的特色是一站式网上办公、以公民为中心和三维虚拟社区。

（1）一站式网上办公。1999 年，新加坡的电子政府开始出现整合趋势，一些业务不再按照部门来设置，而是按照流程做打包处理，也就是说，公民或企业在办理网上业务时，不必再考虑要登陆各个政府站点，分别办完各种相关手续，而是按照业务流程，一步步地在一个单一的网站上完成所有这些相关业务手续，实现了一站式网上办公。

（2）以公民为中心。新加坡政府的首席信息官是新加坡资讯通信发展管理局（简称新加坡资信局）。新加坡资信局的宗旨是以公民为中心，让各个政府部门的服务无缝、集成地结合起来，为公民提供服务。新加坡资信局的电子政务实现是利用技术和新的商业模式来提升内部流程和内外互动的效率的。在现实中，要根据公民的需要调整流程，而不是让公民围着政府的流程转。电子政府门户前台的业务流程设置与后台不同政府机构之间的业务协调处理很成功。

（3）三维虚拟社区。新加坡电子政务系统中的电子公民中心是一个三维虚拟社区，其中最引人注目的是电子公民中心（www.ecitizen.gov.sg）。电子公民中心始建于 1999 年 4 月，其目的是将政府机构所有能以电子方式提供的服务整合在一起，并以一揽子的方式轻松便捷地提供给全体新加坡公民。电子公民中心将一个人“从摇篮到坟墓”的人生过程划分为诸多阶段，在每一个阶段里，人们都可以得到相应的政府服务，政府部门就是人们人生旅途中的一个个“驿站”。电子公民网站里共有 9 个驿站，这些驿站把不同政府部门的不同服务职能巧妙地联系在一起。2001 年 7 月，新加坡政府可为公民提供 200 项以上的电子服务，60 个“套装”的居民服务项目实现了电子化，到 2002 年，政府在线服务激增至600多项，电子政府服务在信息技术的推动下日趋完善。

（四）电子政府在中国的发展

在网络经济时代，政府始终起着引导经济、管理经济的重要作用，电子商务的出现，要求政府必须应用现代化的手段来管理经济，规范市场，保证社会经济的持续健康发展。为适应技术进步和社会发展的需要，政府职能也应该随之改变，建设电子政府刻不容缓。如果把20世纪80年代我国政府机关的办公自动化建设作为开端，我国电子政府的建设也已经持续了二三十年的时间，根据不同时期的特点其建设可以分为四个不同的阶段，即办公自动化阶段、三金工程阶段（金桥、金关、金卡）、政府上网阶段、电子政府阶段。

办公自动化阶段是以政府信息化为特征的基础设施建设。政府是电子信息技术的最大使用者，中央和地方党政机关所开展的办公自动化（office automation，OA）工程，建立了各种纵向和横向内部信息办公网络，为利用计算机和通信网络技术奠定了坚实的基础。

三金工程与办公自动化同属于电子政府的初级阶段，主要是指中央政府主导的以政府信息化为特征的系统工程，重点是建设信息化的基础设施，为重点行业和部门传输数据和信息。

政府上网阶段是电子政府的一个重要前提。政府上网是一项适应经济发展的改革措施，政府职能逐步转变，从严密控制转向宏观性指导，社会越来越需要咨询服务、政策指导。网络和现代通信是实现其目标的重要手段，也是低成本获取信息、监督政府工作、反腐倡廉的强有力的措施。政府上网后，可以在网上公开政府部门的各项活动，增加了办事执法的透明度，在网上建立起政府与公众之间相互交流的桥梁，为公众与政府打交道提供方便，同时也接受公众的民主监督，提高公众的参政议政意识。

电子政府是发展的高级阶段，在这一阶段，人民群众可以从网上完成诸如纳税、项目审批等与政府有关的各项工作，办事效率大大提高，还可以节省政府办公人员，精简政府部门，提高办事效率，减少政府开支，而且在政府内部，各部门之间也可以通过互联网相互联系，各级政府部门的资料、档案、数据库上网，充分挖掘其内在潜力，为社会服务。

目前国务院和国务院的各部门，以及各省、市、自治区政府都有属于自己的网站，在国际互联网上发布政务信息和提供在线服务。《国家信息化领导小组关于我国电子政务建设指导意见》指出，国家电子政务网络包括两个部分，即基于国家电子政务传输网的政务内网和政务外网。政务内网由党委、人大、政府、政协、法院、检察院的业务网络互联互通形成，主要满足各级政务部门内部办公、管理、协调、监督和决策的需要，同时满足副省级以上政务部门的特殊办公需要；政务外网主要满足各级政务部门社会管理、公共服务等面向社会服务的需要。当时，我国推进国家电子政务网络建设的目标是：从2008年开始，用3年左右的时间，形成中央到地方统一的国家电子政务传输骨干网，建成基本满足各级政务部门业务应用需要的政务内网和政务外网，健全国家电子政务网络安全保障机制，完善国家电子政务网络管理体制，为电子政务发展提供网络支持。

小结

1. 随着网络经济的快速发展，民众表达利益诉求、维护自身权益的需求越来越强烈，政府决策需要更加民主、更加公开、更加高效。

2. 电子政府是指政府机构使用信息技术（广域网、互联网、移动通信），改造政府与公众、企业、其他政府机构关系的。这些技术可以服务于下列目标：更好地向公众提供公共服务、改进政府与产业界的互动关系、通过使公众更方便地获得信息来增加公民权利、实现更有效率的政府管理。通过电子政府的构建，政府可以实现减少政府腐败、提高政府透明度、增加政府收入和节约成本的目标。

3. 电子政务的主要模式有 G2G 模式、G2E 模式、G2B 模式和 G2C 模式四种。

4. 国内电子政府建设面临的主要问题包括：对电子政府建设的认识不深入、电子政府建设工作机制不健全、行政体制改革的进度不够，以及信息资源共享的基础薄弱。

5. 美国、欧盟、新加坡经过一段时间的发展，电子政府已经初具规模。我国从 20 世纪 80 年代算起，电子政府建设经过了办公自动化、三金工程（金桥、金关、金卡）、政府上网、电子政府四个阶段，与上述几个国家相比，差距还比较明显，但政府在推行信息化上面的力度很大，发展非常迅速。

✲ 概念与术语

电子政府　信息割据　一站式网上办公　三维虚拟社区　办公自动化　三金工程　政府上网工程

复习与练习

1. 网络经济对政府职能的要求有哪些？
2. 电子政府的含义是什么？
3. 电子政务的主要模式有哪些？
4. 国内电子政府建设面临的主要问题有哪些？

参 考 文 献

阿瑟 W B. 1996. 经济学中的自增强机制. 李绍光，王晓明译. 经济研究参考，(17)：10-11
贝尔 D. 1997. 后工业社会的来临——对社会预测的一项探索. 高恬，王宏周，魏章玲译. 北京：新华出版社
福莱斯特 T. 1991. 高技术社会——信息技术革命史话. 姚炳虞，郑九振译. 北京：新华出版社
金兼斌. 2002. 有关互联网的传播研究述略. 现代传播，(4)：82-88
金兼斌. 2003. 数字鸿沟的概念辨析. 新闻与传播研究，(1)：75-79
金榆林. 1996. 数字化技术对版权保护的影响. 中国专利与商标，(2)：87-94
奈斯比特 J. 1984. 大趋势——改变我们生活的十个新方向. 梅艳译. 北京：中国社会科学出版社
施蒂格勒 G J. 1989. 产业组织和政府管制. 潘振民译. 上海：上海三联书店
王青华，陈棣. 2006. 我国互联网发展水平的地区差异分析——兼析数字鸿沟与经济鸿沟的数量关系. 统计教育，(4)：15-17
王先林. 2013. 我国反垄断法适用于知识产权领域的再思考. 南京大学学报：哲学·人文科学·社会科学，(1)：34-43
杨小凯. 2001. 网络经济的超边际分析. 今日科技，(10)：45-46
袁克. 2003. 中国知识产权保护的经济分析. 南开经济学院，(2)：52-55
祝建华，何舟. 2002. 互联网在中国的扩散现状与前景：2000 年京、穗、港比较研究. 新闻大学，(2)：25-34
Arthur W B. 1989. Competing technologies，increasing returns，and lock-in by historical events. Economic Journal，99：116-131
Bain J S. 1957. Barriers to new competition：their character and consequences in manufacturing industries. California Law Review，45 (1)：448-458
Bernstein J，Mamuneas T. 2007. Irreversible investment，capital costs and productivity growth：implications for telecommunications. Review of Network Economics，6 (3)：299-320
Bougheas S，Demetriades P O，Mamuneas T P. 2001. Infrastructure，specialization，and economic growth. Canadian Journal of Economics/revue Canadienne D'economique，33 (2)：506-522
Campbell J L，Magnusson L，Ottoson J. 1997. Mechanisms of evolutionary change in economic governance：interaction，interpretation and bricolage//Magnusson L，Ottoson J. Evolutionary Economics and Path Dependence.Aldershot：Edward Elgar：4
Cottrell T，Koput K. 1998. Software variety and hardware value：a case study of complementary network externalities in the microcomputer software industry. Journal of Engineering & Technology Management，15 (4)：309-338
David P A. 1985. Clio and the economics of QWERTY. American Economic Review，75 (2)：332-337
David P A. 1994. Why are institutions the "carriers of history"? Path dependence and the evolution of conventions，organizations and institutions. Structural Change & Economic Dynamics，5 (2)：205-220
Economides N. 1999. The telecommunications act of 1996 and its impact. Japan and World Economy，11(4)：455-483
Economides N. 2008. The economics of networks. Edward Elgar，14 (6)：673-699
Farrell J，Saloner G. 1985. Standardization，compatibility，and innovation. Rand Journal of Economics，16 (1)：70-83
Farrell J，Klemperer P D. 2006. Chapter 31 coordination and lock-in：competition with switching costs and

network effects. SSRN Electronic Journal，3（6）：1967-2072

Federowicz M. 2000. Anticipated institutions：the power of path-finding expectations. Springer Netherlands，55：91-106

Gayle P G，Weisman D L. 2007. Efficiency trade-offs in the design of competition policy for the telecommunications industry. Review of Network Economics，6（3）：321-341

Harberger A C. 1954. Monopoly and resource allocation. American Economic Review，5（2）：77-92

Hausner J. 1995. Strategic Choice and Path-dependency in Post-socialism. Institutional Dynamics in the Transformation Process，Elgar

Katz M L，Shapiro C. 1985. Network externalities，competition and compatibility. American Economic Review，75（3）：424-440

Katz M L，Shapiro C. 1986. Product compatibility choice in a market with technological progress. Oxford Economic Papers，38（4）：146-165

Katz M L，Shapiro C. 1994. Systems competition and network effects. Journal of Economic Perspectives，8（8）：93-115

Krugman P R. 1994. The myth of Asia's miracle. Foreign Affairs，73（6）：62-78

Liebowitz S J，Margolis S E. 1994. Network externality：an uncommon tragedy. Journal of Economic Perspectives，8（2）：133-150

Liebowitz S J，Margolis S E. 2001. The fable of the keys. Journal of Law & Economics，33（1）：1-25

Nordhaus W D. 1969. Lethal model 2：the limits to growth revisited. Brookings Papers on Economic Activity，23（2）：1-59

Nordhaus W D. 1976. Economic growth and climate：the carbon dioxide problem. American Economic Review，67（1）：341-346

Pindyck R S. 2004. Mandatory unbundling and irreversible investment in telecom networks. Review of Network Economics，6（3）：274-298

Rohlfs J. 1974. A theory of interdependent demand for a communications service. Bell Journal of Economics & Management Science，5（1）：16-37

Schelling T C. 1978.Altruism，meanness，and other potentially strategic behaviors. American Economic Review，68（2）：229-230

Scotchmer S. 1991. Standing on the shoulders of giants：cumulative research and the patent law. Journal of Economic Perspectives，5（1）：29-41

Shy O，Tarkka J. 1998. The market for electronic cash cards. Research Discussion Papers，34（2）：299-314

Tichenor P J，Olien C N，Harrison A，et al. 1970. Mass communication systems and communication accuracy in science new reporting. Journalism & Mass Communication Quarterly，47（4）：673-683

Varian H R，Shapiro C. 1998. Versioning：the smart way to sell information. Harvard Business Review，76（6）：107-115

Vincensini B C. 2000. Is path-dependence a useful concept to analyse the evolution of ownership structures in central Europe？Working Paper